Reinhold Dietrich

das leben lebt
und der tod stirbt

**Meistergeschichten und Texte
zum Thema Leben, Tod und Ewigkeit**

VERLAG DIETRICH

VERLAG DIETRICH

Bestellungen bitte per Fax oder mit Brief! Verlag Dietrich, Girlingstraße1b, A-5161 Elixhausen bei Salzburg
Fax 0043-(0)662-481 333, verlag-dietrich@aon.at, www.verlag-dietrich.com

Titelfoto „Karneval in Venedig" Bryan Reinhart, Salzburg, Umschlagentwurf: Monika Naskau und Reinhold Dietrich, Satz: Monika Naskau und Reinhold Dietrich, Grafik: Monika Naskau, Lektorat: Marion Schreiber und Elisabeth Piffl, Druck: Offset 5020

ISBN - 3-902172-03-7
© Copyright Reinhold Dietrich, Elixhausen 2003

Wir bereiten uns durch das Leben auf den Tod vor.
Waldefried Pechtl

Das Leben ist kostbar,
weil jedes Leben das ganze Leben enthält.
Reinhold Dietrich

Indem man alles auszulassen lernt,
vermag man die Gegenwart zu leben.
Man stirbt hin zum Leben, stirbt in die Gegenwart.
Reinhold Dietrich

Es gibt die physische Geburt und die Geburt der Seele.
Die erste zieht den Tod nach sich,
die letzte führt zum bewussten Leben, zur Todlosigkeit.
Reinhold Dietrich

Wessen Herz lebt, der ist lebendig.
Um so mehr wir paradoxerweise die Kunst des Sterbens
und der Hingabe im Leben lernen,
desto mehr sind wir fähig, aus ganzem Herzen zu lieben.
Reinhold Dietrich

Tod ist Dunkelheit, Licht ist Liebe und Leben.
Wer zum Licht reist, dem wird auch der Tod zu Licht.
Reinhold Dietrich

Häufig werden die Fragen nach dem Weiterleben
nach dem Tod behandelt,
aber die Fragen nach dem Leben vor dem Tod
bleiben dabei unbeantwortet.
Waldefried Pechtl

...für
Franz Krejs

Inhalt

Thesen 15
Einführung. Ziele. Ausblicke 18
Geschichte „Lachend Sterben" (Rumi) 20

Essentielles 21
Reise und Wanderschaft 21
Das Leben ist wie eine Kerze 22
Der ‚Schlaf mit offenen Augen' 22
Wiederbelebung 23
Liebe, Sexualität und Tod – Öffnen, Fallen, Sich-Hingeben 24
Lebendige Frische und das Alter des Körpers 26
Ausbruch aus dem Turm der Vergänglichkeit 27
Hinsterben zum Sinn 27
Das Erwachen der Seele 29

I. Weisheits-Geschichten zum Thema 31
Der Tod als Schlüssel zur Lebendigkeit 31
  Was geschieht nach dem Tod (Sufismus) 31
  Der gläserne Sarkophag (Sufismus) 32
  Sei bereit zu sterben (Zen-Buddhismus) 33
Der Tod, der an das Wesentliche erinnert 35
  Die Signale des Todesengels (Sufismus) 35
  Der Bau eines Grabmals 36
  Von der Furcht vor dem Jüngsten Gericht (Gesta Romanorum) 37
  Geld (Sufismus) 40
Der Tod als Wiederbeleber 41
  Lebende Leichname in schönen Häusern (Tibetischer Buddhismus) 41
  Warum wir hier sind (Nasrudin) 42
Der Tod als Wandel des Bewusstseins 44
  Der Schmetterling (Tschuang-Tse) 44
  Die Kraft der Präsenz der Vergänglichkeit (Hinduismus) 45

Der Tod, der das Bewusstsein erweitert 45
    Einer von beiden muss es sein (Nasrudin) 45
    Die Medizin (Quelle unbekannt) 45
    Die letzte Antwort (Zen-Buddhismus) 51

Der Tod in unlebendigen Meinungen 52
    Wenn der Tod nicht der Tod ist (Sufismus) 52

Das Leben, eine Herberge für das Bewusstsein 54
    Die Karawanserei (Sufismus) 54
    Leben ist Aufmerksamkeit (Chassidismus) 56

Gelassenheit als Aspekt des Todes 57
    Letzte Worte (Zen-Buddhismus) 57

Das bewusste Leben zum Tod als Medizin 59
    Ein ‚mitfühlende' Nachbarin (Türkische Sufigeschichte) 59
    Nasrudin. Die Krankheit seiner Frau 60

Der Tod als Vorbereitung für das Leben 61
    Vorbereitet sein – auf Leben und Tod (Hinduismus) 61

Der Tod als Nahrung der Seele 63
    Was immer zu dir kommen soll, wirst du auch erhalten (Sufismus) 63

Der tödliche Abgrund der Gewohnheit 65
    Ahnenforschung (Sufismus) 65

Mancher hat schon versucht den Tod zu besitzen 66
    Das Götzenbild (Sufismus) 66

Äussere Schönheit welkt, eine schöne Seele blüht ewig 67
    Vergängliche körperliche Schönheit (Hinduismus) 67

Der Tod als Abschied, Übergang, Neubeginn 69
    Die Türhüterparabel (Franz Kafka, Neuschöpfung Reinhold Dietrich) 69

Der Tod als Gerechtigkeit 72
    Der gerechte Tod (Mayas) 72
    Die Legende 72

Der Tod als Schmerz, Erwecker und Befreier 74
    Das tote Kind und das Senfkorn (Buddha) 74
    Ein Sarg als Kleid (Chinesischer Zen-Buddhismus) 76

Das Feuer und der Schlafende (Nasrudin) 77
Stirb, bevor du stirbst (Sufismus) 79
Der Balanceakt zwischen Schmerz und Befreiung (Tibet. Buddhismus) 81

Der Sieg über die Angst vor dem Tod 82
Angst tötet (Sufismus) 82
Die Straße nach Samarra (Sufismus) 83
Der Leibwächter, der die Angst überwand (Zen-Buddhismus) 85
Der kleine Mönch und der Samurai (Zen-Buddhismus) 86
Die Angst einer Maus – das Todlose (Quelle unbekannt) 89
Der Tyrann und der furchtlose Mönch (Zen-Buddhismus) 90

Der Tod als Liebe und Hingabe 91
Die Skelettfrau (Inuit, Eskimos) 91
Die zum Licht reisenden Schmetterlinge (Sufismus) 94
Der Verrückte und der Ringer (Sufismus) 96

Liebe als Leben, das den Tod überwindet 98
Freudenfeuer (Spanische Geschichte) 98

Durch die Liebe stirbt der Tod 100
Das Wesentliche (Quelle unbekannt) 100

Das Geheimnis des Todes im Herzen des Lebens 102
Vom Tod (Khalil Gibran) 102

Leidenschaft flieht die Präsenz des Todes 104
Die Pille der Lust und die „Pille der Präsenz des Todes" (Hinduismus) 104

Der Tod der schlafenden Herzen 108
Schlafende Herzen (Sufismus) 108
Das Geldgeschenk (Sufismus, Dhun-Nun) 109

Entsage dem Tod und du wirst leben 111
Tote Männer sprechen nicht (Zen-Buddhismus) 111

Vom innersten Geheimnis 113

Ein Blick in die andere Wirklichkeit 113
Der Pfad der Seelen: Über den Tod und das Nachleben 113
(Mythos der Ojibway-Indianer)

Der mystische Tod ...117
    Ein Becher voll Maya (Hinduismus) ...117
    Das Paradies der Lieder (Sufismus) ...119
    Sinne (Tschuang-Tse) ...124
    Die Wahl des rechten Freundes (Sufismus) ...125
    Bewahre Gleichmut in Glück und Unglück (Hinduismus) ...126
    Mystischer Tod – das Leben ist zwischen Ja und Nein ...127
    (Türkische Sufigeschichte)

Der Tod als Brücke zum Erwachen, zum Leben ...129
    Eineinhalb Schüler (Sufismus) ...129

Das Leben als Maske, der Tod als Licht ...131
    Die Lampe (Reinhold Dietrich) ...131
    Der Narr (Khalil Gibran) ...132

Leben, Tod und Ewigkeit ...134
    Leben und Tod sind allgewaltig (Tschuang-Tse) ...134

Der tanzende Tos – der Tod als Ekstase ...135
    Die drei lachenden taoistischen Meister (Rumi, Sufismus) ...135

Der Tod als lebendiges Insgesamt ...136
    Sparsamkeit (Zen-Buddhismus) ...136
    Puppen aus Salz (Quelle unbekannt) ...137

II. Texte zum Thema Tod und Leben (Anthologie) ...139
A. In die Gegenwart kommmen ist sterben und dadurch leben ...139
    Wir fragen niemals, wie man leben soll (Krishnamurti) ...139
    In der Gegenwart wartet uns das Ganze entgegen (Steindl-Rast) ...140
    Leben und Tod im Rachen Gottes (Dietrich) ...141
    Aufmerksamkeit, Gegenwart, Zeit und Ewigkeit (Dietrich) ...141
    Drei grundlegende Fragen zu Leben und Tod ...143
    Der Zweck des Lebens (Paramahansa Yogananda) ...143
    Bedenke die Endlichkeit und finde ins Leben (Buddha) ...143
    Die Welt, eine Herberge mit zwei Türen (Attar) ...144
    Bereit sein und vorbereitet sein (Elijade Vidas) ...144
    Wie man in den Himmel kommt (Merton) ...145

Aussagen über den Tod (Hazrat Inayat Khan) 146
Aussagen Buddhas über Leben und Tod 147

B. Im Geben, im Sich-Hingeben ist ein Sterben 149
Der Tänzer Waslaw Nuinska über den Tod 149
Sterben ist dies (Hazrat Inayat Khan) 150

C. Erkenne dich in der Endlichkeit 151
Der Vergängliche, der das ewig Bleibende sieht (al-Khurqani) 151
Vom Zusammenhang von Subtilität und Tod (Dietrich) 151
Der Zweck des Lebens (Dietrich) 152
Ein umfassendes Bewusstsein entwickeln (Dietrich) 154
Die Bejahung des Lebens ist das Annehmen des Todes (Dietrich) 155
Die Welt (Buddha) 157
Sterben ist noch keine Befreiung und Erlösung (Dietrich) 157

D. Die falsche Vorstellungen von Tod sterben lassen 159
Das Wort ‚Liebe' ist zusammengesetzt aus Leben und Tod (Dietrich) 159
Tod ist ein Zusammenkommen (Rumi) 160
Noah und die Sintflut (Dietrich) 160
Was ist Sterblichkeit? (Hazrat Inayat Khan) 161
Der mystische Tod (Kommentar zum Leichenacker) (Dietrich) 162
Tiefe strebt zur Endlichkeit, Endlichkeit bewirkt Tiefe (Dalai Lama) 163
Die Kunst des Sterbens und die Kunst des Lebens 164
(Hazrat Inayat Khan)
Tausend Schleier über der Seele (Hazrat Inayat Khan) 164
Leben ist, die Vorstellung eines begrenzten Lebens sterben lassen (Rumi) . .165
Die Vorstellung von Endlichkeit als Ausdruck von Nichtwissen 166
(Hazrat Inayat Khan)
Das Sinnen auf den Tod als Freiheit (Michael de Montagne) 166
Der Tod des physischen Körpers, Schlaf und unsterbliche Seele 167
(Paramahansa Yogananda)
Satthya Sai Baba 167

E. Die Seele erwacht durch das Sterben zum Leben 168
Shivas Sieg über die Endlichkeit (Dietrich) 168
Weine nicht, wenn ich sterbe (Rumi) 169
Erwachen (Paramahansa Yogananda) 170

Das große Haus (die Seele) und das beengende Zimmer (der Körper) 171
(Dietrich)
Den Körper ablegen wie ein Kleid (Hazrat Inayat Khan) 172
An den falschen Auffassungen von Leben und Tod vorübergehen 172
(Hazrat Inayat Khan)
Die Seele ist das Licht, der Körper der Lampenschirm (Dietrich) 172
Die vom Körper irregeleitete Seele (Hazrat Inayat Khan) 174
Gedicht – „Über den Flammen der Seele" (Al-Halladsch) 175

III. Meditationen über Leben, Tod und Ewigkeit 177
    Hinführung 177
Praktische Übungen 179
A. Lichtmeditationen 179
    Meditation auf die lichtvolle Endlichkeit 179
    Die Person als Schatten in einer Licht-Aura 179
    Ins Licht des Kronenchakras hineinschmelzen 180
    Der Mensch als pulsierendes Licht 180
B. Aktives Erinnern an die Endlichkeit 181
    Sich an die Präsenz des Todes erinnern 181
    Meditation – Leuchtender Horizont und bewegter Ozean 181
    Meditation der Handflächen 182
    Meditation über den Wandel aller Dinge 183
C. Meditationen mit Bewusstseinswechsel vom Körper-Bewusstsein
zum umfassenden Bewusstsein 184
    Meditation über Schlaf, Tod und Erwachen (Ramana Maharshi) 184
    Meditation – „Das Ewige im Vergänglichen" 186
    Meditation – „Wo komme ich her, wo gehe ich hin?" 186
    Meditieren Sie einen Ausspruch (Johannes vom Kreuz) 186
    Meditieren Sie ein Bild der Balinesen 186
    Meditieren Sie einen Ausspruch der Sufis 186
    Meditation – „Was war mein Gesicht, bevor Vater und Mutter geboren
    wurden?" 186
    Meditieren Sie auf einen Ausspruch Gandhis 187
    Meditieren Sie einen weiteren Ausspruch Gandhis 187

Mediation von Paramahansa Yogananda 187
Meditation eines Ausspruchs Buddhas 188
Meditation der Maske im Licht 188
16 verschiedene Todesmeditationen 189

D. Meditationen zum Leichenacker 190
Meditation – „Der Körper als Schatten der Aura" 190
Meditation – „Verpasste Gelegenheiten" (Kübler-Ross) 190
Meditation zur Geschichte „Was immer zu dir kommen soll, wirst du auch erhalten" 191
Meditation – „Erhabene Stelle und Fall in den Abgrund" 191
Meditation auf die Szenarien des eigenen Todes 192
Meditation des zentralen Bildes der Geschichte „Von der Furcht vor dem Jüngsten Gericht" 193
Leichenacker 1: Mit dem Todesengel im Grab 194
Leichenacker 2: Bestattung in Erde oder Feuer 194
Übung 1: Meditation der Erdbestattung 195
Übung 2: Meditation des Leichnams innerhalb der Mauer 196
Übung 3: Meditation der Feuerbestattung 197
Leichenacker 3: Die Stufen des körperlichen Zerfalls und das umfassende Bewusstsein 198
Leichenacker 4: Meditation auf Simhavaktra, die Löwenköpfige (Tibet) ...201

E. Meditation von Zen-Koans 205
Meditation des Zen-Koans „Vorwärts von der Spitze eines Pfahls" 205
Meditation des Zen-Koans „Kyon besteigt den Baum" 205

IV. Der Tod einer Reihe großer Seelen 207
Vorbemerkung 207
Todesarten großer Seelen 207
Jesus Christus – „Die Heiligen stehen aus den Gräbern auf" 207
Buddha 1 – „unveränderte Glückseligkeit" 210
Buddha 2 – „Die Seinserscheinungen sind vergänglich" 211
Der sechste Patriarch – „Die wahre Natur ist ohne Kommen und Gehen" ...211
Zen-Meister Ninakwa – „Der Pfad ohne Kommen und Gehen" 212
Zen-Meister Takuan Soho – „Traum" – („Yume") 212

Meister Tanzans Vermächtnis – „Ich verlasse diese Welt" 213
Hazrat Inayat Khan – „Alles ist erfüllt von Rosenduft" 213
Tung-shan – „Mein Gehen ist kein Wandel" 214
Zen-Meister Bassuis Brief – „Was ist das Wesen des Geistes?" 214
Yogi Bhagwan Mahaprabhuji – „Der vorhergesagte Todeszeitpunkt" 214
Zen-Meister Fugai – „Aufrecht im Erdloch" 215
Zen-Meister Basho – „Jeder Moment ist ein Todesgedicht" 215
Zen-Meister Bankei – „Mein Leben ist ein Abschiedsgedicht" 215
Vivekananda 216
Paramahansa Yogananda – „Der 20 Tage unversehrte Körper" 216
Die Hl. Agnes – „Der 57 Jahr unversehrte Körper" 217
Franz von Assisi 217
Der Tod des lachenden Eremiten – „Lachend sterben" 218
Fachr-an-Nisa – „Der 700 Jahre unversehrte Körper der Heiligen" 218
Lama Tseten 218
Tomo Gesche – „Der Körper verbleibt in Meditationshaltung" 220
Shunryu Suzuki – „Das Beschreiben eines Kreises" 220
Der Tod des unbekannten Zen-Meisters – „Wozu so viel Aufhebens
um den Tod" 220
Tschuang-Tse – „Himmel und Erde werden uns als Sarg dienen" 221
Rabbi Nachman von Bratzlaw – „Ehrfürchtige Ruhe" 221
Fariduddin Attar – „Ich bin nicht mehr wert als ein Sack Stroh" 222
Ramana Maharshi – „Ich gehe nicht fort – Ich bin hier" 223
Mansuri – „Ich bin Gott" 224
Al-Halladsch – „Ich bin die Wahrheit" 225
Mirsa Abdul-Hadi Khan von Buchara – „Die Taten eines Heiligen
bleiben vor der Welt meist unerkannt" 230

Das Leben stirbt von Anbeginn auf jenen
leuchtenden Punkt zu, in dem sich alles zeigt.
Du magst ihn Omega nennen oder umfassendes Bewusstsein,
Erweckung oder scheinbaren Tod.
In diesem Punkt findet sich das Verlorene,
das Ersehnte, das Insgesamt - das Leben.

Reinhold Dietrich

Thesen

1. Ein Buch über das Sterben ist ein Buch über das Leben.
2. Ein Buch über das Sterben ist ein Buch, das den Weg zur Lebendigkeit beschreibt.
3. Wer sich mit dem Endlichen befasst, ist beim Lebendigen.
4. Das bewusste Sich-Befassen mit der Realität der Endlichkeit, die zum Lebendigen führt, ist nicht zu verwechseln mit einer falschen Todessehnsucht.
5. Das Bewusstsein kann sich insgesamt öffnen, indem wir uns dem Insgesamt hingeben. Im Hingeben ist ein Auslassen, im Auslassen ist ein Sterben.
6. Was zwischen Geburt und Tod ist, ist etwas verschwindend Kleines und zugleich etwas gewaltig Großes – die Chance unseres bewussten, konkreten Lebens.
7. Die Intention dieses Buches ist zu sagen: Es zahlt sich aus, sich mit der Endlichkeit zu befassen. Oder: Es zahlt sich aus, sich mit dem Leben zu befassen. Schlaf ist Bewusst(seins)losigkeit, bewusste Aufmerksamkeit ist Erwachen.
8. Der Mensch glaubt sich zu kennen. In Wirklichkeit kennt er sich häufig kaum, oft nur seine äußere Schale.
9. Der Tod zeigt uns unser Wesen wie kein anderer; er ist der Türöffner zum Großen und der, der das normale Leben als Gefangenschaft im goldenen Käfig entlarvt.
10. Das Leben ist zwischen Geburt und Tod. Oder ist das Leben ein kurzer Schlaf zwischen Leben und Leben? Vielleicht ist das Leben ein stetiges zum Leben hin Sterben. Vielleicht ist das Sterben ein stetiges Sich-Hingeben ans Leben.
12. Das Leben ist insofern Leben, als es bewusst ist. Wer bewusst lebt, lässt die Zeit zum Augenblick hinsterben.

11. Bewusst zu leben ist Freiheit.

13. Intensität ist der Grabschmuck des wirklich Lebenden.

14. Das Leben ist Endlichkeit. Das durch und durch bewusste Leben ist Ewigkeit in der Endlichkeit.

15. Der Abschied von einem erfüllten Leben ist anders als der von einem unerfüllten. Ein erfülltes Leben lebt und stirbt auf der bewussten Wanderung zwischen Geburt und Tod. Ein unerfülltes Leben fürchtet sich vor dem Leben und dem Sterben.

16. Das Fragen nach dem Sinn des Lebens findet allein im Angesicht der Endlichkeit statt. Am Rand der Endlichkeit steht der Tod und zeigt auf die Ewigkeit.

17. So wird unser Irrtum aufgedeckt. Die Angst vor dem Tod ist bei der Endlichkeit, das Erwachen durch den Tod ist bei der Ewigkeit.

18. Hinter jeder Angst steckt letztlich eine Todesangst. Wer dem Tod bewusst ins Auge sehen lernt und sich mit ihm vertraut macht, wird weniger Angst verspüren und lebendig sein.

19. Die erwachte Seele vermag insgesamt in Kontakt zu treten - mit sich, mit den anderen, mit der Welt, mit dem Kosmos, mit Gott. Jeder kleine Schritt auf dem Weg des Erwachens zeigt sich in einer Zunahme der Tiefe, der Klarheit, der Kraft, der Bewusstheit, der Hingabemöglichkeit und der Herzensbildung.

20. Wenn die Endlichkeit nicht ständig als Fokus im Herzen bewegt wird, kann die Liebe nicht ungehindert hervorbrechen.

21. Wenn nicht jeder Augenblick stirbt, können wir nicht lebendig sein.

22. Die Vorstellungen von Tod, von Liebe und von Leben sind häufig grundlegend falsch. - Das Leben lebt und der Tod stirbt durch die Liebe.

23. Das Endliche zu sehen ist wichtig, weil das Unendliche erfahren werden kann. In dem Maß, als das Unendliche erfahren wird, wird der Mensch aus der Angst vor dem Tod befreit.

Wir sind Menschen auf dem Weg zum Tod.
Das Leben ist dazwischen:
Zwischen erkennen und geschehen.
Zwischen bewegen und halten.
Zwischen bedürftig und wollen.
Zwischen Schicksal und bewusster Lebensgestaltung.
Zwischen...

Waldefried Pechtl

Einführung. Ziele. Ausblicke.

Ein Buch über Leben und Tod ist an erster Stelle nicht Sterbehilfe, sondern Lebenshilfe. Wir können das Leben nur bewältigen, wo wir uns auch mit der Endlichkeit, mit dem Sterben, mit dem Wandel befassen. Der Weg zur Lebendigkeit der Person führt über die Brücke der Endlichkeit – ein Geheimnis, ein Paradoxon.

Ein Buch über Leben und Tod ist Anstoß für die Lebenden, weil die dem Tod nahen und Sterbende nicht mehr viel Zeit haben, über die Kraft, die ein bewusst auf das Endliche hingelebtes Leben in sich birgt, nachzusinnen. Ein Schlüssel zum Begreifen ist der Buchtitel, der irgendwie alles sagt: „Das Leben lebt und der Tod stirbt".

Dieses Buch möchte jenen Trost und Hoffnung, Ausblick und Hilfe sein, die durch das Sterben und den Verlust ihnen Nahestehender, ihrer Freunde und geliebter Personen berührt werden.

In wie viel Gestalten uns das, was wir als ‚Tod' benennen, entgegentritt, möchte ich hier ein Stück weit aufzeigen.

Hoffnung –
Alles dreht sich in unserem Leben um die Themen „Enge und Weite", um die Enge und Weite unseres Bewusstseins. Allein durch ein weites Bewusstsein vermögen wir zu sein, glücklich zu sein. Allein, indem wir uns selbst hingestalten zu einem sich weitenden Bewusstsein, vermögen wir den Glückstopf, der im Konkreten versteckt wurde, zu öffnen. Der Schlüssel zum Glück ist pikanterweise der Tod. Wer genügend Kraft aufbaut, um den Tod immer wieder zu schauen, dessen Bewusstsein wird weit, sehr weit – und es wird ganz erwachen und sich zur Glückseligkeit hinneigen.

Liebe und Tod sind die vielleicht am meisten missverstandenen Aspekte des Lebens. Daher lohnt es sich, sie ein wenig mit Hilfe von Geschichten auszuleuchten.

Für mich persönlich sind Geschichten ein Schlüssel zur Intensität. Ich liebe Weisheitsgeschichten und kann mich mit ihnen inzwischen den ganzen Tag fasziniert beschäftigen. Der Zugang zum Essentiellen geschieht leicht durch das Studium von Geschichten und in lebendiger Art. Psychologisch-philosophische Texte sind verglichen damit, schwer, kopflastig und kompliziert. Viele höchstentwickelte Personen griffen gerne zu Geschichten und Metaphern als Übersetzungshilfe. Umgekehrt, in echten Weisheitsgeschichten lebt das Wesen weiser Personen. Weil ich Weisheitsgeschichten sosehr liebe, habe ich festgestellt, dass ich längst den „Weg der Geschichten" gehe. Seit Jahren und Jahrzehnten schätze ich die in ihnen enthaltenen Kostbarkeiten. Weisheitsgeschichten sind verdichtetes Wissen. Wer sich mit echten Weisheitsgeschichten befasst, der wird das in ihnen Enthaltene in sein Bewusstsein heben. Wer sich mit ihnen umgibt, umgibt sich in gewissem Sinn mit weisen Personen, deren Nähe uns irgendwann mit Weisheit küsst.

Genießen Sie nun die Geschichten, die jene, die das Leben und den Tod gemeistert haben, uns als Perlenschnur ihres Weges hinterließen.

Lachend sterben

Ein Liebender erzählte seiner Geliebten, wie sehr er sie liebte, wie treu er gewesen war, wie selbstaufopfernd; jeden Morgen stand er zur Dämmerung auf, fastete, gab Reichtum und Stärke und Ruhm, alles gab er für sie.
Und da gab es ein Feuer in ihm.
Er wusste nicht, woher es kam, doch es bewegte ihn zu Tränen und ließ ihn schmelzen, einer Kerze gleich.
„Du hast es gut gemacht", sagte sie, „doch höre. All dies ist nur das, was die Liebe schmückt, die Zweige und Blätter und Blüten. Du musst an der Wurzel leben, um ein wahrer Liebender zu sein."
„Wo ist das! Sage es mir!"
„Du hast die äußeren Handlungen vollzogen, aber du bist nicht gestorben. Du musst entsterben."
Als er dies hörte, legte er sich zurück auf den Boden, lachte und entstarb.
Er öffnete sich wie eine Rose, die zum Grund fällt, und starb lachend.
Dieses Lachen war seine Freiheit und sein Geschenk an die Ewigkeit.
Wie Mondlicht zurückstrahlt zur Sonne, hörte er den Ruf der Heimkehr - und ging.
Wenn Licht zu seiner Quelle zurückkehrt, nimmt es nichts von dem mit sich, was es erleuchtet hat. Es mag auf einen Abfallhaufen geschienen haben oder in einen Garten oder in das Zentrum des menschlichen Auges.
Ganz gleich.
Es geht, und indem es dies tut, verödet die offene Weite leidenschaftlich und wünscht es sich zurück.

Aus „The Essential Rumi" by Coleman Barks with John Moyne et al., Harper San Francisco, 1994, S. 212

Essentielles

Der Gegensatz zu Leben ist nicht Tod,
sondern Ewigkeit.

Vilayat Inayat Khan

Das Geheimnis des Todes ist auch das Geheimnis des Lebens –
beide sind unergründbar und doch wird der,
der sich mit der Endlichkeit befasst,
sterbend in der Mitte des Lebens erwachen.

Reinhold Dietrich

Reise und Wanderschaft

Das Leben, eine Wanderschaft.
Das Leben eine Wanderschaft zwischen Geburt und Tod.
Der Wanderer ist besitzlos, weil er dem Universum gehört - und was er hat, hält er nicht fest. An nichts zu hängen ist Wanderschaft, weil man dann vom Unendlichen bewegt wird.

Wer sich die Wanderschaft zwischen Geburt und Tod klar vor Augen hält, wird unvermeidbar der Endlichkeit ins Auge sehen. Wer sich mit der Endlichkeit befasst, befasst sich mit dem Leben. Wer hinsieht auf die Endlichkeit, wird vom Unendlichen berührt. So kommt das Ewige durch das Unendliche ins Vergängliche, der Mensch ist bewegt. Wir sind Reisende zwischen Geburt und Tod, ob wir es wissen wollen oder nicht.

Das Leben ist wie eine Kerze

Das Leben ist wie eine Kerze. Das Wachs ist der Brennstoff für die bewusste Wanderschaft von Geburt zu Geburt, von Tod zu Tod. Wird die Kerze, die man bei seiner Geburt erhält, im Lauf des Lebens vom Menschen entzündet, so kann das Wachs sich in der Flamme verzehren. Das Licht wird Wärme spenden und ausstrahlen. Wird die Kerze nicht entzündet, so bleibt das Wachs ungenutzt. Sehr viele Menschen glauben, dass ihre Kerze brennt, aber das Streichholz des Bewusstseins und der Liebe bleibt vergessen liegen. So haben wir vor allem Mühe, Leid und Plage und machen die Reise umsonst.

Die Kerze aus Wachs ist von anderer Art als ihr Licht. Die Engramme des Endlichen und die Sehnsucht nach dem Unendlichen sind in das Wachs eingewoben, während im Licht die Engramme des Ewigen zu sehen sind. Man kann sich fragen: Wie kann das Geformte für das Ungeformte wirksam werden? Wie kann der vergängliche Körper zum Brennstoff für das Unerklärbare, für das erfahrbar Unbegreifliche werden? Konzentration und wertschätzende Aufmerksamkeit schaffen die Energie hin zum Licht.

Zu erkennen, dass das Wachs für einen bestimmten Zweck geschaffen wurde, heißt aufzuwachen. Es nicht zu sehen oder nicht sehen zu wollen heißt zu schlafen. Manche zünden die Kerze an und suchen mit ihr das Licht.

Der ‚Schlaf mit offenen Augen'

Unser Glück hängt von unserer bewussten Aufmerksamkeit ab. Die wertschätzende Aufmerksamkeit ist jenes Bewusstsein, das alle Türen zu allen Geheimnissen zu öffnen vermag, zum Geheimnis des Lebens und des Sterbens.

Viele Menschen leben im Grunde nicht, obwohl sie niemals auf den Gedanken kämen, dass dies so sein könnte. Wir leben im Grunde nicht, weil wir das physische Leben als das einzige ansehen. Tun wir dies, verwechseln wir die Hülle mit dem Inhalt, denn der Körper ist nicht das Leben, sonst wäre der Körper unsterblich. Der Körper stirbt und das Leben lebt.

Verwechseln wir die Hülle mit dem Inhalt, so befinden wir uns im „Schlaf mit offenen Augen". Wir leben vielleicht das bequeme Leben, das unbequem genug am Ende zu Leid, Frustration, zu Enttäuschung, Perspektivelosigkeit und Resignation führt. Haben Sie schon einmal eine halbe Stunde bewusst die Gesichter von Personen über vierzig betrachtet? – Tun Sie es, ich bin sicher, Sie können viel vom hier Beschriebenen in ihren Gesichtern mühelos erkennen. Der „Schlaf mit offenen Augen" ist dem des Dornröschens ähnlich. Es ist umgeben von Dornen, unerreichbar unbewusst, und schläft in seiner eigenen Mitte. Viele Prinzen kommen, um es aufzuwecken. Es ist nicht einfach, ein bewusstes Leben zu führen. Wer bewusst lebt, ist wach; wer lange bewusst lebt, dessen Seele erwacht. Wir bekommen meistens nur wenig mit, was in uns und um uns vor sich geht. Dieses unbewusste Leben ist eine Art Tod.

Wiederbelebung

Frage: Kann man sich selbst wiederbeleben und aufwecken? Wir tun es, indem wir beginnen, uns bewusst mit den wesentlichen Fragen des Lebens zu beschäftigen, mit der Frage danach, wie man ein erfüllendes Leben führt; mit der Frage nach dem Sinn des Lebens und dem Wesen des Todes. Wir leben häufig nicht bewusst, sondern lassen uns nur weitertreiben, erlauben dem Getriebe und Lärm der Welt, uns zu beschäftigen und uns in den ‚Schlaf mit offenen Augen' einzuhüllen. Sie müssen sich vergegenwärtigen, die Zeit des Lebens ist gering. Tiefe Prozesse brauchen ausgedehnte Zeiträume, viele Jahre und sogar Jahrzehnte. Wenn wir das Leben nicht bewusst leben, wird es ungenutzt vorübergehen. Und es ist hart, unvorbereitet zu leben und unvorbereitet zu sterben. Indem Sie sich bewusst auf das Leben und Sterben vorbereiten, werden Sie nachzudenken beginnen, ob das, was Sie tun, hilfreich, glückbringend und wertvoll ist.

Wer die Welt im Schlaf zu sehen beginnt, ist im Aufwachen begriffen. Bewusstes Leben ist ein Aufwachen zum Glück. Aufwachen ist Ganzwerden, denn nur durch unser wachsendes Bewusstsein loten wir aus, wer wir wirklich sind. Der Mensch sehnt sich nach nichts so sehr als nach dem Ganzsein, weil Ganzsein eingewurzelt ist in Lebendigkeit und Glück.

Liebe, Sexualität und Tod – Öffnen, Fallen, Sich-Hingeben

Öffnen ist Fallen.
Fallen ist Auslassen.
Auslassen ist Sich-Hingeben,
Im Sich-Hingeben ist ein „Sterben".

1. Zwei grundlegende Aspekte der Person sind einerseits klare Grenzen und andererseits Durchlässigkeit. Lebendige, souveräne und selbständige Personen brauchen beide Aspekte in Verbindung:
   Eine vollständige Person zeigt
   klare Grenzen bei voller Durchlässigkeit.
2. Weiters zeigt sich immer wieder, dass gerade gut entwickelte Personen mit viel Energie eher
   - sich verengen, festhalten, sich verschließen, abdichten und zusammenhalten
   - als sich öffnen, loslassen, auslassen, sich fallen lassen und sich hingeben.

Um den gesamten Umfang zu erfassen, was die Themen „Leben, Tod und Ewigkeit" umschreiben, ist es gerade für kräftige Personen notwendig zu lernen, sich zunehmend zu öffnen, sich hinzugeben und sich anzuvertrauen. Das Sich-Öffnen führt zur Erweiterung, Erweiterung führt am Ende zur Weite, zu einem weiten, frei schwingenden Bewusstsein.

3. Nun möchte ich eine Reihe von Gleichungen aufstellen, die vielleicht nicht einfach nachzuvollziehen sind.

   Leben ist Liebe.
   Liebe ist Hingabe.
   Hingabe ist auch Sexualität.
   Erfüllende Sexualität ist Liebe.
   Sexualität ist vollständiges Auslassen, „Tod".
   Hingabe ist liebende Sexualität.

Zwei unerschöpfliche Quellen des Lebens sind Lebensfreude und Lebenslust:
- Das Zentrum der Lebensfreude und der Lebenslust ist die Liebe.
- Offenheit und Durchlässigkeit sind Ausdruck der Lebendigkeit.
- Lebendigkeit äußert sich in Lebensfreude und Lebenslust.

Der Mensch hat grundsätzlich Angst, sich zu öffnen. Die drei Aspekte, Sich-Öffnen, Sich-Fallen-Lassen und Sich-Hingeben, gehören zusammen:
Können wir uns öffnen, vermögen wir uns fallen zu lassen,
können wir uns fallen lassen, vermögen wir uns hinzugeben.

Erfüllende Liebe und Sexualität bedürfen dieser drei, ohne sie wird nicht genügend Verbundenheit, Tiefe und Intensität entstehen. Erfüllende Liebe und Sexualität sind ein Sich-fallen-Lassen, das durch die Liebe im anderen den Boden und das Leben findet. Im Sich-Hingeben fällt man gemeinsam zum Größeren, zum Weiteren, zum Umfassenden. In solcher Hingabe wird die Liebe zur Ekstase, zu einem unbeschreiblich erfüllenden über sich Hinaustreten; durch die Möglichkeit zur Hingabe treten die Liebenden, indem sie sich ganz im anderen aufgeben, über die normalen Vorstellungen von Leben, Liebe und Tod hinaus. Lassen wir uns fallen, geben wir jede Art von Kontrolle auf.

Im Öffnen und Sich-fallen-Lassen sind auch Ängste beinhaltet.
- Wer sich fallen lässt, muss die Angst überwinden,
  in die Bodenlosigkeit, ins Nichts zu stürzen.
- Bodenlosigkeit und Nichts sind wiederum mit der Angst
  zugrunde zu gehen, mit Tod und Todesangst verknüpft.

Hier schließt sich der Bogen: Mit jedem Schritt, mit dem wir die Todesangst überwinden, werden wir uns mehr öffnen und fallen lassen können. Wer die Angst ausgelöscht zu werden, die Angst vor dem Tod, überwindet, wird sich dem anderen hingeben, sich zum anderen hinfallen lassen können, sich im anderen „auslöschen" können. Wer gelernt hat, sich fallen zu lassen, wird sich ihm mehr und mehr vollständig hingeben können. Das Maß unserer Möglichkeit zu Liebe und Sexualität ergibt sich durch den Umfang unserer Hingabefähigkeit.

Es hat keinen Sinn sich fallen zu lassen, wenn kein Vertrauen da ist. Vertrauen ist die Voraussetzung, um sich fallen zu lassen. Im Vertrauen ist ein Glauben. Im Glauben ist ein Lieben. Im Lieben ist ein Über-sich-Hinaustreten.

Wirkliche Liebe tritt über sich hinaus und überwindet dadurch die Grenzen zum anderen, überwindet dadurch Leben und Tod. Jedes Stück wahre Liebe und lebendige Sexualität ist ein Akt der Unsterblichkeit, weil das Große, das Umfassende, das Ewige plötzlich durch die Hingabe der Liebenden durchkommt und spürbar da ist.

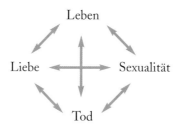

Lebendige Frische und das Alter des Körpers

Der physische Körper altert, die Seele ist alterslos und unsterblich.
Je mehr wir zum wahren Leben finden, desto sicherer ist unser Wissen von der Alterslosigkeit der Seele.
Lebendigkeit ist keine Frage des Alters. Sind wir lebendig, so werden wir als jung erscheinen, ob wir nun fünf, zwanzig oder neunzig Jahre alt sind. Umgekehrt erscheinen uns unlebendige Personen oft alt oder sogar abgestorben und tot.
Das Wesen der Seele ist lebendige, alterslose Unschuld, als zeitloses Schwingen der Lebenskraft und Lebensfreude.
Wir sehen, dass die Lebendigkeit eines Menschen abhängt vom Zugang zu seiner Seele, weil die Seele das Leben bringt. Man kann sagen, die Seele ist der innerste Kern. Das stimmt nicht ganz, weil andererseits Seele, Selbst oder Wesen jenen Bereich meint, der zeitlos, ewig, unsterblich ist und folglich weder innen noch außen sein kann. Wer die Seele erlebt, empfindet sie allüberall und doch auch um sich herum und in sich. Sobald wir unsere falschen Vorstellungen vom Leben wegnehmen, gelangen wir in den Zustand der Klarheit. Unser Blick fällt auf die Seele. Jetzt erkennt man, in welcher Lage man sich befindet. Im Moment, wo wir unsere Seele erblicken, sterben alle falschen Vorstellungen von dem, was das Leben ist und von dem, was wir sind. Wer nur

ein Mal mit seiner Seele, mit sich selbst, wirklich in Kontakt kommt, dessen Leben wird sich sofort oder mit der Zeit ändern. Wir kommen zum wahren Leben, indem wir die falschen Vorstellungen von uns selbst und vom Leben sterben lassen. Im Blick auf unsere Seele sehen wir, dass die Seele im Zustand der Lebensfreude tanzt.

So wichtig der physische Körper für das Leben ist, so wichtig ist auch das Erkennen unserer Seele für das irdische Leben. Endliches und Unendliches, Endliches und Ewiges, beide Dimensionen gehören zum Menschen.

Wir sprechen von Seele, aber meinen Ich. Das Ich ist ein Teil der Seele, aber die Seele ist ganz anders als das Ich. Sprechen wir von einem seelenlosen Menschen, so meinen wir, dass jemandem das Grundsätzliche und Wesentliche fehlt. Der Großteil der Psychologie befasst sich nicht mit der Psyche, der Seele, sondern mit dem Ich; es handelt sich also nicht um Psychologie, sondern eine ‚Ichologie'. Vieles, was mit Psychologie bezeichnet wird, ist seelenlos.

Um die Seele zu erkennen, müssen wir unsere Angst erkennen und überwinden, und wir müssen uns mit dem Endlichen befassen. Beschäftigen wir uns mit dem Endlichen, kommen wir unserer Seele näher.

Ausbruch aus dem Turm der Vergänglichkeit

Wenn wir nicht nach der Seele Ausschau halten, ist es so, als ob wir nicht nach uns selbst Ausschau halten. Etwas muss in uns sterben, damit wir zum Leben kommen. Etwas in uns muss sterben, damit Platz geschaffen wird für das Lebendige in uns, damit es sich uns zeigen kann. Aber wir haben ja so große Angst vor unserer eigenen Tiefe und Weite, mehr als wir uns vorstellen mögen. Eher entscheiden wir uns für ein Leben in beengenden Verhältnissen, als die Türen und Fenster aufzumachen, um diese Weite, die das Leben ist, hereinzulassen.

Wer seiner Seele näher kommt, kommt in Berührung mit ihrer Kraft, mit ihrer Lebendigkeit und ihrer jugendlichen Frische. Das Innerste schenkt uns das Leben und vermag uns wiederzubeleben. Der Weg zum Leben ist der Weg zu uns; es ist der Weg der Selbsterfahrung, auf ihm nähern wir uns unserer Seele und damit uns selbst.

Jedes Menschenherz sehnt sich nach sich selbst. Wir haben unser Herz abgestellt, totgesagt, eingemauert, abgepanzert, ausgeschaltet, kläglich verraten und gemordet, sodass wir gar nicht mehr spüren, wonach unser Herz, das Innerste, sich sehnt. Bevor nicht die lächerliche Dominanz der Wichtigkeit des durch und durch Vergänglichen in unserer Vorstellung von der Liste scheinbar bedeutender Ziele hinwegstirbt, werden wir im Turm der Vergänglichkeit eingeschlossen bleiben. Der Widerstand gegen das Lebendige ist viel größer, als man es sich vorstellen mag. Die Angst vor der Freiheit ist größer, als wir glauben. Mit dem Mut zur Freiheit werden wir diesen Turm der Vergänglichkeit, den wir mit Gold verbrämt haben, dieses lebendige Grab, in dem wir eingemauert sind, aufbrechen, indem wir die falschen Vorstellungen vom Leben und Sterben dahinwelken lassen und ausbrechen in die Weite, die unser Glück bedeutet. Ob wir nach innen oder nach außen ausbrechen ist einerlei, denn wir finden die Weite dort und da.

Überprüfen wir unseren Standpunkt mit Hilfe der folgenden Metapher: Angenommen, Sie stünden vor Ihrem Ableben, und Sie hätten zwei Möglichkeiten, für welche würden Sie sich entscheiden?
Sie wären frei zu lernen, wie man großen materiellen Reichtum anhäuft oder wie man wirklich glücklich wird und wie man in der rechten Weise lebt und stirbt.
Tatsächlich sind wir auf dem Weg zwischen Geburt und Tod und befinden uns daher immer in dieser beschriebenen Lage. Doch wir rechnen, dass wir so undso alt werden, als ob Alter für sich ein Wert wäre. Viel wichtiger ist, dass wir unser Bewusstsein entwickeln und lernen, wie man wirklich befriedigend lebt. Wir haben keinerlei Garantie, wiel ange wir leben. So gesehen ist die Zeit kostbar, vorausgesetzt man erkennt die Dimension, um die es im Leben geht.

Hinsterben zum Sinn
Es geht nicht darum, ein Spektakel aus dem Tod zu machen, sondern die Situation, in der wir sind, nüchtern und klar zu betrachten, um so die rechten Entscheidungen treffen zu können.
Die zweite Geburt, die unserer Seele, beginnt in dem Augenblick, wo wir uns entscheiden, die Kunst des Sterbens in der Kunst des Lebens zu ergründen. Die Kunst des Sterbens gipfelt darin zu entdecken, dass der physische Körper stirbt,

aber unsere Seele unsterblich ist. Die Gewissheit darüber ergibt sich nicht allein durch denkerischen Zugang, sondern aus einer tieferen, vollständigeren Nachdenklichkeit, die man Besinnung nennen kann: Besinne dich, o Mensch, wer du wirklich bist!

Wenn wir in unsere eigene Tiefe tauchen, erkennen wir die Dimension der Seele und die Dimension des wahren Lebens. Die Entmachtung der Zeit und der Materie macht unseren Blick frei für unser wirkliches Sein. Der Blick auf das Ganze, auf das, was wir in unserer Tiefe sind, ist der Blick auf eine fundamentale Schönheit. Wir haben nur eine Chance, das Oberflächliche, Veräußerlichende hinsterben zu lassen zu Sinn, Leben und Lebendigkeit. Der bereit ist, sich mit dem Leben zu befassen, ist bereit sich vor dem Sterben mit der Sterblichkeit zu befassen. Wenn wir auf diesem Weg voranschreiten, entdecken wir das ewige Leben. Wir müssen irgendwie vor dem Absterben sterben, um zu leben. Das ewige Leben beginnt hier und ist hier. Deshalb sagt man: „Stirb, bevor du stirbst". Es könnte genauso gut lauten: „Lebe bevor du stirbst".

Das Erwachen der Seele
Wie schon beschrieben, dreht sich alles um das Weiten des Bewusstseins. Wie weit unser Bewusstsein zu werden vermag, ist entscheidend für das, was wir durch das Leben als Sinn und Glück gewinnen, für das, was wir aus dem Leben herausziehen können. Das Sich-Befassen mit dem ‚Tod' ist bewusstseinserweiternd. Bewusst zu leben ist bedeutsam. Bewusst bewusst zu leben ist der entscheidende Faktor, um unser Bewusstsein zu erweitern. Wird unser Bewusstsein weiter und weiter, sodass es sich frei zu öffnen vermag, nennen wir dies Erwachen. Das Erwachen ist ein unbeschreiblich glücklicher Zustand. Man kann das Erwachen vielleicht so beschreiben, dass die Person in einen lichtvollen strahlenden Punkt mit unendlicher Ausdehnung fällt. Wer weiter geht, wird immer öfter in diesen Zustand des Erwachens gelangen. Wer noch weiter geht, wird vielleicht ständig im erwachten Zustand, was als Erleuchtung bezeichnet wird, leben dürfen. Man kann nicht unbedingt von außen erkennen, dass eine Person in einem erwachten Zustand zu leben vermag. An manchen Personen ist dieser Zustand zu erkennen, an manchen nicht.

Der erwachte Geist Buddhas veranschaulicht uns im folgenden Ausspruch, wie das konkrete Leben aus der Perspektive des Erwachens aussehen kann:

> Erkenne alle Dinge als so beschaffen:
> Wie eine Luftspiegelung, ein Luftschloss,
> ein Traum, eine Erscheinung –
> ohne Essenz, aber mit wahrnehmbaren Eigenschaften.
>
> Erkenne alle Dinge als so beschaffen:
> wie die Spiegelung des Mondes in einem klaren See,
> ohne dass der Mond in den See gefahren wäre.
> Erkenne alle Dinge als so beschaffen:
> Wie der Wiederhall von Musik, Klängen und Stimmen
> in einem Echo, das selbst keine Melodie enthält.
>
> Erkenne alle Dinge als so beschaffen:
> Wie eines Magiers Illusion
> von Pferden, Ochsen, Karren und anderem
> ist nicht so, wie es erscheint.

*Wer die Vergänglichkeit annimmt,
nimmt das Leben an.*

I. Weisheits-Geschichten

Der Tod als Schlüssel zur Lebendigkeit

Was geschieht nach dem Tod?

Jemand kam mit einer Frage zu einem Weisen und sagte: „Seit vielen, vielen Jahren sinne ich über den Tod nach und lese dazu verschiedene Bücher - und doch bin ich nicht imstande, eine sichere Antwort zu finden. Bitte, sagen Sie mir: Was geschieht nach dem Tod?"

Der Weise antwortete: „Fragen Sie dies bitte nicht mich. Fragen Sie dies jemand, der sterben wird. - Ich habe die Absicht zu leben."

Sufismus, aus: Hazrat Inayat Khan „Wanderer auf dem inneren Pfad", Herder, Freiburg, 1986, S. 125

Kommentar

- Was meint dieser Mann mit seiner eigenartigen Antwort?
  Vielleicht sagt er: „Klammern Sie sich nicht so sehr an den Tod, das Leben ist wichtiger!"
  Oder meint er: „Wenn Sie vollständig leben - und das ist nicht einfach, denn ich bin schon lange unterwegs und habe gerade erst begonnen wirklich zu leben - dann werden Sie im Leben alle Antworten erhalten, was nach dem Tod ist."
  Oder sagt er: „Ich bin zwar auch hier, aber mein Bewusstsein ist in einem Zustand, das Leben und Sterben nicht mehr kennt. Mein Leben ist Antwort auf Ihre Frage, ich bin die lebendige Antwort, die vor Ihnen steht. Wie können Sie mich als lebendige Antwort danach fragen, was die Antwort auf Ihre Frage ist!?"

- Die Kernaussage ist: „Fragen Sie dies bitte jemand, der sterben wird, ich habe die Absicht zu leben". Was will uns diese Aussage sagen? Der Schlüssel zum Verständnis des Todes ist das bewusste und vollständige Leben. Wer voll lebt,

*Ein Ungleichgewicht zeigt sich darin,
wie viel die Menschen ans Leben denken
und wie ungleich weniger ans Sterben.*

---

wird durch das Leben erfahren, was es mit dem Sterben und mit dem Tod auf sich hat. Nicht im eigenen Tod erfolgt die Aufklärung über den Tod, sondern durch ein bewusstes, tiefes, intensives Leben, durch das alle wesentlichen Fragen beantwortet werden. Ein lebendiges Bewusstsein findet in sich die Antworten auf die wesentlichen Fragen.

- Wer wirklich lebt, wird herausfinden, was es mit dem Leben und Sterben, mit Endlich und Unendlich, mit „Tod" und Ewigkeit auf sich hat.
- Das volle Leben - nicht dieses halbbewusste oder sogar unbewusste – beinhaltet die Antworten auf die Geheimnisse von Leben, Tod und Ewigkeit.

Der gläserne Sarkophag

Ein König des Ostens lebte mit seiner zauberhaften Frau, die er über alles liebte. Eines Tages starb sie überraschend und ließ ihn in unbändiger Trauer zurück.

Da rief er aus: „Nie, nie will ich mich von meinem geliebten Weib trennen!" Daraufhin ließ er ihren Leichnam in einem gläsernen Sarkophag in der Mitte des Prunksaales des Palastes aufbahren. Sein Bett hieß er die Diener neben dem gläsernen Sarg aufzustellen, um nicht eine Minute fern von ihr zu sein.
Es waren heiße Sommertage, und trotz der Kühle im Palast ging der Leichnam der Toten langsam in Verwesung über. Ihr holdes Antlitz begann sich zu verfärben und wurde von Tag zu Tag aufgedunsener. Der König sah dies in seiner Liebe nicht. Doch bald erfüllte der süßliche Geruch der Verwesung den ganzen Raum. Diener und Freunde flohen den König immer mehr.
Als der Verwesungsgeruch unerträglich geworden war, ließ auch der König schweren Herzens sein Bett im angrenzenden Saal aufstellen. Obwohl alle Fensterflügel weit offen standen, kroch ihm der Geruch der Vergänglichkeit nach, und eines Tages verließ ihn das Bewusstsein.
Der weise Arzt, der gerufen wurde, ließ den König an eine erhabene Stelle des Palastgartens bringen, dort, wo es licht und weit war und der Duft der Rosen die Seele des Königs umschmeichelte. Als nun der König zu sich kam, spürte er Weite, Wind und Licht, und er atmete den Duft der Rosen. Vor seinem

> *Einer der Hauptgründe, warum wir so viel Angst haben,*
> *uns dem Tod zu stellen, liegt darin,*
> *dass wir die Wahrheit der Vergänglichkeit ignorieren.*
> Rinpoche Sogyal

---

inneren Auge sah er die Verstorbene so, als lebte sie noch. Er trat ein in das Bewusstsein der Liebe, und sein Herz wurde im Rosenduft mitgenommen in ein ihm bis dahin unbekanntes Reich voll Liebe; was er jetzt überrascht an Schönheit erlebte, wurde von dem, das er mit seiner Frau zu ihren Lebzeiten geteilt hatte, weit übertroffen.

Auf diese Weise war der König dankbar von Glück und Lebendigkeit erfüllt. Er betrachtete die Rosen, erinnerte sich, wie es mit seiner Frau gewesen war und weinte. Dann brach er für sie die schönste Rose, legte sie dankbar auf den Sarkophag und befahl den Dienern, die Leiche der Erde zu übergeben.

Sufismus. Neufassung Reinhold Dietrich

Kommentar
- Geliebte Personen können den Zurückbleibenden helfen, eine andere, tiefere Lebensweise zu entwickeln.
- Einer, der sich lange der Sterblichkeit besinnt, wird vom ‚Arzt' (von Gott) in den geheimen Rosengarten gebracht, wo er beginnt, ein andere Art der Liebe und Intensität zu erleben.
- Dieser König wurde durch den Tod seiner Frau zur Quelle der Liebe getragen, die größer ist als alles Sterbliche, zu jenem Born der ewigen Liebe, der alle Liebe entstammt.

Sei bereit zu sterben

Einer, der sich einige Zeit in Meditation versucht hatte, begab sich zu einem Zen-Meister, der erst vor kurzem in sein Land gekommen war.
Er fragte den Weisen, ob er bei ihm studieren dürfe.
Der Weise antwortete: „Sind Sie darauf vorbereitet zu sterben?"
Der Mann schüttelte verblüfft den Kopf und rief: „Ich bin nicht gekommen, um zu sterben. Ich bin zu Ihnen gekommen, um Zen zu studieren!"
Da sagte der Weise: „Solange Sie nicht willens sind zu sterben, sind Sie noch nicht bereit, sich ganz ins Leben fallen zu lassen. Kommen Sie wieder, wenn Sie bereit sind, ohne Zögern einzutreten und nichts auszuschließen."

Zen-Buddhismus

Solange der Tod ein Gegner ist, stirbt man an ihm.
Wird einem der Tod zum Freund,
beginnt man durch ihn wirklich zu leben.

Kommentar

Wer bereit ist zu sterben, der ist bereit zu leben.
Wer die Endlichkeit im Blick zu halten vermag, wacht auf.
Wer zu sehr auf Halt aus ist, verkrampft und bleibt an der Oberfläche.
Wer sich darin übt ins Grab, in die Leere, ins bodenlose Unendliche, ins Unfassbare zu fallen, fällt ins Leben.

Es ist nicht ganz einfach zu verstehen, dass nur der vom Leben zur Lebendigkeit fortschreitet, der sich mit der Endlichkeit befasst.
Vieles, was Menschen tun, ist, wie bedeutsam es auch aussehen mag, bloß ein Ausweichen und Wegschieben der Gegebenheit unseres endlichen Lebens.

Eine gute Bekannte sagte unlängst, man kann Menschen gut kennenlernen, wenn man beobachtet, wie sie mit dem Tod Verwandter oder Freunde umgehen. Wer sich mit der Endlichkeit vertraut macht, wird vorbereitet sein aufs Leben und dereinst auch auf das Sterben.
Im Moment, wo unsere falschen Vorstellungen von Leben und Sterben dahinwelken, beginnen wir wirklich zu leben. Für die meisten ist Tod ein dunkler Vorhang, der das Unendliche verbirgt. Der den Mut aufbringt, das Endliche anzuschauen, schaut mit der Zeit auch das Unendliche – dann erkennt er, dass das Unendliche lichtvoll ist und nicht ein dunkler, angsterfüllter Abgrund. Nun wird der Schleier vor der Unendlichkeit durchlässig, und es zeigt sich ein Muster von Schönheit auf ihm, durch das jenes Licht fällt, das alles in uns bewegt.

*Die meisten Menschen verbringen ihre ganze Zeit
mit Vorbereiten, Vorbereiten, Vorbereiten –
um dann dem nächsten Leben gänzlich unvorbereitet zu begegnen.*
Drakpa Gyaltsen

Der Tod erinnert an das Wesentliche

Die Signale des Todesengels

Ein Mann hatte mit dem Todesengel Freundschaft geschlossen. Eines Tages sagte er zum Todesengel: „Du bist erfolgreich: Wohin du auch gehst, du kommst immer zum Ziel. Darf ich dir gegenüber eine Bitte äußern?"
Der Todesengel nickte.
Der Mann sagte: „Ich bitte dich, gib mir rechtzeitig Bescheid, wann du mich abholst."
Der Todesengel versprach die Bitte des Mannes zu erfüllen.
Die Zeit verfloss.

Eines Tages kam der Engel wieder und sagte: „Morgen werde ich dich abholen."
Der Mann antwortete: „Das kann nicht dein Ernst sein, du hast mir doch versprochen, mir rechtzeitig Bescheid zu geben."

Der Todesengel erwiderte: „Ich habe dir viele Zeichen gegeben, du aber wolltest nicht begreifen:
    Als dein Vater starb, wusstest du es nicht zu deuten;
    als deine Mutter starb, hörtest du die Botschaft nicht;
    als ich nacheinander deinen Schwager, deinen Nachbarn, deinen Freund abholte, hast du die Augen verschlossen ...
    Komm morgen mit mir!"

Als der Engel den Mann am nächsten Morgen abholte und ihn in den Himmel geleitete, zeigte er ihm Scharen von Verstorbenen, die laut riefen: „Warum hast du uns nicht rechtzeitig Bescheid gesagt? Wir hätten vorher doch noch so viel erledigen können!"
Der Todesengel sagte: „Siehst du nun, wie die Menschen mit meinen Signalen umgehen!?"

Sufismus

Alles Verstehen tastet sich vor zum Begreifen.
Das Begreifen wird vom Unbegreiflichen,
von dem, was dieses Leben und diesen Tod überdauert, berührt.

Kommentar
- Es ist offensichtlich, dass das Leben vom ersten Atemzug an auf den Tod zugeht. Wir verdrängen diese Tatsache, lenken uns von ihr ab, teilweise auch erfolgreich.
- Die Zeichen der Endlichkeit sind überall zu sehen. Und dennoch neigen wir dazu, halblebendig und halbherzig wie wir sind, ihnen auszuweichen. Dabei kann nur der lebendig sein, der auch der endlichen Wirklichkeit ununterbrochen ins Auge sieht.

Solange wir nicht ständig unser Leben als Reise zwischen Geburt und Tod im Auge behalten, sind wir noch nicht genügend realistisch und realitätstüchtig. Wer nicht sterben lernt, lernt nicht zu leben. Das Licht am Ende unseres Lebensweges ist eine Sonne, die als „Tod" bezeichnet wird, in ihr werden unsere Illusionen zum Brennstoff eines strahlenden Lebens.

Wer bewusst geht, erwacht aus dem betriebsamen Schlaf ins Leben.

Der Bau eines Grabmals

Nasrudin, der weise Narr, entwarf einen wunderschönen Plan für sein eigenes Grabmal. Er übernahm auch die Oberaufsicht beim Bau desselben. Die Bautätigkeiten dauerten ziemlich lange, da die Arbeiter unerfahren waren und grobe Fehler machten.

Nachdem die letzten Handgriffe getan waren, kamen die Arbeiter zu Nasrudin und ließen ihn wissen, dass das Werk nun vollbracht war.
Nasrudin aber sagte zu ihnen: „Ihr meint, alles ist fertig, aber der Bau meines Grabmals ist immer noch nicht vollständig".
Sie fragten ihn verwundert: „Aber was könnte jetzt noch getan werden?"
Nasrudin antwortete: „Wir haben den Körper noch nicht hineingelegt".

Sufismus

Kommentar
- Der Bau eines Grabmales ist nicht so wichtig wie der Gedanke in relativ absehbarer Zeit im Grab zu liegen.

Der Tod ist Teil des Lebens.
Zen-Buddhismus

- Man sagt auch, ‚der Körper ist das Grab der Seele'.
- Identifizieren wir uns ausschließlich mit dem Körper, werden wir, sofern wir älter werden, wahrscheinlich Angst vor dem Ende haben, das körperliche Auflösung bedeutet und uns als Gewaltakt erscheinen muss.
- Lernen wir es, uns mit der Seele zu identifizieren, wird unsere körperliche Existenz zur Chance.
- Nasrudin lässt uns auf spielerische Weise sehen, dass unser Körper einst im Grab liegen wird. Wer dieses Bild ohne Angst zu bedenken lernt, wird vielleicht mehr Zugang zum Wesentlichen, mehr Zugang zur seiner Seele und zum Selbst gewinnen.
- Ohne dass wir eine Verbindung von Körper zu Seele schaffen, werden wir wahrscheinlich in unserer Todesstunde ängstlich vor einem undurchdringlichen und unbegreiflichen Nichts stehen. Zu diesem Zeitpunkt können verpasste Gelegenheiten nicht mehr geändert werden.

Von der Furcht vor dem Jüngsten Gericht

Es gab einst einen König, der das Gesetz festsetzte. Das Gesetz besagte: Sei jemand plötzlich an der Reihe des Todes zu sterben, sollten früh vor Sonnenaufgang vor seinem Hause die Trompeten geblasen werden, worauf sich der Betreffende sogleich schwarze Kleider anzuziehen und sofort zum Gericht zu kommen habe.

Dieser König richtete nun ein großes Gastmahl aus und ließ alle Ersten seines Reiches dazu einladen. Obwohl viele Musiker die Gäste durch süße Melodien in Überschwang und ausufernde Heiterkeit versetzten, zeigte der König selbst keine sichtbare Heiterkeit und nahm nicht an der haltlosen Ausgelassenheit mancher Gäste teil. Die Gäste, die dies bemerkten, wunderten sich, wagten aber nicht, ihn über die Hintergründe seines Verhaltens zu fragen. Vielmehr sagten sie zum Bruder des Königs, er möge doch den Grund des ernsthaften Verhaltens des Königs ausforschen.

Der Bruder sagte nun zu seinem Bruder, dem König: „Viele Gäste wundern

*Wir leben, wie wir sterben und wir sterben, wie wir leben. –
Einer, der erfüllt lebt, wird erfüllt sterben.*

---

sich angesichts des großen Festes über Euren Ernst und bitten Euch, ihnen Eure Gründe auszubreiten.

Der König antwortete: „Geh in deine Wohnstatt, morgen sollst du meine Antwort hören". So geschah es.

Am nächsten Morgen befahl der König den Trompetern vor dem Haus seines Bruders zu blasen, und er befahl der Wache seinen Bruder dem Gesetz gemäß vor ihn als Richter zu führen. Als dieser früh morgens die Trompeten vor seinem Haus hörte, bewegten sich all seine Eingeweide. Er stand aber dennoch auf, zog schwarze Kleider an und folgte der Wache zum König.

Der ließ nun eine tiefe Grube aufwerfen und über die Grube einen zerbrechlichen Stuhl mit vier schadhaften Beinen stellen. Er hieß seinen Bruder die Kleider ausziehen und sich auf diesen Stuhl über der Grube setzen. Wie er nun aber auf dem Stuhl über der Grube saß, befahl der König, ein scharfes Schwert an einem seidenen Faden über dem Kopf seines Bruders aufzuhängen. Dann befahl er vier Männern mit scharfen Schwertern, einer von vorne, der andere von hinten, der dritte von der rechten und der vierte von der linken Seite zu ihm zu treten.

Als alles gerichtet war, sagte der König zu den Männern: „Wenn ich es euch befehle, werdet ihr eure Schwerter in ihn hineinstoßen."

Dann ließ er Trompeter und Musikanten rufen und deckte vor seinem Bruder eine riesige Tafel mit den erlesensten Speisen.

Der König sprach zu seinem Bruder, der ernst blickte: „Liebster Bruder, weshalb bist du so ernst, und weshalb hast du Kümmernisse in deinem Herzen? Sieh, hier sind die köstlichsten Gerichte, hier sind die schönsten Melodien. Weshalb bist du nicht ausgelassen und voll Überschwang?"

Jener antwortete: „Wie kann ich unentwegt ausgelassen sein, wenn ich zum Zeichen, dass ich sterben soll, den Schall der Trompeten vor meinem Haus vernehme und jetzt auf einem wandelbaren und zerbrechlichen Stuhl sitze. Wenn ich mich unbedacht rühre, bricht derselbe und ich falle in die dunkle Grube, aus der ich nie wieder heraus komme. Wenn ich meinen Kopf aufrichte, wird mir das über meinem Kopf aufgehängte Schwert das Gehirn durchbohren, und vier Henker stehen um mich bereit, mich auf ein einziges Wort von Euch hin niederzustoßen. – Dennoch muss ich feststellen, ist jetzt eigenartigerweise auch etwas in mir, das Freude ist und wie Ernst aussieht."

*Wenn wir das Leben wirklich verstehen,
verstehen wir auch den Tod.*
   Krishnamurti

Jetzt sagte der König: „Nun möchte ich deine Frage von gestern beantworten: Ich bin wie du - wie wir alle - auf einen wandelbaren, zerbrechlichen Stuhl gesetzt, weil wir uns in einem Leib mit vier wandelbaren Beinen, nämlich den vier Elementen befinden;

- unter uns ist die Höllengrube, über unserem Haupt hängt ein spitzes Schwert, nämlich Gottes Gericht, welches bereit ist, unsere Seele vom Körper zu scheiden;

- vor uns ist ein scharfes Schwert, nämlich der Tod, der niemanden verschont und unverhofft kommen kann, wo und wann wissen wir nicht;

- hinter uns ist ein zweites Schwert, bereit uns zu durchbohren, das sind unsere menschlichen Fehler, Mängel und Sünden, die wir in dieser Zeitlichkeit begangen haben; sie stehen bereit, uns vor dem Richterstuhl Gottes zu verklagen;

- das Schwert an unserer rechten Seite ist der Teufel, der herumgeht und sucht, uns zu verzehren, uns zu blenden und leichtfertig zu verführen, und der immer bereit ist, unsere Seele zu erhaschen und dorthin zu führen, was wir Hölle nennen;

- das Schwert an unserer linken Seite aber sind die Würmer, welche unser Fleisch nach unserem Tode fressen werden.

Wenn ich, liebster Bruder, all dies bedenke, überkommt mich, wie du nun verstehst, Gelassenheit und eine stille, tiefe, innere Freude, die aussieht wie Ernst, aber mich überkommen selten großes Begehren und maßloser Überschwang."

Parabel aus Europa aus: „Gesta Romanorum", Ausgabe Größe, S 4 -7

Kommentar
- Der Entwickelte ist sich seiner Lage bewusst.
- Die Zerbrechlichkeit des Lebens und die Lebenskraft sind nahe beisammen. Der sich der Vergänglichkeit und körperlichen Zerbrechlichkeit stellt, wird jene Kraft und Gelassenheit erlangen, die beflügeln.
- Die Klarheit der Lage, in der wir uns auf dem Weg zwischen Geburt und Tod befinden, drückt sich auch in einer unterschiedlichen Art der Freude aus.

*Die Endlichkeit vor Augen,
gehen wir auf das Leben zu.*

- Sogar die Ersten des Landes haben selten so viel Kraft, zu sehen, dass sie auf diesem wackeligen Stuhl sitzen, den man Leben nennt.
- Diese Geschichte ist auch ein brauchbares Bild für eine Meditation über den Tod als Zugang zum Leben.

Geld

Man bot Uwais El-Qarni eine Summe Geldes an.
Er sagte: „Ich brauche es nicht, ich habe schon eine Münze."
Der andere sagte: „Wie lange wird sie vorhalten? - Sie ist doch nicht viel wert."

Uwais antwortete: „Garantiere mir, dass ich länger leben werde, als diese Münze vorhält, dann werde ich dein Geschenk annehmen."

Sufismus

Kommentar
- Wir brauchen den Gegenwert des Geldes in unserer heutigen Welt, um uns zu kleiden, um uns zu nähren, um ein Dach über dem Kopf zu haben, um unserer Familie das Leben zu ermöglichen, um zu leben.
- Diese Geschichte bringt uns einen Perspektivenwechsel und erinnert ans Wesentliche:

Wir neigen dazu, mit der Versicherungspolizze in der Hand zu leben und die Ungesichertheit des Lebens, unsere Sterblichkeit, unablässig zu verdrängen.

- Wie wenig wir an die Endlichkeit denken, zeigt das Ausmaß der Kräfte, die für die Verdrängung unserer sterblichen Realität eingesetzt werden. Häufig sind diejenigen, die besonders stolz darauf sind, realistisch zu sein auch jene, die die endliche Realität am stärksten verleugnen und verdrängen.
- Der Tod wird nicht weniger, wenn wir wie Kinder die Augen zuhalten und so tun, als ob es ihn nicht gibt. Die Devise ist nicht „Augen zu und durch!", die Devise muss lauten „Augen auf und durch!". Wer alles mit offenen Augen durchgeht und alles mit Hilfe seines Bewusstseins auslotet, wird es erreichen - „das Leben lebt nun und der Tod stirbt".

*Wenn du Abschied nimmst,
wirst du neue Begegnungen finden.*
Waldefried Pechtl

Der Tod als Wiederbeleber

Lebende Leichname in schönen Häusern

Dudjom Rinpoche, ein sehr bedeutender Meditationsmeister, Mystiker und Yogi fuhr eines Tages mit seiner Frau durch Frankreich, und sie bewunderten die Landschaft.

Als sie an einem langgezogenen Friedhof vorbeikamen, auf dem alles frisch gestrichen und mit Blumen geschmückt war, sagte Dudjom Rinpoches Frau: „Rinpoche, sieh doch nur, wie hier im Westen alles so adrett und sauber ist. Selbst die Orte, wo die Leichen aufbewahrt werden, sind makellos. In Asien sind die Wohnhäuser häufig nicht annähernd so sauber."

Dudjom Rinpoche antwortete: „Ja, dies ist ein wirklich zivilisiertes Land, selbst für die Körper der Toten gibt es wunderbare Häuser. - Aber ist dir aufgefallen, dass auch in ihren anderen schönen Häusern oft nur lebende Leichname wohnen?"

Tibetischer Buddhismus

Kommentar
- Wer dem Tod klar ins Auge zu sehen lernt, wird wiederbelebt. Wer dem Tod ausweicht, weicht dem Leben aus - seine Lebenskraft wird gebrochen.

- Wer bewusst im ‚Körper als Leichnam' wohnt, ist lebendig. Wer den Körper mit dem Leben verwechselt, ist es nicht.

- Das Leben kommt durch den Körper, so wie die Musik durch einen CD-Player kommt; ohne CD-Player kann die Musik nicht gehört werden, aber der CD-Player ist dennoch nicht die Musik.

- Wer diesen wunderbaren Körper nicht mit dem Leben verwechselt, wird auch an ihm für eine gewisse Zeit Freude haben. Für den, der diese Beziehung klar erkennt, beginnt das Leben zu leben und der Tod zu sterben.

*Vielleicht kennen nur die, die sich der Zerbrechlichkeit
des Lebens bewusst sind, auch wirklich seinen Wert.*
Rinpoche Sogyal

Warum wir hier sind

Eines Nachts, als Nasrudin, der weise Narr, eine einsame Straße entlang wanderte, sah er eine große Schar Reiter, die ihm entgegenkamen. Als sie so durch die Dunkelheit auf ihn zukamen, begann seine Phantasie heftig zu arbeiten; sein Angstpegel stieg, er sah sich von ihnen gefangen und als Sklave verkauft oder von ihnen in die Armee gepresst oder schlimmer noch – von ihnen ermordet. Als ihn die Angst derart packte, nahm er Reißaus, kletterte über die Mauer des Friedhofs und fand ein frisch geschaufeltes, offenes Grab. Da hinein legte er sich.

Aufmerksam geworden auf sein merkwürdige Betragen, folgten ihm die Männer, ehrbare Reisende, über die Mauer bis zum offenen Grab. Darin fanden sie Nasrudin ausgestreckt und still liegen.

Die Reisenden fragten ihn: „Was machst Du da im Grab? Wir sahen, wie Du davonliefst. Können wir Dir behilflich sein?"

Nasrudin, dem jetzt klar wurde, was geschehen war, antwortete: „Dass Ihr eine Frage stellen könnt, bedeutet nicht, dass es auch eine schlichte Antwort darauf gibt. Hängt nicht alles von Eurem Gesichtspunkt ab. Wenn ihr es aber dennoch wissen wollt: Ich bin hier wegen Euch, und Ihr seid hier wegen mir."

Sufismus. Neufassung Reinhold Dietrich

Kommentar

- Den Inhalt der Frage „Warum sind wir hier?" sollte weit gefasst werden; Tod und Leben sind das Thema und die Suche nach dem Selbst, das nur durch Überwindung der Schleier der äußeren, der das Selbst umgebenden Schale erfasst werden kann; die Geschichte ist ein Gleichnis, das seinen tieferen Sinn nur leise andeutet; Nasrudin hat diese Aktion, wie es scheint, nicht geplant, sie geschieht ihm. Er findet sich in einer angstbereitenden Situation, flieht, stellt sich und fragt – am Ende versteht er plötzlich selbst sein Tun.

- Die Angst vor dem Tod lässt Nasrudin in dieser Geschichte vor dem Tod fliehen, und wo landet er? – wieder am Friedhof, beim Thema Tod.

- Wo immer wir hinlaufen, wovor immer wir auch ängstlich davonlaufen, die Richtung, in die wir uns bewegen, ist die auf den Friedhof und unser Grab zu.

„Alles entsteht und vergeht."
Wenn du dies einsiehst, hat das Leid keine Gewalt mehr über dich.
Das ist der Weg der Einsicht.
Buddha, Dhammapada

Wer imstande ist, sich wirklich gelassen daran zu erinnern, wird an Kraft zunehmen.

- Diese Reisenden sind mutige Personen, denn sie folgen dem weisen Narren des Nachts auf den Friedhof, sehen ihn im Grab liegen und werden daran erinnert, dass ihr Leben selbst dorthin strebt. Sie sind mutig, weil sie es wagen, eine wesentliche Frage zu stellen. Sie können noch nicht erkennen, dass sie es sind, die Hilfe brauchen, das Leben zu begreifen. Nasrudin, der weise Narr, erinnert sie nur an ihre eigene Situation, tut aber so, als ob es um ihn ginge.

Tod ist Dunkelheit, Licht ist Liebe und Leben.
Wer im Leben zum Licht reist, dem wird auch der Tod zu Licht.

Der Tod als Wandler des Bewusstseins

Der Schmetterling

Ich, Tschuang Tse, träumte einst, ich sei ein Schmetterling,
ein hin- und herflatternder,
in allen Zwecken und Zielen ein Schmetterling.
Ich wusste nur,
dass ich meinen Launen wie ein Schmetterling folgte
und war meines Menschenwesens unbewusst.

Plötzlich erwachte ich; und da lag ich: wieder ich selbst.

Nun weiß ich nicht:
war ich da ein Mensch, der träumte, er sei ein Schmetterling,
oder - bin ich jetzt ein Schmetterling, der träumt, er sei ein Mensch?

Zwischen Mensch und Schmetterling ist eine Schranke. Sie überschreiten ist Wandlung genannt.

Tschuang-Tse

Kommentar
- Die griechische Bedeutung von Schmetterling ist Psyche, Seele.
„Die wesentliche Symbolbedeutung des Schmetterlings beruht auf seiner Metamorphose vom Ei über die Raupe und die der Todesstarre verhaftete Puppe zum strahlend bunten, dem Sonnenlicht zugewandten Flügelinsekt. Er ist daher schon in der Antike ein Symbol für die durch den physischen Tod nicht zu zerstörende Seele (sein griechischer Name ist „psyché");...
In der christlichen Symbolik ist der Schmetterling ...ein Auferstehungs- und Unsterblichkeitssymbol."

Aus „Lexikon der Symbole", Verlag Herder

Im Lexikon der Symbole des Fourier Verlags wird der Schmetterling unter anderem als Sinnbild des hohen „schwerelosen" Daseins oder der Unsterblichkeit beschrieben.

Aus „Lexikon der Symbole", Fourier Verlag , S 366

Im bewussten Tod ist das Wiedererkennen des Lebens.
Was als Tod angesehen wird,
ist das Wegziehen der dicken Vorhänge,
mit denen ein Leben lang die Sicht verhängt war.

- Wer seiner Seele im Leben begegnet, wird einem lichttrunkenen, taumelnden Schmetterling gleich. Deshalb ist der Schmetterling eine Metapher für das volle Leben.
- Ein Schmetterling ernährt sich von Nektar, von der Essenz. Wer die Fragen nach Sinn und Wesen des Lebens stellt, ist bei der Essenz.

Die Schwere des Lebens löst sich im seelischen Schmetterlingsdasein zur transparenten Leichtigkeit.

- Der Körper ist wie in Kokon, der die Seele im Schlaf hält. Die Seele kann sich nicht selbst befreien. Sobald wir uns mit der Sterblichkeit befassen, schaffen wir die Voraussetzungen, die mit der Zeit das Schlüpfen der Seele ermöglichen. Sobald die Raupe zum Schmetterling geworden ist, erkennen wir, dass der Kokon, unsere falschen Vorstellungen vom Leben, uns in Unbeweglichkeit, Starre und Schlaf gehalten hat.
- Die Raupe kriecht auf der Erde, das ist die erste Geburt. Durch die Weiterentwicklung, die Metamorphose des Menschen verpuppt sich die Raupe und schlüpft als Schmetterling, um sich in den Tanz des Lebens einzureihen, der das unvergängliche und alterslose Blühen des Lebens ist.
- Die Verwandlung der Raupe zum Schmetterling und sein Schlüpfen entspricht dem Aufwachen aus dem ‚Schlaf mit offenen Augen'.

Die Kraft der Präsenz der Vergänglichkeit: Stirb bevor du stirbst

Meister Eknath Maharadsch hatte einen Ashram, der immer voller Betriebsamkeit war. Täglich erhielten dort viele Menschen ihr Essen und Eknath verteilte an alle eigenhändig Süßigkeiten.

Eines Tages kam ein Millionär in den Ashram. Als er den Heiligen ruhig und heiter inmitten all der Betriebsamkeit erblickte, war er sehr beeindruckt.
Er sagte zu Eknath: „Würde ich selbst so viele Leute zu einem Fest laden, bräuchte ich viele Helfer und müsste alles sehr genau planen, und selbst dann wäre das Gelingen noch nicht sichergestellt. Ihr jedoch sitzt, obwohl so viele Dinge um Euch her geschehen, völlig gelassen und heiter da. Was ist Euer Geheimnis?"

*Der Weg des Lebens
ist der Weg des Sterbens vor dem Sterben.*

Eknath tat, als hätte er die Frage nicht gehört und sagte zu dem reichen Mann, indem er mit den Fingern schnippte: „Ihr werdet in sieben Tagen sterben. Es ist besser, Ihr geht heim."

Der arme Mann erlitt einen derartigen Schock, dass ihm augenblicklich die Beine versagten und er nach Hause getragen werden musste. Er hatte bisher nie über Gott und den Tod nachgedacht, sondern hatte sich nur mit Geld und Gut beschäftigt. Zuhause rief er alle Verwandten und Nachbarn an sein Bett und erzählte ihnen unter Jammern und Wehklagen, dass er in sieben Tagen werde sterben müssen. Er war so voll Panik und Furcht, dass er, der völlig gesund gewesen war, von Tag zu Tag kränker wurde.

Als jedoch der siebente Tag kam, beruhigte er sich allmählich. Und als es dann elf Uhr war und er vermutlich nur noch eine Stunde zu leben hatte, war es in ihm still und ruhig geworden. Furcht und Panik waren gegangen, und sein Verstand hatte aufgehört unstet umherzuirren. Jetzt war er nur noch auf den Tod ausgerichtet. In der letzten Viertelstunde war sogar sein Interesse an den Dingen dieser Welt verloren gegangen.

Genau zu diesem Zeitpunkt kam Meister Eknath in sein Haus. Der Millionär war sehr glücklich darüber, ihn noch einmal in der Stunde seines Todes zu sehen.

Eknath fragte: „Wie geht es Euch? Wie ist Euer Geisteszustand? - Ihr scheint recht ruhig und besonnen zu sein."

Der Millionär sagte: „Wie kann mein Geist noch hin- und herwandern, wo ich doch nur noch wenige Minuten zu leben habe? Ich bin völlig auf den Tod ausgerichtet und denke nur noch an Gott."

Darauf sagte Eknath: „Seht Ihr, genauso geht es mir auch. Ich habe mein Interesse an den Dingen der Welt völlig verloren, da ich mir der Veränderlichkeit, der Vergänglichkeit und des Todes immer bewusst bin und all mein Denken auf das Umfassende ausgerichtet habe. Nun versteht meine glückliche Gelassenheit. - Steht jetzt auf, denn Eure Zeit zu sterben ist noch lange nicht gekommen. Ich habe Euch dies nur gesagt, damit Ihr aus eigener Anschauung begreift, aus welchem Geisteszustand heraus ich handle."

Hinduismus

*Indem alles Hinderliche hinstirbt zur Gegenwart,
erwacht der Mensch zu sich selbst.*

Kommentar

- Sobald unser Verstand nicht mehr ständig hin- und herwandert, kann erst etwas anderes bemerkt werden. Das Umherwandern der Gedanken bewirkt das Unstete in unserem Leben, das Unstete hält uns zwar in Bewegung, aber flieht die Tiefe, ohne Tiefe des Bewusstseins gibt es kein tieferes Begreifen.
- Die Präsenz der Endlichkeit löst einen Bewusstseinswandel aus.
- Stress und Unstetigkeit sinken angesichts des bewussten Lebens, das die Endlichkeit im Auge behält, dahin.
- Stress ist ein Kontaktthema. Je höher der Stress, desto weniger sind wir in Kontakt mit uns und mit den anderen. Je höher der Stress, umso weniger sind wir in Kontakt mit der Endlichkeit und umso weniger sind wir lebendig. Betriebsamkeit, äußere Geschwindigkeit, Druck und Überdruck werden mit echter Lebendigkeit dauernd verwechselt.
- Entscheidend ist nicht, dass uns jemand beschäftigt, es ist keine Kunst andere irgendwie zu beschäftigen und in Atem zu halten. Entscheidend ist, ob jemand uns das Leben und Lebendigkeit bringt. Illusion, falsches Leben und Irrtum gründen auf dieser Verwechslung.
- Faszinierte Gelassenheit ist die Stimmung derer, die vorbereitet sind auf den Tod und dadurch vorbereitet sind auf das Leben.
- Der Gelassene lebt, bildlich gesprochen, mit gepackten Koffern und ist obwohl er voll lebt, jederzeit bereit abgeholt zu werden.

*Sie können jetzt schon auferstehen,
sie müssen nicht auf den Tod warten.*
Vilayat Inayat Khan

Der Tod, der das Bewusstsein erweitert

Einer von beiden muss es sein

In Nasrudins Dorf lebten Zwillingsbrüder.
Eines Tages erzählte man sich, einer sei gestorben.

Als Nasrudin einen der beiden auf der Straße traf,
lief er auf ihn zu und fragte: „Welcher von euch beiden war es,
der gestorben ist?"

Sufismus

Kommentar

- Vorausgesetzt, wir können die Existenz der Seele bestätigen, sehen wir unser Zwillingsdasein: Hier der sterbliche Körper, dort die unsterbliche Seele.
- Jeder von uns lebt ein Zwillingsdasein. Etwas in uns erinnert sich des himmlischen Zwillings, etwas in uns sehnt sich nach der Heimat, der wir entstammen und in der unser Zwilling wohnt.
- Sobald der Körper in seiner Sterblichkeit geschaut werden kann, können wir weiter in uns hineinsinken, hin zur Heimat, zur Seele.
- Diese Geschichte berührt etwas in uns von der Erinnerung an diese für viele ferne Heimat und bringt sie uns durch das Sehnen näher.
- Beginnt man mit dieser Geschichte bewusst zu leben, denkt immer wieder an sie oder meditiert auf sie, wird man tiefer in ihr Wesen eindringen können.
- Etwas in dieser Geschichte berührt seltsam. Wer mit diesem Gefühl in Berührung kommt, aus dem kann ein Stück Begreifen aufsteigen, das das Bewusstsein erweitert.

Wer stirbt, bevor er stirbt,
erwacht zum wahren Leben;
Lebendigkeit ist ein Frage des Auslassens,
gelassen, losgelöst, ist der, der stirbt, bevor er stirbt.

Die Medizin

Ein Mann ging aus Vorsorge zum Arzt.
Nach der Untersuchung kam der Arzt mit ernster Mine auf den Mann zu und sagte: „Ich habe nichts Gutes zu berichten."
Der Mann erschrak und fragte. „Was fehlt mir?"
Der Arzt antwortete: „Sie leiden an einer tödlichen Krankheit, leider muss ich Ihnen sagen, dass Ihnen nicht mehr als ein halbes Jahr bleibt."

Nach vielen Monaten blätterte der Mann zufällig in der Tageszeitung und überflog auch die Todesanzeigen. Da sah er zu seinem Erstaunen, dass der Arzt gestorben war.

Kommentar
Die gute Nachricht ist: Sie sind sterblich.
Die schlechte Nachricht ist:
Solange Sie die Tatsache Ihrer Sterblichkeit vergessen,
werden Sie die Chance verpassen.

Denn,
Endlichkeit kommt zu Unendlichkeit,
und beide tauchen ein ins Ewige.
Vergesslichkeit jedoch gehört der Zeit an,
während Erinnerung der Unsterblichkeit angehört.

Wer sich an Endlich-Unendlich erinnert,
hat die Angst vor dem Tod besiegt,
denn in der Erinnerung
zeigt sich endlich die Unsterblichkeit der Seele.

Ihre Schönheit ist Einzigartigkeit,
ihr Wesen ist strahlende Essenz,
wenn du das Kleid des Vergessens ablegst,
erinnert sich alles in dir -
an den Frieden des Selbst hinter dem Krieg des Ichs.

Sieh den scheinbaren Tod,
dahinter die Weite - Lichtland der Seligkeit.

Die Furcht vor dem Leben weicht im selben Maß zurück,
als wir uns mit dem Tod vertraut machen.

Höre die Musik,
gleich klingenden Lichtfäden
dringt sie aus den inneren Himmeln.
Sprich die Worte,
die dir so in den Mund gelegt werden,
und sing Seine Lieder zu Ende.
Glücklicher, gib dich hin ans ewige Licht
mit der Lampe des Suchenden in der Hand,

stirb ins Leben mit Unschuld und Hingabe,
zur Heimat führt dich der Große Arzt.

Koste die Nacktheit der Seele -
schon zu Lebzeiten,
und schwing dich auf -

zu Ihm
für immer.

Wie viel Geduld braucht es, welches Maß an Glauben ist erforderlich, ...um... fähig zu werden, alles, was Leben heißt in Tod umzuwandeln und in dem, was allgemein Tod genannt wird ...das wahre Leben zu erkennen.
Hazrat Inayat Khan

Die letzte Antwort

Zenpriester Taigu wurde gebeten, das Amt eines Tempelabtes anzutreten. Eine Frau aus der Gegend, die gerade ein Kind verloren hatte, suchte den neuen Abt auf und bat ihn, das Bestattungsritual zu übernehmen. Die Frau sagte weiter: „Ich würde mich glücklich schätzen, wenn Sie mir Ihr Mitgefühl schenkten und mir erklärten, wohin mein Kind gegangen ist."
Auf diese Frage wusste Taigu keine Antwort, und die Frau verließ ihn heftig weinend.
Da sagte Taigu zu sich selbst: Ich hatte mir eingebildet, die Verwirklichung erreicht zu haben. Aber die Frage dieser Frau hat mir gezeigt, dass ich das Wichtigste noch gar nicht weiß. Was soll mir dann das Leben als Tempelabt? Und Taigu gab die Stellung auf und ging in die Welt, um das Verständnis des Zen zu vertiefen.

Zen-Buddhismus

Kommentar
- Das Bedeutsame weiß um das Leben nach dem Tod. Manche kommen zu Ehren und Würde und wissen doch nichts vom Bedeutsamen.
- Wer nur das Vergängliche kennt, kennt nur die vergängliche Seite des Bedeutsamen. Wer auch das Unvergängliche kennt, kennt das Bedeutsame in all seinen Aspekten.
- Was immer man auch erreicht im endlichen Leben, das Wichtigste ist, dem Bedeutsamen begegnet zu sein. Sobald dies geschieht, öffnet sich unser Bewusstsein wie eine Blume für das Licht und sieht Leben und Tod im Licht miteinander tanzen.

Wagnis:
Machen wir uns doch mit der scheinbaren Endlichkeit vertraut,
bauen wir unser Haus nahe dem Unerreichbaren und Unerkannten,
nahe dem Leben!

Der Tod in unlebendigen Meinungen

Wenn der Tod nicht der Tod ist

Hinführung –
Diese Geschichte berichtet davon, wie Meinungen und Konzepte, fixe Vorstellungen wirken können. Die Handlungen sind aus der Luft gegriffen und die Personen der Geschichte sind frei erfunden.

Die Geschichte -
Ein Mann wurde für tot gehalten und für das Begräbnis zurechtgemacht. Da erwachte er wieder zum Leben. Er richtete sich auf, sah Sarg und Trauergemeinde und war darüber so schockiert, dass er wieder in Ohnmacht fiel.
Man legte ihn in den Sarg und die Trauergemeinde machte sich zum Friedhof auf. Genau in dem Augenblick, als das offene Grab erreicht worden war, kam er wieder zu Bewusstsein, hob den Sargdeckel und rief um Hilfe.
Die Trauergäste sagten: „Es ist nicht möglich, dass er wieder lebendig geworden ist, weil sein Tod doch von kompetenten Fachleuten attestiert worden ist." Der Mann schrie wieder: „Aber ich lebe!" und sprach einen bekannten und unparteiischen Wissenschaftler und Rechtsgelehrten, der gerade zugegen war, direkt an.
Der Fachmann sagte: „Einen Augenblick", wandte sich den Trauergästen zu, zählte sie und sagte zu ihnen: „Nun, wir haben alle gehört, was der angebliche Verstorbene zu sagen hatte. Ihr seid fünfzig Zeugen, sagt ihr mir jetzt, was ihr für die Wahrheit haltet."
Die Zeugen sagten: „Er ist tot".
Der Experte antwortete: „Dann begrabt ihn!"
Und so begrub man ihn.

Sufismus. Aus Idries Shah „Lebe das wirkliche Glück", Herder, 1996,Freiburg, S. 109

Die Reise durchs Leben mit dem Gewicht der Angst
vor dem Tod im Reisegepäck, ist Last.
Die bewusste Reise hin zum scheinbaren Tod,
beginnt von der befreienden Leichtigkeit zu leben.

Kommentar

- Wir sind lebendig durch unser Bewusstsein.
- Wir leben bewusst, sobald wir selbst alles bedenken, einschätzen, und beurteilen.
- Sicherheit und Selbstsicherheit wachsen nur auf dem Boden des eigenen Denkens, des persönlich entdeckenden Untersuchens, eines eigenständigen Bewusstseins und des eigenen Weges.
- Meinungen sind Ansichten anderer, die unüberprüft übernommen werden. Wir leben durch das, was wir aus uns selbst heraus gesichert wissen. Es sieht so aus, dass der, der nur die Meinungen anderer wiedergibt, in Gefahr ist unlebendig zu sein.
- Meinungen sind ein Grab, das mit Konzepten eingezäunt ist. Lebendigkeit ist jenseits von Konzepten.

Sich vor dem Tode fürchten hieße,
sich vor dem Leben fürchten.
Sterben zu lernen heißt, leben zu lernen.
David Steindl-Rast

Das Leben – eine Herberge für das Bewusstsein

Die Karawanserei

Ein Weiser erschien eines Tages vor den Toren des Palastes Ibrahim ben Adams.
Es war etwas in seiner Art, dass ihn niemand aufzuhalten wagte, als er geradewegs auf den Thron des Herrschers zuschritt.
Der König fragte: „Was wünschst du?"
Der Weise antwortete: „Einen Schlafplatz in dieser Karawanserei".
Ibrahim ben Adam sagte darauf: „Das ist keine Karawanserei, das ist mein Palast."
Der Weise antwortete: „Darf ich Euch fragen, wer hier vor Euch gewohnt hat?"
Die Antwort des Herrschers war: „Mein Vater."
Der Weise fragte: „Und wo ist dein Vater jetzt?"
Der König antwortete: „Er ist tot."
Der Weise fragte erneut: „Und wer hat vor deinem Vater hier gewohnt?"
Der König antwortete: „Mein Großvater - auch er ist tot."

Da sagte der Weise: „Und da behauptet Ihr, dies sei keine Karawanserei?!"

Sufismus

Kommentar

- Alles dreht sich um Unbewusst und Bewusst. Das Unbewusste ist Nacht, das Bewusstsein ist Tag. Das Unbewusste ist Unwissenheit, das Bewusste ist Wissen und vielleicht sogar Weisheit. Je mehr wir ins Unbewusste hinabtauchen, um das versunkene Atlantis unserer Seele zu heben, desto heller, festlicher, strahlender, wird unser Leben.

- Ungern sehen wir, dass das Leben ein Durchhaus, ein Zwischenstadium, ist. Das Leben ist nicht nur eine Herberge, es ist auch eine ständig zerfallende Ruine. Über einer solchen Situation könnte man verzweifeln, in Ohnmacht fallen und in Hilflosigkeit vergehen. Was hätte all das, was wir an Kraft, an Anstrengung, Arbeit und Mühe einsetzen für einen Sinn, würde am Ende alles untergehen!?

*Viele sterben wie sie gelebt haben. Der Tod ist nichts anderes
als eine Fortsetzung des Lebens, seine Vollendung...
Dieses Leben ist nicht das Ende;
wer glaubt, es sei das Ende, fürchtet den Tod.*
Mutter Teresa

- Das Leben ist ein Zwischenstadium, ein Übergangsstadium, vergänglich, flüchtig. Und doch ist das Leben eine gewaltige Chance aus eigener Kraft unser Bewusstsein zum Unvergänglichen hin zu dehnen. Wessen Bewusstsein, universell geworden, ans Unvergängliche reicht, findet sofort den Ausgang aus Zweifel, Hilflosigkeit, aus Sinnlosigkeit und Ohnmacht.

- Es reicht nicht, dass wir so tun, als ob wir hier ewig leben würden. Wer nicht rostet, sondern in Bewegung bleibt und mit offenen Augen und offenem Herzen bewusst durch das Leben wandert, dessen Bewusstsein wird sich zum Insgesamt dehnen.

- Der seine Kraft einsetzt, um die Realität seiner nahen Sterblichkeit zu verdrängen, wird seine Energie einsetzen, um vergängliche Paläste zu bauen, die im Grunde Grabmäler sind, die kaum, dass sie erbaut worden sind, ähnlich unserem Körper, bereits wieder zerfallen.

- Es ist gleichgültig wie groß unser Palast und unser Grabmal ist - unser Leichnam verwest, unser Bewusstsein lebt. Entscheidend ist allein, ob wir für den Leichnam oder für das Bewusstsein leben.

- Um das umfassende Bewusstsein ins begrenzte Leben einzuladen, bedarf es eines Perspektivenwechsels und folglich eines Wertewandels. Wer das Vergängliche zum Wert erhebt, ist arm; das Unvergängliche hochzuhalten, beflügelt die Seele. Sobald das Unvergängliche aus unserem Wesen, aus unserem Inneren auftaucht, erleben wir eine große Weite, werden wir befreit.

- Wir selbst sind es, in deren Hand es liegt, das Umfassende in die Herberge des Begrenzten einzuladen. Die Geburt Christi in der Krippe, im Stall, ist ein Bild für diesen Vorgang. Dieses Ereignis will uns sagen: Es ist möglich, dass das Erhabene, das Umfassende im Beengenden, in dieses endlich begrenzte Leben hineingeboren werden kann.

*Wir haben das Leben vom Sterben getrennt,
und das Intervall zwischen beiden ist Furcht.*
Jiddu Krishnamurti

Leben ist Aufmerksamkeit

Bald nach dem Tode Rabbi Mosches von Kobryn wurde einer seiner Schüler von dem „alten Kozker", Rabbi Mendel, gefragt:
„Was war für Euren Lehrer das Wichtigste?"
Er besann sich.
Dann gab er die Antwort: „Was er gerade tat."

Chassidismus. Aus Martin Buber, „Die Erzählungen der Chassidim", Manesse Verlag, Zürich, 1949

Kommentar

- Das Bewusstsein findet Eingang ins Endliche durch Aufmerksamkeit. Dies ist eine scheinbar einfache Aussage. Sie ganz auszuloten und restlos zu begreifen ist eine Lebensaufgabe.
- Beobachten Sie, wie lange Sie Ihre Aufmerksamkeit auf einen Punkt richten können. Sie werden bemerken, nicht lange, weil Ihre Aufmerksamkeit von den herumziehenden Gedanken ständig gebunden und aufgesogen wird.
- Je mehr wir unsere Aufmerksamkeit entwickeln, je mehr wir lernen unsere Aufmerksamkeit in einem gewählten Brennpunkt zu halten, desto größer ist die Chance, dass mit der Zeit ein weiteres Bewusstsein in diese Herberge des Lebens Eingang findet, das unsere Angst vor dem Ende überwinden hilft.
- Nach Jahren werden Sie bemerken, dass Ihre Furcht vor dem Leben im selben Maß zurückgewichen ist, als Ihre Furcht vor dem Tod verblasste.
- Der Mensch ist ein Geheimnis, ein Schatzkästchen. Wer das Schatzkästchen im Inneren zu sehen beginnt und den Schlüssel findet, der es aufsperrt, wird den Schatz des umfassenden Bewusstseins im Schatzhaus des Endlichen entdecken. Solcher Reichtum bringt eine Art von Freude ins Haus, die unvergänglich ist und die Angst vor dem Tod auslöscht.

*Meine Religion ist es,
ohne Bedauern zu leben und zu sterben.*
Milarepa

Gelassenheit als Aspekt des Todes

Letzte Worte

Tenkei lag auf dem Sterbebett. Weinend und klagend umstanden ihn die Schüler.
Der Zenmeister blickte in die Runde und sagte: „Als Buddha im Begriff war zu erlöschen, umstanden ihn Nonnen und Mönche, weibliche und männliche Laien, und alle weinten verzweifelt. Aber Buddha schalt sie und sagte: 'Wenn ihr wirklich die vier heiligen Wahrheiten versteht, weshalb weint ihr dann?' Doch will ich heute euer Weinen und Klagen nicht schelten, da ihr von der Bindung an die Lehre noch nicht frei seid. - Wundert ihr euch, weshalb ich so rede? Zeit meines Lebens war ich treuer Anhänger des Zen-Buddhismus und habe mit ganzem Herzen für das Wohl der Menschen gearbeitet.

> Der Mensch jedoch ist stolz,
> der Einfluss der Erziehung gering,
> und sehr wenige besitzen Glauben.

Wenn ich mir vorstelle, dass es in Zukunft keine Lehrer geben wird, die die wahre Lehre austragen, kommen mir, ohne dass ich es will, die Tränen. - Alles hängt von Bedingungen ab, und keine Selbstheit wohnt den Dingen inne. So etwas ist leicht zu sagen, aber schwer klar zu verstehen. Ich fürchte, ihr werdet es nicht verstehen. Versteht ihr es aber doch, so seid ihr Erben der Lehre Buddhas und gebt Buddha und den Begründern des Zen ihre Wohltaten zurück.

Haltet an diesem Grundsatz fest, wirkt für das Wohl anderer ohne Unterlass. - Wenn später Leute, die jetzt nicht hier sind, kommen und mich sprechen wollen, so sagt ihnen, was ich auf dem Sterbebett unter Tränen gesprochen haben."

Zen-Buddhismus. Aus „Zen-Geschichten", Diederichs Gelbe Reihe, 1977, S. 54

Kommentar
- Lebe immer so, als ob du gerade sterben würdest. – Wer kann so leben!?
- Wer im Begriff ist zu sterben, wer auf die ‚lange Reise' geht, wird durch einen

*Wir wissen nicht, wie wir leben sollen,
daher wissen wir nicht, wie wir sterben sollen.
Solange wir uns vor dem Leben fürchten,
werden wir uns auch vor dem Tod fürchten.*
Jiddu Krishnamurti

Händedruck, durch einen einzigen Blick, durch eine kleine Geste, durch einen Traum, der zum anderen kommt, alles sagen.
- Im Loslassen, im Abschied kommen wir uns am schnellsten nahe. Das ist der Grund, dass im Zen-Buddhismus so viel Wert auf das Nicht-Anhaften gelegt wird. Der engagiert Losgelöste, der jeden Moment als Abschied des Vergangenen bewusst feiert, ist allem nahe – auch sich selbst. Es bedarf beider zugleich, unseres vollen Engagements und unseres Losgelöstseins, unserer ganzen Freiheit.

Mein Vater war ein gläubiger Mann, aber er konnte den anderen nur begrenzt nahe sein. Als er einen Herzinfarkt erlitt und dem Tod näher war als dem Leben, war es ihm möglich eine Nähe herzustellen wie nie zuvor. Als er sich kurz darauf erholte, entfernte er sich wieder und lebte weiter. Abschied und Neubeginn sind Sondersituationen, in denen sich etwas öffnen kann, was sonst verschlossen bleibt.
Entscheidend ist, wie viel Offenheit und Durchlässigkeit wir im Alltag leben können. Das macht die Qualität unseres Lebens aus – darin zeigt sich unsere wirkliche Lebensqualität.
- Das Sich-Anklammern an Personen und äußeren Dingen muss erkannt werden, damit wir zu interessierter Gelassenheit und engagierter Losgelöstheit gelangen.

Im Tod lassen wir aus. Wer das Auslassen im Leben übt, ist mit anderen wirklich im Kontakt und lebendig.
- Personen, die im Leben nie gelernt haben oder nicht lernen konnten auszulassen, loszulassen, sich fallen zu lassen und sich hinzugeben, erleben meistens einen schweren Todeskampf, weil sie das Leben nicht auslassen können und sich aus Angst vor dem Ungewissen sehr verkrampfen müssen.
- Menschen, die die Kunst des Auslassens des Gebens und Sich-Gebens im Leben gelernt haben, können – was immer für Schmerzen sie in ihrer Todesstunde erleiden mögen – leicht auslassen.
- Der Tod und die Liebe sind mächtige Geheimnisse, beide sind ungewiss. Wer sich der Ungewissheit der Liebe hinzugeben lernt, lernt sich erstaunlicherweise auch der Ungewissheit des Todes hinzugeben. Liebe und Tod als große Geheimnisse sind ineinander verschlungen.

Wenn man die Menschen überzeugen könnte,
dass der Tod nichts anderes ist als der
Heimgang zu Gott, gäbe es keine Furcht mehr.
Mutter Teresa

Das bewusste Leben zum Tode als Medizin

Eine ‚mitfühlende' Nachbarin

Eine Schwerhörige besuchte einst ihren kranken Nachbarn. Am Krankenbett sitzend, fragte sie ihn: „Wie geht es dir?"
Der Kranke antwortete: „Ich sterbe, Nachbarin."
Die Schwerhörige hatte nicht richtig verstanden und antwortete: „Das freut mich."
Der Kranke war wutentbrannt, zeigte jedoch seinen Ärger nicht.

Die Schwerhörige: „Was hat der Arzt dir zum Essen verordnet?"
Immer noch zornig antwortete er: „Gift."
Die Schwerhörige verstand abermals etwas anderes und sagte: „O, das schmeckt aber gut. Ich wünsche guten Appetit."

Dann fragte sie weiter: „Welcher Arzt behandelt dich?"
Der Ärger des Kranken steigerte sich noch, während er sagte: „O Nachbarin, ich habe genug von dir. Der Todesengel behandelt mich, wie du unschwer sehen solltest."

Darauf sagte die Schwerhörige, die wiederum etwas ganz anderes verstanden hatte: „Da bist du ja in guten Händen, dieser Arzt ist wirklich geschickt und begabt."
Nun konnte der Kranke den Ärger nicht mehr zügeln und schrie die schwerhörige Nachbarin an: „O Nachbarin, ich bin deiner überdrüssig und kann deine Gegenwart nicht länger ertragen. Verlasse sofort mein Haus!"

Die Schwerhörige glaubte, der Nachbar hätte sich für ihren Besuch bedankt und verließ zufrieden, im Gefühl ihre nachbarliche Pflicht erfüllt zu haben, das Krankenzimmer.

Türkische Sufigeschichte

Kommentar

- Meistens sind die Menschen schwerhörig dem gegenüber, was bedeutsam ist. Hier ist eine Frau schwerhörig, dem gegenüber, was unbedeutend ist und ein

Eure Angst vor dem Tod ist nichts als das Zittern des Hirten,
wenn er vor dem König steht,
der ihm zur Ehre die Hand auflegen wird.
Khalil Gibran

scheinbar zorniger Kranker gibt Antworten, die bemerkenswert sind. Der Kranke ist ein Symbol für den Menschen, der nicht bewusst lebt; einer, der nicht begreift, dass das unbewusste Leben eine Krankheit ist, ist, ohne es zu wissen, krank.
- Die Schwerhörigkeit der Frau andererseits ist Ausdruck des Wissens, sie erlaubt ihr, das zu sagen, was von Wichtigkeit ist.
- Wie man die Krankheit des unbewussten Lebens behandelt, wird hier dargestellt: Der Arzt und seine Medizin sind das bewusste Leben; die wenig entwickelte Liebe und das sich der Sterblichkeit nicht bewußte Leben ist die Krankheit. Beide stellen das Nichtwissen der wahren Möglichkeiten dar, die dem Menschen im Leben offen stehen.

In dieser Geschichte werden wichtige Informationen verschlüsselt dargestellt:
- Sie fragt: „Wie geht es dir", er sagt: „Ich sterbe," sie antwortet: „Das freut mich". Übersetzt heißt das, es freut mich, dass du jetzt verstehst, dass bewusst auf den Tod zuzugehen, wirklich zu leben bedeutet.
- Sie fragt: „Was hat dir der Arzt zum Essen verordnet, er sagt: „Gift", sie antwortet: „O, das schmeckt gut, ich wünsche, dass es dir gut bekommt". Übersetzt ist das Gift die Medizin, die alles in uns vernichtet, was die Lebendigkeit des Herzens verhindert. Das „Gift" ist die Medizin, die uns stark macht, weil sie jede Form von Egoismus austilgt.
- Sie fragt: „Welcher Arzt behandelt dich", er antwortet: „Der Todesengel", sie sagt darauf: „Da bist du ja in guten und geschickten Händen". Übersetzt ist ein Engel ein Aspekt der ewigen Unsterblichkeit der Seele. Der Todesengel zeigt dem ‚lebendig Sterbenden' die Bedeutung des Begrenzten, des Todes, im Unbegrenzten, im Ewigen.

Nasrudin. Die Krankheit seiner Frau

Nasrudins Frau war krank.
Nachdem der Arzt sie gründlich untersucht hatte, wandte er sich mit ernstem Gesicht an Nasrudin und sagte: „Deine Frau wird sterben müssen."
Nasrudin sagte darauf: „Das ist keine Neuigkeit, aber sagen Sie, was fehlt ihr?"

Reinhold Dietrich

Hinter der Angst vor dem Tod
ist das Erkennen der Unsterblichkeit.

Der Tod als Vorbereitung für das Leben

Vorbereitet sein - auf Leben und Tod
Hinführung - Die folgende Geschichte ist ein gutes Beispiel der inneren, der großen Befreiung. Jene, die das Leben als Durchgangsstadium bewusst leben, werden an der Endlichkeit nicht zerbrechen, sondern durch sie unendlich gewinnen.

Mohajith war ein Prinz. Er ging zu einem Weisen, um sich Rat für den Weg zu holen.
Der Weise fragte ihn: „Ist es wirklich so, dass du die begrenzte Liebe zur Welt überwunden hast, wie dein Name sagt?"
Der Prinz antwortete: „Nicht nur ich, alle Bewohner unseres Königreichs haben Täuschung und Enttäuschung, den normalen Wahn und die unbewusste Blendung durch das Begrenzte überwunden."

Der Weise wollte sich selbst überzeugen: Er erbat sich den Mantel des Prinzen, tauchte ihn in Blut und eilte zum Königspalast. Dort rief er in lauter Klage: „O weh, o weh, etwas Furchtbares ist geschehen!"
Eine Magd, die gerade vorbeikam, fragte: „Guter Mann, weshalb sind Sie so aufgeregt?"
Er stammelte atemlos: „Prinz Mohajith ist im Wald von Räubern überfallen worden, sie haben ihn umgebracht, laufen Sie schnell in den Palast und benachrichtigen Sie die königliche Familie!
Die Magd antwortete ruhig: „Er wurde geboren, und nun ist er gestorben. Was ist daran so Besonderes, dass ich deswegen die Arbeit unterbrechen und die königliche Familie stören sollte!?"

Der Weise ging selbst zum Palast und überbrachte dem König die traurige Nachricht. Aber auch dieser blieb ruhig auf dem Thron sitzen und sagte sanft: „Für kurze Zeit hat sich der Vogel niedergelassen. Nun hat er sich erhoben und ist weitergeflogen."
Die Königin an seiner Seite fügte hinzu: „Diese Erde ist eine Herberge. Menschen kommen und bleiben über Nacht, und wenn der Morgen graut, brechen sie auf, einer nach dem anderen. Jeder geht seinen Weg, Bruder,

Die Alten sagten vom Tod,
Gott schneide einen Menschen los, der in der Luft hing.
Der Brennstoff ist verzehrt, aber das Feuer wird weitergegeben;
und wir wissen nicht, dass es je ende.
Tschuang-tse

Schwester, Mutter, Vater und Kind sind Namen für die Bande, die unter den Reisenden entstehen in der kurzen Zeit des Zusammenseins."
Wie die Eltern war auch die junge Gemahlin vorbereitet. Sie sagte: „Mann und Frau sind wie zwei Baumstämme, die den Fluss hinabtreiben. Eine Weile schwimmen sie miteinander, und wenn die Strömung will, werden sie wieder getrennt. Beide müssen das Meer erreichen, ein jeder zu seiner Zeit. – Alles Irdische geht diesen Weg."

Der Weise war beeindruckt von der Kraft des Bewusstseins der Menschen dieser Stadt und kehrte zurück zum Prinzen.
Er sagte: „Prinz Mohajith, ich habe Ihnen eine traurige Nachricht mitgebracht. Kurz nachdem Sie in den Wald gegangen sind, wurde die Stadt überfallen. Alle Mitglieder der königlichen Familie sind erschlagen worden, die Macht ist an die Feinde übergegangen, und Ihre Untertanen wurden gefangen genommen."

Der Prinz, der aufmerksam zugehört hatte, sagte ruhig: „Alles Sichtbare ist nichts als Schaumblasen auf dem Wasser, ist kurzlebig und nicht von Dauer. Lassen Sie es den Weg der Schaumblasen gehen. Sie aber bitte ich, mich zu dem zu lenken, was Dauer besitzt - zum ewig Unvergänglichen."

Hinduismus. Sprachlich und inhaltlich bearbeitet Reinhold Dietrich

Kommentar
- Solche Gelassenheit ist ungewöhnlich und rar.
Wir ertappen uns vielleicht dabei zu sagen „Das gibt es nicht!"
Meine persönliche Erfahrung ist, dass es vieles, was in Weisheitsgeschichten zu finden ist, gibt, auch wenn es lange Zeit so aussieht, als ob es nur ausgedachte Geschichten sind. Möglichkeiten werden oft in echte Weisheitsgeschichten verpackt.
Das soll jedoch andererseits nicht heißen, alles zu glauben, was wir nicht kennen, aber doch die Tür einen Spalt zum noch Unbekannten offen zu lassen, um früher oder später neue Möglichkeiten zu entdecken. Dies ist auch Inhalt der Aussage Waldefried Pechtls und Heinz von Forsters: „Es geht um die Erhöhung der Wahlmöglichkeiten".
- Letztlich zählt allein, was man aus eigener Erfahrung und gesicherter persönlicher Gewissheit kennt, alles andere ist unsicheres Terrain, so wie ein wackeliger Stein, auf dem man den strömende Fluss nicht überqueren kann.

Leben ist das Verlangen einer jeden Seele.
Wer Leben durch den Tod sucht, wird unsterblich.
Hazrat Inayat Khan

Der Tod als Nahrung der Seele

Was immer zu dir kommen soll, wirst du auch erhalten

Einst lieh ein Mann einem seiner Freunde etwas Geld. Einige Monate später benötigte er das Geld selbst und ging in die Nachbarstadt zum Haus seines Freundes, um sich die geliehene Summe zurückzahlen zu lassen.

Als er an das Haus seines Freundes klopfte, öffnete dessen Frau und sagte ihm, ihr Mann besuche jemanden am anderen Ende der Stadt. Sie beschrieb ihm den Weg, und er machte sich auf.

Unterwegs kam der Mann an einem Leichenzug vorbei. Da er es nicht eilig hatte, beschloss er, sich dem Zug anzuschließen und ein Gebet für die Seele des Verstorbenen zu sprechen. Der Stadtfriedhof hatte schon ein beträchtliches Alter, so dass beim Ausheben des Grabes für den Neuverstorbenen auch einige ältere Gräber freigeschaufelt wurden. Als der Mann an dem frischen Grab stand und hinuntersah, fiel sein Blick auf einen soeben ausgegrabenen Schädel. Zwischen den beiden vorderen Schneidezähnen des Schädels steckte eine einzelne Linse. Gedankenverloren zog der Mann die Linse zwischen den Schneidezähnen heraus und steckte sie sich in den Mund.

In diesem Moment trat ein zeitlos aussehender Mann mit weißem Bart an ihn heran und fragte: „Wissen Sie, weshalb Sie heute hier sind?"

Der Mann antwortete: „Ja, ich bin in dieser Stadt zu Besuch, um meinen Freund zu treffen."

Der zeitlos aussehende Mann sagte: „Nein, Sie sind hierher gekommen wegen dieser Linse, und um sie zu essen. Diese Linse war nämlich für Sie bestimmt. Sie war nicht für den Mann bestimmt, der vor einiger Zeit starb, deshalb konnte er sie auch nicht hinunterschlucken. Sie war Ihnen zugedacht und musste zu Ihnen kommen."

Sufismus

*Das wahre Leben, das undenkbar Umfassende ist da,
jenseits des Bewusstseins von Leben und Tod.*

Kommentar und Meditation

- Das Bild am Ende der Geschichte ist bedeutsam. Auf dieses Bild geht die Geschichte zu, auf jenen Totenschädel mit der Linse zwischen den Zähnen.

- Das Bild vom Totenschädel mit der Linse, mit dem Samen des Lebens zwischen den Zähnen, ist ein Ganzheitssymbol ähnlich dem taoistischen Yin und Yang. Der Totenschädel, der Tod und der Same, das Leben, das Werden und Vergehen, das Sein und Sterben sind miteinander verbunden. Dieses Bild vom Totenschädel mit der Linse zwischen den Zähnen vor dem geistigen Auge zu betrachten ergibt eine hohe Spannung.

- Wieder wird hier der Hinweis gegeben, im Leben die Endlichkeit zu schauen. Man kann die Geschichte auch so deuten: Dadurch, dass einer seinen Tod schaut, findet er zum Samen des Lebens, der ihn nährt und seine Seele wiederbelebt.

- Das bewusste Schauen unseres Werdens und Vergehens kann sich weiterwandeln zum Schauen des Werdens und Entwerdens. Meditiert man auf die eigene Vergänglichkeit im Leben, so kann sie sich in ein Entwerden wandeln. Im Entwerden öffnet sich unser Bewusstsein für das Große, für das Umfassende.

Du bist tot
ohne dem Begreifen der Schöpfung
und wir sind erst geboren durch unsere Bewusstheit.
Waldefried Pechtl

Der tödliche Abgrund der Gewohnheit

Ahnenforschung

Ein hochmütiger Adeliger fiel in einen Brunnen und baumelte in der Luft genau über der Wasseroberfläche. Er jammerte und schrie um Hilfe.
Kurz darauf kam ein Mann des Weges und sagte: „Nehmen Sie meine Hand, ich ziehe Sie hoch."

Aus alter Gewohnheit sagte der in der bedrohlichen Lage Festsitzende: „Einen Moment noch, erst muss ich Ihren Namen wissen."
Der Mann sagte: „Wenn es Ihnen wichtig ist, ich heiße Omar, Sohn von Said, vom Stamm der Haschemiten."
Der Edelmann sagte, indem er nun die Hand des Mannes ergriff: „Aber ich muss auch wissen, ob Sie Ihre Herkunft von Ali Resa oder von Musa Kasim ableiten."
Omar antwortete: „Wenn Sie dies wissen müssen, dann gehe ich und werde nachschauen".
Er ließ die Hand des Edelmannes los und ging nach Hause, um seine Ahnenreihe zu studieren.
Als er zurückkam, war der andere Mann ertrunken.

Sufismus

Kommentar

- Alles, was zur unreflektierten Gewohnheit wird, ist ein Stück Unlebendigkeit.
Beispiel: Geben Sie jemand gewohnheitsmäßig zur Begrüßung oder Verabschiedung die Hand, haben Sie die Begrüßung oder Verabschiedung nur automatisch, aus Gewohnheit, vollzogen, nicht bewusst – so bedeutet das, Sie haben in diesem Moment nicht gelebt. Wir leben durch das, was wir bewusst vollziehen. Unser Tod ist in dem, was wir nicht bewusst, nur gewohnheitsmäßig tun.
Diese Art von Tod ist weit verbreitet.

Die unsterbliche Seele kann nicht sterben.
Paramahansa Yogananda

- Wir sehen unsere Partner, Freunde, Bekannten und Arbeitskollegen meistens nur gewohnheitsmäßig an. Vor Jahren, als wir sie zum ersten Mal sahen, haben wir sie viel bewusster angesehen. Nach einer gewissen Zeit baut sich in uns eine Vorstellung von den anderen auf und, ohne es zu merken, beginnen wir die anderen, wenn wir ihnen begegnen, nicht mehr bewusst anzusehen, wir sehen sie halbbewusst durch die Vorstellung an, die in uns von ihnen ist. Vorstellungen sind Gedankenformationen, Erinnerungen, die der Vergangenheit angehören. Und weiter noch, wir sehen mehr die Vorstellung an, die in uns ist, als unmittelbar die Person, mit der wir gerade beisammen sind.

- Dies ist meistens ein unbewusster Vorgang. Es ist sehr interessant und belebend, diesen Vorgang zu reflektieren und wieder in unmittelbares Bewusstsein umzugestalten. Leben ist Präsenz. Desto vollständiger man präsent ist, umso lebendiger ist man. Man kann sich vornehmen, ab jetzt allen Personen bewusst zu begegnen, sie so anzusehen, als ob man sie das erste Mal sieht, so mit ihnen zu sprechen, als ob man mit ihnen zum ersten Mal spricht.

Mancher hat schon versucht den Tod zu besitzen

Das Götzenbild

Uwais El-Qarni erhielt die Nachricht,
ein gewisser Weiser sitze in ein Leichentuch gehüllt
auf einem Grab und weine bitterlich.

Qarni sagte: „Sagt ihm,
dass die Methode zum Götzenbild geworden ist;
er muss diese Praxis hinter sich lassen, sie behindert ihn."

Sufismus

Das Leben sehnt sich nach Lebendigkeit.
Das Sehnen bringt die Arbeit am bewussten Leben voran.
Das bewusste Leben ist zugleich bewusstes Entsterben, ein Loslassen,
das zum Erwachen, zum wahren, ewigen Leben im Endlichen führt.

Äussere Schönheit welkt, eine schöne Seele blüht ewig

Vergängliche körperliche Schönheit

Ein Maharadscha hatte einen einzigen Sohn, von kräftigem Wuchs und wohlgestaltet. Als dieser etwa zweiundzwanzig Jahre alt war, sagte ihm sein Vater: „Es ist nun Zeit, dass du an eine Heirat denkst."
Der Prinz antwortete: „Mein Vater, auch mir steht der Sinn nach Heirat, aber bitte erlaube mir, die Braut unter den Töchtern des Landes selbst auszusuchen."
Der Maharadscha war einverstanden.

Eines Tages, als der Prinz über eine Brücke ritt, sah er flussabwärts ein Mädchen zum Fluss schreiten, um dort zu baden. So schön war sie, dass er sich sofort in sie verliebte. Und er fand heraus, dass sie die Tochter eines wohlhabenden Kaufmanns der Stadt war, welcher der Vaishya-Kaste, dem Stand der Händler und Bauern angehörte. Sie war sehr fromm, hatte die heiligen Schriften studiert und hielt nichts von weltlichen Verstrickungen wie Ehe, Familie und dergleichen.

Als die Abordnung des Königs vorsprach, um um die Hand seiner Tochter anzuhalten, hörte diese zum Erstaunen aller, dass er gar nicht begeistert darüber war und dass er es vorzöge, einen Schwiegersohn aus der eigenen Kaste auszusuchen. Seine Tochter machte die Angelegenheit noch komplizierter, indem sie sagte, sie werde überhaupt nicht heiraten. - Da drohte der Palast beiden schwere Strafe an.

Die Tochter aber ersann eine List, wie sie und ihr Vater der Strafe entgehen konnten: Sie ließ dem Abgesandten des Herrscherhauses sagen, dass sie gerne mit dem Prinzen unter vier Augen sprechen würde. Die Begegnung solle in acht Tagen stattfinden, und wenn der Prinz sie dann noch wolle, wäre sie bereit, ihn zum Mann zu nehmen.

Von dieser Stunde an nahm sie schwere Abführmittel und sammelte ihre Exkremente in Kannen. Am achten Tag fuhr die königliche Karosse vor und brachte sie in den Palast. Die Kannen mit den Exkrementen nahm sie mit. Sie ließ dafür sorgen, dass diese Kannen in dem Raum, in dem das Zusammentreffen mit dem Prinzen stattfinden sollte, aufgestellt wurden. Niemand ahnte,

Das Leben sehnt sich nach Lebendigkeit.
Unsere Arbeit am Entwerden führt zum bewussten Sein.
Entstirbt das Sein zum wahren Sein, erwachen wir zum ewigen Leben.

---

was sie enthielten.
Der Prinz, der in freudiger Erwartung hereinkam, schrak doch sehr vor dem Anblick der Kaufmannstochter zurück. Vor ihm stand nicht jene blühende Schöne, vielmehr erblickte er ein hohlwangiges Wesen mit tiefliegenden Augen, das erschreckend anzusehen war.
Er fragte. „Bist du es noch? Wo ist deine Schönheit geblieben?"
Da öffnete sie die Kannen mit ihren Exkrementen.
Der Prinz verzichtete auf die Ehe mit ihr und das Mädchen war zufrieden, dass sie ihn hatte lehren können, wie vergänglich die Schönheit des Leibes ist.

<small>Hinduismus. Aus Sathya Sai Baba „Kleine Geschichten und Gleichnisse", Sathya Sai Vereinigung 1998, S 220.
Bearbeitet Reinhold Dietrich</small>

Kommentar
- Das wichtigste ist eine schöne Seele.
Die Schönheit des Körpers welkt, die der Seele ist ewig.
Die Schönheit des Körpers wird gegeben, die der Seele entsteht durch unser bewusstes und kraftvolles Leben.

- Wer die Täuschung durch den Körper sterben lässt, gelangt zur Klarheit. Wer bei der Klarheit ist, erkennt die innere Schönheit oder die unerkannt schöne Hässlichkeit eines Menschen.

- Äußere Schönheit ist eine Prüfung, innere Schönheit ist eine endliche Aufgabe. Äußere Schönheit ist Täuschung und Tod - innere Schönheit ist Leben.

- Was die Person im Inneren ist, ist dafür entscheidend, wie sie aussieht; das Äußere ist im Grunde, abgesehen von der Pflege, bedeutungslos.

- Überprüfung: Stellen Sie sich Ihr Gesicht vor, wenn Sie im Grab liegen werden, und prüfen Sie, was in den Herzen der Menschen von Ihnen zurückbleiben wird, wenn Sie dereinst gestorben sein werden.
Von Dauer ist allein, was in den Herzen Platz findet, alles andere ist nicht einmal ein Wimpernschlag im Vergessen der Schöpfung.

- Körperliche Schönheit ist trügerisch und vergänglich. Wahre Liebe ist spürbar, bewegend, unvergessen und sie währt ewig. Sich nicht mehr von äußerer Schönheit blenden zu lassen ist eine große und langdauernde Aufgabe.

*Nur einzelne der Menschen
trauen sich in die Unendlichkeit
der Wirklichkeiten einzudringen
und diesen Weg zu gehen.*
Waldefried Pechtl

Der Tod als Abschied, Übergang und Neubeginn

Die Türhüterparabel

Alle Welt sprach vom Unbegreiflichen im Palast des Gesetzes. Das Unbegreifliche sollte sich in jenem Palast in Form eines mit Gold und Diamanten verzierten Buches, das man „Siegel der Gesetze des Friedens" nannte, finden. Wer es berührte, sollte der Erzählung nach für immer glücklich und zufrieden sein.

Mehr zufällig als absichtlich findet ein Mann vom Lande, der gerade auf Reisen ist, zum Tor des Palastes des Gesetzes. Ein mächtiger Türhüter bewacht dieses jedoch sorgsam. Wider jede Vernunft verspürt dieser Mann vom Land die Gewissheit der inneren Notwendigkeit, dieses Tor zu durchschreiten.
Er fragt den Türhüter: „Ehrenwerter, ist es erlaubt, einzutreten?"
Der Türhüter sieht ihn prüfend an und befindet: „Auf solche wie Sie warten wir, aber ich kann Ihnen den Eintritt jetzt noch nicht gewähren."
Das Tor des Gesetzes steht offen, und wie der Türhüter einmal beiseite tritt, bückt sich der Mann vom Land, um einen kurzen Blick ins Innere zu werfen. Was er sieht, erschreckt ihn, geblendet fährt er zurück.
Der Türhüter, der den unerlaubten Blick des Mannes bemerkt, lacht und sagt: „Wenn es Sie so lockt, versuchen Sie doch, trotz meines Verbotes hineinzukommen. Merken Sie sich aber: Ich bin mächtig, hinter diesem Tor werden Sie noch viele andere Tore finden, die Sie Tor um Tor zu überwinden haben, und vor jedem wird ein noch mächtigerer Türhüter stehen. Schon den Anblick des dritten könnte nicht einmal ich selbst mehr ertragen. Sie können noch nicht eintreten. Glauben Sie mir - es fehlt Ihnen noch an Kraft."

Mit solchen Schwierigkeiten hatte der Mann vom Land nicht gerechnet.
Der Türhüter gibt ihm einen Schemel und heißt ihn sich seitwärts der Tür an der Mauer niederzusetzen. Dort sitzt er Tage, Jahre. Er unternimmt viele, immer wieder andere Versuche, um eingelassen zu werden. Der Türhüter geht jedes Mal auf seine Versuche ein und sagt ihm am Ende immer wieder, dass die Zeit noch nicht reif ist, ihn einzulassen. Seine Versuche werden dem Mann zu Aufgaben, seine Aufgaben werden zu Prüfungen, die Prüfungen werden ihm

*Der Körper ist nicht das Leben,
sonst wäre der Körper unsterblich.
Der Körper stirbt und das Leben lebt.*

---

zur Hoffnung durch ihr Bestehen doch endlich noch eingelassen zu werden. Zweifel plagen den alternden Mann, doch die innere Gewissheit, durch dieses geheimnisvolle Tor schreiten zu müssen, ist stärker als es Ungewissheit und Zweifel sind. Schließlich wird sein Augenlicht schwach. Er weiß nicht, ob es um ihn wirklich dunkler wird oder ob ihn nur die Augen täuschen. Wohl aber erkennt er jetzt im Dunkel einen Glanz, der durch das offene Tor des Palastes des Gesetzes hervorbricht – er muss von dem Buch kommen, das man „Siegel der Gesetze des Friedens" nennt.

Immer mehr sammeln sich in ihm alle Erfahrungen seines Lebens zu einer Frage. Schwach geworden, winkt er dem Türhüter zu, der sich zu ihm hinunterneigt und ihn fragt: „Was möchten Sie wissen, mein Guter?"

Und dann vernimmt der Mann, ohne dass er die Lippen bewegen würde, wie eine Stimme aus dem Inneren seiner Brust spricht: „Alle Menschen streben nach dem Licht vom Buch des Siegels der Gesetze des Friedens, das ich nun zu sehen beginne. Wie kommt es aber, dass in den unzähligen Jahren, die ich nun hier bin, noch niemand außer mir um Einlass verlangt hat?"

Der Türhüter antwortet: „Hier kann niemand sonst Einlass erhalten, denn dieser Eingang ist allein für Sie bestimmt!"

Der Mann beginnt zu weinen und stammelt: „Nur für mich!? Nur für mich bestimmt!"

Er spürt seine Kräfte schwinden und weiß, dass seine Lebenszeit nur mehr begrenzt ist. Da erhebt sich ein Gesang aus seinem Inneren und eine große Bitte nach Einlass beginnt sein Herz zu verzehren. Er ist nun zu schwach, um sich aufzurichten, aber Gesang und Bitte durchströmen und ergreifen ihn. Und in seiner Todesstunde sieht er, dass er der Türhüter ist, der sich selbst einlässt. Im Gesang versinken die Mauern des Palastes in seiner Gewissheit, die zugleich Sehnsucht ist. Der durchdringende und alles überstrahlende Glanz, den sein heimlicher Blick ins Innere des Palastes vor Jahren sah, schwingt nun über dem Abgrund von Leben und Tod, hebt ihn zu sich und nimmt ihn in sich hinein, schwingt und schwingt dem Lächelnden zu, dessen Seele nun leise durch das Tor Einlass findet und hingezogen wird zum Buch, das man „Siegel der Gesetze des Friedens" nennt. Nun erlebt er das Glück und den Frieden, von dem er vor Jahren nur erzählen hörte; Ungewissheit und Zweifel sterben hinweg, der Mann stirbt hin zum Leben und wird belebt im Sterben friedlich lächelnd und selig erfüllt.

<small>Die Türhüterparabel stammt von Franz Kafka aus dem Roman „Der Prozess". Neufassung der Geschichte Reinhold Dietrich</small>

*Das umfassende Bewusstsein ist das,
was alle Fragen von Leben und Tod beantwortet.
Wer fragt, kann noch antworten. Wer das Tor zum Umfassenden nicht
aufstößt, bleibt in der Grabkammer von Unsicherheit und Nichtwissen.*

Kommentar

- Es ist ein und dasselbe Tor, das Tor zum Leben, das Tor zur Intensität, das Tor zum Sterben.

- Es gibt nicht ein Bewusstsein, es gibt viele Stufen und Ebenen des Bewusstseins. Es gibt nicht ein Leben, es gibt viele Stufen unterschiedlicher Intensität von Leben. Der Tod ist Übergang vom einen zum anderen, vom einen Reich zum anderen, von einem Bereich des Bewusstseins zum anderen.

- Wer vom niedrigeren zum höheren Bewusstsein entstirbt, geht immer mehr ins Leben der Lebendigkeit ein.

- Stirb den Tod der Unsterblichkeit, und du wirst durch das große Tor eintreten ins Leben.

- Der Türhüter ist jene seelische Instanz in jedem Menschen, die alles sieht und der untäuschbar Klarheit zukommt.

- Sind wir nicht immer auf Wegen zwischen Toren unterwegs, um vom nächsten Tor aufgehalten zu werden und herauszufinden, wie wir eingelassen werden?

*Der Gegensatz zu Leben ist nicht Tod,
sondern Ewigkeit.*
Vilayat Inayat Khan

Der Tod als Gerechtigkeit

Der gerechte Tod

Wie lange lebt der Mensch letzten Endes?
Lebt er tausend Tage oder einen einzigen?
Eine Woche oder mehrere Jahrhunderte?
Für wie lange Zeit stirbt der Mensch?
Was bedeutet „Für immer"?

Pablo Neruda

Die erste Geschichte ist deshalb interessant, weil sie die Bedeutung des Todes zur Bedeutung des Göttlichen in Beziehung bringt. Auch dass es das Wort „Tod" in manchen Sprachen nicht gibt, ist höchst interessant. Stellen Sie sich vor, sie würden den Begriff „Tod" aus ihrem Sprachgebrauch streichen, dann könnten auch Sie sagen: „Das Leben lebt und der Tod stirbt".

Hinführung

„Wie gesagt, gibt es das Wort ‚Tod' in unserer Sprache nicht. Was dem vielleicht am nächsten käme, nennt man bei uns Miktlan: ‚Der Platz, wo viel Ruhe ist'... Niemand sollte Angst vor dem Tod haben. Im Gegenteil, man sollte mit ihm befreundet sein, denn wir müssen ohnehin alle sterben. Niemand kann dem Tod entkommen. Wir müssen wieder in die Natur zurückkehren, aus der wir hervorgegangen sind. Aber: in der Natur geht nichts verloren, alles wechselt nur seine Form. Alles muss sterben, um wiedergeboren zu werden."

Die Legende

Eine Legende erzählt uns, dass ein Mann nach der spanischen Invasion (1521) einen ganzen Truthahn essen wollte.
Er bereitete ihn zuerst zu und ging dann mit dem gebratenen Vogel in den Wald, um ihn in der Abgeschiedenheit zu verzehren. Er wollte ihn mit keinem anderen teilen.

*Das Sterbliche erdröhnt in den Grundfesten,
aber das Unsterbliche fängt heller zu leuchten an
und erkennt sich selbst.*
Novalis

Kurz nachdem er zu essen begonnen hatte, kam der Teufel des Wegs und sagte: "Ich bin der Teufel, ich bin kein Mensch und würde gerne etwas von deinem Truthahn essen .... ich bin sehr stark, ich bin wie Gott."
Daraufhin meinte der Mann mit dem Truthahn: „Das kommt nicht in Frage, ich gebe dir nichts! Denn du kannst niemals etwas ohne Gottes Erlaubnis tun - du bist nicht der Größte. Verschwinde!"
Nach einer Weile kam Gott selbst und sagte: „Ich bin Gott, gib mir etwas von deinem Truthahn."
Der Mann antwortete Gott: „Nein, auch dir gebe ich nichts von meinem Essen, denn du bist ein Diktator ... du gibst wenigen Menschen sehr viel und vielen Menschen viel zu wenig. Es gibt viele Blinde und Kranke auf der Welt, viele Kriege und Armut ... du bist ungerecht. Deshalb gefällst du mir nicht ... deshalb gebe ich auch dir nichts."
Kurze Zeit danach kam der Tod und fragte den Mann: „Gib mir etwas zu essen, ich bin der Tod, und ich habe Hunger."
Daraufhin sagte der Mann zum Tod: „Dir gebe ich von meinem Truthahn, denn du bist der Größte. Du nimmst alle mit, gleichgültig ob Alt oder Jung, Kind oder Greis, Reich oder Arm, Frau oder Mann. Setze dich zu mir und sei mein Gast."

Legende der Mayas, aus: Xokonoschtetl „Unser einziger Gott ist die Erde", Edition 200, Aurum Verlag, S. 76 - 77

*Das Leben ist da,
um die Unsterblichkeit der Seele zu entdecken.*

Der Tod als Schmerz, Erwecker und Befreier

Das tote Kind und das Senfkorn

Krisha Gotami war eine Frau, die das Glück hatte zur Zeit des Buddha zu leben. Als ihr Kind ein Jahr alt war, wurde es krank und starb. Von Trauer überwältigt, den kleinen Körper fest umklammernd, irrte sie durch die Straßen und flehte jeden um Medizin an, um ihrem Kind das Leben wiederzugeben. Einige ignorierten sie, andere lachten über sie, und wieder andere hielten sie offenkundig für verrückt. Schließlich begegnete sie einem Weisen, der ihr sagte, der einzige Mensch auf Erden, der ein solches Wunder vollbringen könne, sei Gautama Buddha.

Also ging sie zu Buddha, legte ihm den Körper ihres toten Kindes zu Füßen und erzählte ihm ihre ganze Geschichte.

Als er sie angehört hatte, sagte er sanft: „Es gibt nur ein Mittel gegen dein Leid: Geh hinunter in die Stadt und bringe mir ein Senfkorn aus einem Haus, in dem es niemals einen Todesfall gegeben hat!"

Krisha Gotami war erleichtert und machte sich sofort auf den Weg.

Am ersten Haus, das sie sah, klopfte sie an und sagte: „Der Buddha hat mir aufgetragen ihm aus einem Haus, das noch nie den Tod gesehen hat, ein Senfkorn zu bringen."

Darauf wurde ihr gesagt: „In diesem Haus sind schon viele Menschen gestorben". Sie ging zum nächsten Haus und klopfte an und bat um ein Senfkorn.

Hier sagte man ihr: „In unserer Familie hat es zahllose Todesfälle gegeben".

Und so war es auch im dritten und im vierten Haus, bis sie in der ganzen Stadt gefragt hatte. Nun erkannte sie, dass der Auftrag Buddhas nicht zu erfüllen war.

Sie brachte den kleinen Körper ihres toten Kindes zum Friedhof, nahm endlich Abschied und kehrte zum Buddha zurück.

Er fragte sie: „Hast du die Senfsamen?"

Sie antwortete: „Nein, aber ich beginne langsam zu verstehen, was Ihr mich lehren wollt. Trauer hat mich geblendet und ließ mich glauben, nur ich allein hätte unter dem Zugriff des Todes zu leiden."

Was wir als Leben ansehen, ist nicht Leben, sondern Schlaf.
Leben ist das wahre Leben – unerkannt schlummert es in uns.
Das wahre Leben erkennt die Todlosigkeit.

Der Buddha fragte: „Weshalb bist du zurückgekehrt?"
Und sie erwiderte: „Um Euch zu bitten, mich die Wahrheit zu lehren - über den Tod und was jenseits des Todes liegt, und ob es in mir etwas gibt, was nicht stirbt."

Der Buddha begann, sie zu unterrichten und sagte: „Wenn du die Wahrheit über Leben und Tod verstehen willst, musst du ohne Unterlass über Folgendes nachdenken:

>Nur ein Gesetz im Universum ändert sich niemals –
>und dass alle Dinge sich wandeln und nichts von Dauer ist.

Der Tod deines Kindes hat dir geholfen zu verstehen, dass der Bereich, in dem wir leben - Samsara - ein Ozean unerträglichen Leidens ist. Es gibt nur einen Weg, der aus Samsaras unaufhörlichem Kreislauf von Geburt und Tod hinausführt - den Pfad der Befreiung. Da der Schmerz dich jetzt bereit gemacht hat zu lernen und sich dein Herz der Wahrheit zu öffnen beginnt, werde ich ihn dir zeigen."

Krisha Gotami kniete vor ihm nieder und folgte dem Buddha dann ihr ganzes Leben lang. Gegen Ende ihrer Tage, so heißt es, habe sie Erleuchtung erlangt.

Aus Sogyal Rinpoche „Das tibetische Buch vom Leben und vom Sterben", 1993, O.W.Barth Verlag, Bern-München-Wien, S. 46

Kommentar

- Ein Kind zu verlieren, welch ein Schmerz!
  Einen Freund zu verlieren, welch große Trauer!
  Seinen Mann, seine Frau zu verlieren, welch unsagbare Untröstlichkeit!

- Und dennoch ist der Schmerz vielleicht eine wertvolle Gelegenheit zur Nachdenklichkeit. Wer das Rätsel des Todes nicht löst, wird den Sinn des Daseins nicht begreifen.

- Es gibt den schicksalhaften Tod, den konkreten Verlust von geliebten Personen, und es gibt den bewusst gelebten Tod, der durch ein Sich-Besinnen auf das unabwendbar Endliche das Bewusstsein erweitert.

- Die Befreiung des Bewusstseins geschieht, indem es durch Einsicht, durch wachsende Liebe und wachsenden Glauben aus dem Kreis von Geburt und Wiedergeburt herausgelöst wird. Der Kreislauf von Geburt und Tod stellt

*Es ist gleichgültig wie groß unser Palast und unser Grabmal ist –
unser Leichnam verwest, unser Bewusstsein lebt;
allein entscheidend ist, ob wir uns
für den Leichnam oder für das Bewusstsein entscheiden.*

---

die kausale Seite des Lebens dar; wessen Bewusstsein sich aus dem Kausalen heraushebt, ist frei und beginnt im universellen Lied zu schwingen. Sobald das Bewusstsein zum Ein-Klang wird, und so im ewigen Klang, der alles durchdringt, mitzuschwingen beginnt, ist alles anders – das Leben, die Liebe und der Tod.

- Die Lösung für das Leid, die Buddha fand, ist die Befreiung des Bewusstseins aus den Fängen von Ursache und Wirkung. Ein freies Bewusstsein ist zeitlos im Zeitlichen für eine Weile daheim – für eine Weile.

- Menschen, die schmerzliche Verluste erleben, werden vielleicht besonders aufgerüttelt über den Sinn des Lebens, über Endlichkeit, Unendlichkeit und Ewigkeit nachsinnen. Schon mancher hat einen anderen Weg eingeschlagen, weil ein Bruder, ein Kind, ein Freund früh zu Tode kam.

- Das schicksalshafte Ereignis des eigenen Todes oder des Todes anderer ist meistens verbunden mit großem Schmerz. Die bewusste Konzentration auf den Tod und die Sterblichkeit kann jedoch die Seele langsam erwecken und sie aus dem Dunkel des Unwissens befreien. Gerade der Buddhismus ist bekannt für seine Übungen, die die Seele aus dem Rachen der Furcht vor dem Tode befreien, um sie hinauszuheben über das Endliche und sie mit der lichtvollen Weite des Ewigen zu verbinden. Dies ist Ziel jedes ganzheitlichen Weges.

Ein Sarg als Kleid

Pu-hua trieb sich ohne festen Wohnsitz auf den Straßen herum, bettelte um Speisen, klingelte mit einem Glöckchen die Leute zusammen, hielt ihnen kurze Reden und sang Verse, als heiliger Narr bei allem Volk beliebt.

Eines Tages aber fing er an, anstatt um Speise um ein Kleid zu betteln.
Man bot ihm Kleider an; er wies sie alle ab.
Lin-dji erfuhr es und begriff. Er bestellte einen Sarg, rief Pu-hua zu sich und erklärte ihm: „Ich habe dir ein Kleid anfertigen lassen; tu damit, was du willst."
Überglücklich band sich Pu-hua die Kiste auf den Rücken, tanzte durch die Straßen, rühmte Lin-djis Güte und gab bekannt, jetzt werde er sich beim Osttor dem letzten Samadhi überlassen.

Sobald die Seele erwacht, erkennt sie,
dass sie nur durch den Egoschlaf vom ewigen Glück getrennt war.

Alles lief bei diesem Tor zusammen; Pu-hua aber sagte: „Heute schickt es sich noch nicht, morgen vielleicht am Südtor."
Aber auch dort schob er es wieder auf und vertröstete das Volk auf das Westtor anderen Tages.
Als auch daraus nichts geworden war, gab es die Menge auf, ihm nachzulaufen.

So ging er am vierten Tag allein durchs Nordtor vor die Stadt hinaus, stellte den Sarg am Wege ab, setzte sich hinein und bat einen Vorübergehenden den Deckel zu vernageln. Als man in der Stadt davon erfuhr - so erzählte man sich später - lief das Volk hinaus, den Sarg zu sehen. Er war fest vernagelt, nur merkwürdig leicht. Man öffnet ihn und fand von Pu-hua darin keine Spur. Statt dessen ließ hoch in der Luft ein Glöckchen sich vernehmen und tönte fern und immer ferner, bis es stille wurde.

Chinesischer Zen-Buddhismus

Kommentar
Auch diese Geschichte erzählt von einem, der die wesentliche Lektion des Lebens gelernt hat, sich nämlich an seine Sterblichkeit zu erinnern.

Das Zunageln des Sarges ist das Symbol für das „Sterben vor dem Sterben", und die Glöckchen, die ertönen, sind ein Zeichen dafür, dass die Seele befreit wird, dass die Seele aus dem Zustand der Gefangenschaft im Körper, in die Freiheit der Bewusstseinsweite entkam, um so, in die Lebendigkeit entlassen, fasziniert zu tanzen.

Das Feuer und der Schlafende

In Nasrudins Haus brach ein heftiges Feuer aus, während er fest schlief. Seine Freunde kamen gelaufen, um ihn zu retten. Sie versuchten ihn durchs Fenster hinaus zu tragen. Unmöglich.
Dann versuchten sie ihn durch die Tür zu tragen. Unmöglich. Er war einfach zu groß und zu schwer.

Sie wussten sich keinen Rat mehr, bis einer vorschlug: „Wecken wir ihn doch, dann wird er allein hinausgehen."

Der „Schlaf mit offenen Augen" ist der Tod,
das Erwachen durch das bewusste Leben ist das Leben.

Kommentar

Das Brennen ist ein Zeichen dafür, dass im Menschen intensive seelische Prozesse ablaufen. Der im brennenden Haus schlafende Mensch ist ein Sinnbild für den erwachenden Menschen, für den, der den Sinn des Lebens zu erkennen beginnt, für den, der beginnt, die Schranken der Vorstellungen von Leben und Tod zu überschreiten.

Die unwissenden Freunde versuchen Nasrudin schlafend aus dem brennenden Haus zu tragen, was nicht gelingt. Weil sie selbst sich im „Schlaf mit offenen Augen befinden", kommen sie erst zum Schluss auf die Lösung, nämlich den Schlafenden aufzuwecken. Aufwecken bedeutet, jemand in einen höheren Bewusstseinszustand zu bringen, aus dem Dösen und Dahinbrüten in ein aufgewecktes Dasein. Einer, der aufgeweckt wach ist, ist im übertragenen Sinn einer, der das brennende Haus, im Sinne der Gefahr zu Tode zu kommen, nicht mehr fürchtet.

Das Feuer des Geistes veranlasst das Ich,
die Seele zu erkennen
und das begrenzte körperliche Haus.

Wer das Feuer der Seele
nicht erkennt,
kann das Begrenzte nicht überschreiten
und nicht eingehen in des Unbegrenzten Herrlichkeit.

Die Freunde helfen,
versuchen den Raum zu vergrößern,
doch wenn einer nicht selbst beiträgt,
um aufzuwachen,
hilft alles nichts.

So entzündet man das Feuer selbst
durch Hingabe und Gebet
und wird so zu Lebzeiten befreit.

Wenn man sich selbst als Wesen erkennt,
ist der Körper wie im Schlaf,
aber die Seele ist hell und wach,
glüht und brennt.

Alle Menschen sind tot, bis auf die Weisen.
Hassan von Basra

Wer den Sinn des Lebens wirklich erkennt,
erwacht im Großen Haus
und sieht plötzlich die enge Hütte,
den Hühnerstall, der von der Welt
als Palast angesehen wird.

Stirb, bevor du stirbst

Es war einmal ein reicher und großzügiger Mann aus Buchara. Er besaß einen hohen Rang in der unsichtbaren Hierarchie und war deshalb bekannt als der ‚Präsident der Welt'. Seine Freigebigkeit machte er von einer Bedingung abhängig. Er verteilte jeden Tag Gold an eine bestimmte Gruppe von Menschen, - einmal an die Kranken, dann an die Witwen, dann an die Reichen, dann an die Lebendigen und so weiter. Seine Bedingung war das Schweigen, denn derjenige, der bei der Verteilung dieses Goldes nur ein einziges Wort sprach, sollte nichts erhalten. - Nicht alle konnten ihr Schweigen halten.

Eines Tages waren die Rechtsanwälte an der Reihe vom Reichtum dieses Freigebigen ihren Teil in Empfang zu nehmen. Einer von ihnen konnte sich nicht zurückhalten, reichte das denkbar umfassendste Gesuch ein und erhielt nichts. Das sollte jedoch beileibe nicht das Ende seiner Anstrengungen bedeuten.

Am nächsten Tag waren die Invaliden an der Reihe, und so tat er, als ob seine Glieder gebrochen seien -, aber der ‚Präsident' erkannte ihn, und so erhielt er nichts. Gleich am nächsten Tag tauchte der Rechtsanwalt gemeinsam mit den Menschen einer anderen Kategorie in einer anderen Verkleidung auf, wobei er sein Gesicht verhüllte. Wieder wurde er erkannt und fortgeschickt. Ein ums andere Mal versuchte er es, sogar als Frau verkleidet - wieder ohne Erfolg.

Schließlich fand der Rechtsanwalt einen Begräbnisunternehmer und ließ sich von ihm in ein Leichentuch hüllen. Zum Begräbnisunternehmer sagte er: „Wenn der ‚Präsident' vorüberkommt, wird er mich vielleicht für eine Leiche halten. Dann wird er möglicherweise etwas Geld für mein Begräbnis auf den Boden werfen - ich werde dir dann davon einen Teil geben." - So geschah es.

Als der Präsident den ins Leichentuch Gehüllten am Boden liegen sah, warf er ein Goldstück auf das Leichentuch.

*Wer bewusst zum Tod hinstirbt,
entdeckt die Todlosigkeit, das wahre Leben.*

Der Rechtsanwalt packte es sofort aus Angst, der Leichenbestatter könnte ihm zuvorkommen. Dann sprach er zu seinem Wohltäter: „Sie haben mir Ihre Freigebigkeit versagt. Sehen Sie nur, wie ich sie doch noch erlangt habe!"
Der großzügige Mann antwortete ihm: „Nichts werden Sie von mir bekommen, bevor Sie nicht sterben." Und weiter sprach er zu dem ins Leichentuch Gehüllten: „Die Bedeutung des rätselhaften Satzes ‚Der Mensch muss sterben, bevor er stirbt', liegt genau darin. - Das Geschenk kommt erst nach dem ‚Tod' nicht vorher. Den ‚Tod' zu Lebzeiten zu sterben ist obendrein ohne Hilfe nicht möglich."

Sufimus.

Kommentar
- Es braucht zweierlei, um die Schleier der Geheimnisse Leben und Tod zu durchdringen. Erstens ein Bedenken der Endlichkeit und zweitens ein Weiterentwickeln unseres Bewusstseins bis zu einer Stelle, wo die Person aus dem „normalen Schlaf mit offenen Augen" erwachen kann.

- Früher wurden weise Personen auf Gemälden zusammen mit einem Totenschädel abgebildet. Auch dies ist ein Hinweis des „Memento morituri", des „Mensch, bedenke, dass du sterblich bist".

- Im Zusammenhang mit dem Kapitel "Essentielles" wird deutlich, was mit diesem Hinsterben-zum-Leben gemeint sein kann.

- Der ‚Tod' ist ein Befreier und Erwecker. Was in uns schlummert, kann nur durch den ‚Tod' zum Leben erweckt werden.

- Der großzügige Mann, der Edle, der Weise erkennt jede Verkleidung, jede Maske des Ego; sobald einer durch Ichstärke selbstlos geworden ist wie ein Leichnam, erhält er die Belohnung, die er nun nicht mehr braucht, aber für die er sein ganzes Leben einsetzt.

- Es bedarf des ganzen Geschickes des Rechtsanwaltes, damit er nicht leer ausgeht. Im Moment, wo er den Mut hat, dem Endlichen ins Auge zu schauen und weiter sogar, in das Gewand des Endlichen zu schlüpfen, wird ihm dieses ‚Gold', das ihm alles bedeutet, zuteil.

- Gold ist ein Symbol für Herz, Seele, Freiheit und Befreiung.

*Der Zweck des Lebens ist, aufzuwachen aus dem Schlaf,
den wir für das Leben angesehen haben.*

Der Balanceakt zwischen Schmerz und Befreiung

Marpa, ein großer tibetischer Lehrer, lebte vor tausend Jahren auf einem Landgut in Tibet. Auf dem Gut lebten auch viele Mönche, die bei ihm studierten.
Eines Tages wurde Marpas ältester Sohn getötet. Marpa war tief bekümmert. Einer der Mönche kam zu ihm und sagte: „Ich verstehe das nicht. Du lehrst uns, dass alles Illusion sei. Aber wenn alles Illusion ist, warum bist du dann so tief betrübt?"
Marpa erwiderte: „Alles ist Illusion, in der Tat. Und der Tod eines Kindes ist die größte aller Illusionen."

Kommentar von Stephen Levine

Dies ist vielleicht der schwierigste Balanceakt, den wir zu erlernen haben: Dem Schmerz ebenso zu vertrauen wie dem Licht; den Kummer uneingeschränkt in uns eindringen zu lassen und dennoch offen zu bleiben für die Vollkommenheit des Universums.

Marpa würdigte den Augenblick, denn er erkannte die Fähigkeit des Herzens an, das Paradoxon zu fassen, dass die Dinge nicht das sind, was sie zu sein scheinen und dass gleichzeitig der Schmerz der Trennung von einem innig geliebten Menschen eine der leidvollsten Lebenserfahrungen ist. Obgleich er die natürliche, den Körper übersteigende Transzendenz wie auch die stetige Reise des Bewusstseins anerkannte, würdigte er auch die Ebenen der tiefen Gefühle des Verlusts, indem er sie nicht ausklammerte. Er öffnete sich der Dynamik des Universums, wie sie sich in diesem Augenblick größten Verlustes und potentieller Einheit darbot.

Tibetischer Buddhismus. Stephen and Ondrea Levine „Wer stirbt? Wege durch den Tod" Context Verlag, Bielefeld, 1991, S.118

Man sagt, das Leben ist wie ein Traum.
Erwacht unser Bewußsstein aus dem todähnlichen Schlaf des Lebens,
tritt an die Stelle der Täuschung, die man für das Leben hielt –
das Leben.

Der Sieg über die Angst vor dem Tod

Angst tötet

Ein Karawane zog stetig durch die Wüste direkt auf Damaskus zu. Plötzlich hörte der Führer der Karawane hinter sich ein Geräusch.
Als er sich umblickte, sah er den Tod in Gestalt der Pest in großer Geschwindigkeit die Karawane überholen.
Der Karawanenführer rief ihm zu: „He, Tod, wohin so eilig?"
Der Tod antwortete: „Ich muss nach Damaskus tausend Leben heimholen."
Der Karawanenführer sagte nur: „Ah!?"

Tage später kam der Tod von der anderen Richtung, von Damaskus her.
Als sie auf gleicher Höhe waren, rief der Karawanenführer: „Tod, du sagtest mir, dass du dir tausend Leben in Damaskus holen willst; mir aber kam zu Ohren, dass es fünftausend waren."
Der Tod antwortete: „Das stimmt nicht, ich nahm nur tausend Leben."
Der Karawanenführer sagte: „Und was geschah mit den restlichen viertausend?"
Der Tod antwortete: „Es war die Angst, die die übrigen nahm."

Quelle wahrscheinlich Sufismus

Kommentar
- Von der Unlebendigkeit als einer Art des Todseins handelt diese Geschichte.

  Haben wir viel unter Angst zu leiden, bemerken wir, dass die Angst uns den Schwung, die Lebensfreude und die Lebenslust nimmt, uns unlebendig macht. - Jede Art von Angst ist letztlich auf die Todesangst zurückzuführen.

- Angst bewirkt ein Zusammenziehen, Enge, Verengung. Umgekehrt sind Entwicklung und Befreiung gekennzeichnet durch Erweiterung und Weite.

- Um lebendig zu sein, ist es deshalb wichtig, sich seine Ängste genau anzusehen und sie zu überprüfen. Um lebendig sein zu können, ist auch wichtig, die Todesangst zu verlieren, weil in der Tiefe jede Angst auf eine Todesangst zurückgeht. Indem wir uns bewusst mit der Endlichkeit vertraut machen und ihren Wert für die Lebendigkeit entdecken, besiegen wir Angst und Todesangst.

- In vielen Situationen ist gerade der Tod der beste Berater. Angesichts seiner

*Die Seele hat weder Geburt noch Tod, weder Anfang noch Ende;
sie wird von der Sünde nicht berührt, noch von der Tugend erhöht;
sie war von jeher und wird immer sein, und alles andere ist,
gleich einem Lampenschirm über dem Licht, ihre Hülle.*
Hazrat Inayat Khan

Existenz werden Dinge, die wichtig scheinen, unwichtig und Dinge, die unwichtig scheinen, bedeutsam. Der Tod als Berater schafft oft auch einen Wertewandel und bewahrt uns, Wege zu gehen, die aufwendig und vielversprechend, aber letztlich nutzlos sind.

- Sobald wir uns bewusst mit der Endlichkeit, den Grenzen des Lebens, mit dem Tod auseinandersetzen, werden viele Ängste, die Macht über uns hatten, von uns abfallen oder sehr gemildert werden.

- Die Lebenskraft hält uns im Leben; die andere Seite der Lebenskraft ist die Angst, das Leben zu verlieren, unsere Existenzangst. Das Bewusstsein von Personen, die sich immer wieder ein Stück mit Angst und Tod auseinandersetzen, wird sich weiten, sodass sie ihren Ängsten nicht mehr ausgeliefert sind. Ein weites, ein umfassendes Bewusstsein wird sich über die üblichen Grenzen hinausschwingen können und dort etwas ganz anderes schauen, als das, was sich normalerweise als Tod ängstlich vorstellt.

Die Straße nach Samarra

Ein Diener arbeitete einst für einen edlen Herrn.
Eines Tages schickte der Herr den Diener zum Marktplatz, um alltägliche Besorgungen für ihn zu erledigen.
Als der Diener zum Markt kam, erblickte er in der Menge den Tod.
Als der Tod ihn da sah, streckte er erstaunt seinen knochigen Finger in seine Richtung, worauf der Diener sehr erschrak und augenblicklich heim rannte zu seinem Herrn.
Als der Herr nun sah, wie aufgebracht sein Diener war, fragte er ihn, was geschehen sei.
Der Diener antwortete: „Herr, ich bin so aufgeregt, weil ich am Markt dem Tod begegnet bin. – Und nicht nur dies, als ich ihn erblickte, streckte er seinen knochigen Finger nach mir aus. – Bitte, Herr, ich war Euch immer treu ergeben, leiht mir ein Pferd, damit ich nach Samarra reiten kann, um mich in Sicherheit zu bringen."
Der Herr, der seinen Diener schätzte, gab ihm sein schnellstes Pferd.
Als der Diener fortgeritten war, ging der Herr selbst zum Markt.

Viele sind noch, ohne dies zu wissen, im Schlaf,
Die im Schlaf sind, können nicht geweckt werden,
weil sie dem Erwachen noch widerstehen.

Als er dem Tod begegnete, sagte er zu ihm: „Mein Diener begegnete dir heute und erzählte mir, dass du deinen Finger nach ihm ausgestreckt hast. - Stimmt das?"
Der Tod antwortete: „Nein, nein, ich habe meinen Finger nicht nach ihm ausgestreckt. Ich war nur so erstaunt, ihn hier zu sehen, weil mir gesagt worden ist, dass ich ihn heute Abend in Samarra treffen würde."

Quelle wahrscheinlich Sufismus

Kommentar

- Der größte Sieg ist der Sieg über die Angst vor dem Tod. Der Tod kann nicht beseitigt werden, wir können nur auf den Tod zugehen, um unser tieferes, unser wahres Leben und Sein in ihm zu erkennen.

- Der Diener ist mit dem Tod noch nicht vertraut, er fürchtet sich vor ihm und flieht.

- Niemand vermag den Tod zu fliehen. Unsere Freiheit besteht darin, ihm nicht auszuweichen und wie der Herr in der Geschichte uns mit ihm vertraut zu machen. So lernen wir mit ihm furchtlos zu sprechen und werden vom Wesentlichen erfahren.

- Wer den Tod flieht, flieht sich selbst. Wer bewusst auf den Tod zugeht und mit ihm wie der Herr das Gespräch führt, lernt sich selbst wirklich kennen.

- Der Entwickelte hat sich mit dem Tod vertraut gemacht, der weniger Entwickelte flieht ihn mit hohem Aufwand, ohne ihm entkommen zu können.

- Wer den Tod flieht, flieht das Leben. Wer lernt, sich mit dem Tod nicht nur abzufinden, sondern sich mit ihm vertraut zu machen, wird einem Adler gleich, der im Licht über der Endlichkeit segelt. Wer dem Tod ausweicht, legt sich selbst die Ketten des Unlebendigen an, die ihm die Freiheit rauben, ihn beengen und binden.

- Indem wir die Fesseln unserer verdrängten und uneingestandenen Todesangst ablegen, schaffen wir den Freiraum, der unserer Lebendigkeit und Lebensfreude bedarf.

Ich werde nicht sterben.
Ich gehe nirgendwohin.
Fragt mich einfach gar nichts.
Ikkyu

Der Leibwächter, der die Angst überwand

Tajima no Kami war der Fechtmeister des Schogun.
Eines Tages kam einer der Leibwächter des Schogun zu ihm und bat, ihn in der Kunst des Fechtens zu unterweisen.

Tajima no Kami sagte: „Ich habe Sie sehr genau beobachtet. Sie scheinen mir selbst ein Meister dieser Kunst zu sein. Ehe ich Sie als Schüler annehme, möchte ich wissen, bei welchem Meister Sie gelernt haben."
Der Leibwächter erwiderte: „Niemand hat mich je diese Kunst gelehrt."
Tajima no Kami aber sagte: „Mich können Sie nicht täuschen, ich besitze Augen, die mich nicht trügen."
Der Leibwächter antwortete: „Ich möchte Eurer Exzellenz nicht widersprechen, aber ich verstehe wirklich nichts vom Fechten."

Nun fochten sie miteinander. Nach Kurzem hielt Tajima no Kami an und sagte: „Da Sie gesagt haben, Sie hätten die Kunst des Schwertes nie erlernt, glaube ich Ihnen. Dennoch: Sie sind so etwas wie ein Meister. Erzählen Sie mir von sich."

Daraufhin sagte der Leibwächter: „Da fällt mir etwas ein. Als Kind sagte mir einst ein Samurai, ein Mann dürfe nie den Tod fürchten. Ich rang also mit dem Problem des Todes, bis es mir keine Angst mehr verursachte."
Da rief Tajima no Kami aus: „Genau das ist es. Das letzte Geheimnis der Fechtkunst besteht darin, frei von Todesangst zu sein. Sie brauchen keinen Unterricht. Sie sind ein Meister."

Zen-Buddhismus

Kommentar

- Das letzte Geheimnis des Lebens ist frei von Todesangst zu sein. Wir können den Tod nicht besiegen, wir können ihn auch nicht überrumpeln oder austricksen. Der Sieg über den Tod besteht allein darin, bewusst auf ihn zuzugehen und so mit der Zeit sein wahres Gesicht zu erkennen. Der Tod lächelt uns an und hält für einen jeden von uns das Tor zur Befreiung weit auf.

- Jemand, der sich mit der Endlichkeit vertraut macht, ist weise, weil er sich so optimal auf das Leben vorbereitet.

*Alles, was lebt, ist Geist, und alles, was stirbt, ist Stoff.
Und alles, was im Geist stirbt, ist Stoff,
und alles, was im Stoff lebt, ist Geist.*
Hazrat Inayat Khan

- Diese Geschichte ist unter anderen Geschichten ein weiteres Beispiel, dass entwickelte Personen oft gar nicht genau wissen, wie entwickelt sie sind. Sie sind am Leben interessiert und kümmern sich nicht um Status und Ehre.
- Einer, der das Leben meistert, ist sicher auch einer, der gelernt hat, dem Tod gelassen ins Auge zu schauen.
- Gelassenheit und Bescheidenheit sind Merkmale des Sieges über die Angst vor der Endlichkeit.

Der kleine Mönch und der Samurai

Ein junger Mönch bekam von seinem Lehrer den Auftrag mit einem wichtigen Brief in die Stadt zu eilen und ihn dem Empfänger eigenhändig zu übergeben.

Als er an die Stadtgrenze kam, an jene einzige Brücke, die in die Stadt hineinführte, sah er, dass auf dieser sich jener im Schwertkampf erfahrene Samurai aufhielt, der sich, um seine Stärke und Unüberwindbarkeit zu beweisen, geschworen hatte, die ersten hundert Männer, die jene Brücke überqueren wollten, zum Zweikampf herauszufordern. Er hatte bereits neunundneunzig getötet.

Als der kleine Mönch die Brücke erreichte, bat er diesen Samurai, er möge ihn doch durchlassen. Er erklärte ihm, von welch großer Wichtigkeit der Brief war, den er bei sich trug. In Überzeugung der Unaufschiebbarkeit seiner Botschaft sprach der kleine Mönch zum Samurai: „Ich verspreche Euch wiederzukommen, um mit Euch zu kämpfen, sobald ich meinen Auftrag erfüllt habe."

Irgendetwas in der Stimme dieses Mönches überzeugte den Samurai, und er willigte ein.

Der kleine Mönch ging und überbrachte den Brief. In der Gewissheit verloren zu sein, suchte er jedoch, bevor er zur Brücke zurückkehrte, seinen Lehrer auf, um sich von ihm für immer zu verabschieden.

Er sagte zu ihm: „Ich muss mit einem großen Samurai kämpfen, er ist ein Schwertmeister, und ich habe in meinem ganzen Leben noch keine Waffe angerührt. Er wird mich töten..."

Das Leben ist ein wertvolles Gefäß.
Wer sich mit der Kunst des Sterbens befasst,
reinigt das Gefäß für das Geschenk der Lebendigkeit.

Der Lehrer antwortete: „In der Tat wirst du sterben, denn es gibt für dich keine Siegeschance. Also brauchst du auch keine Angst vor dem Tod zu haben. Doch ich werde dich die beste Art zu sterben lehren, höre:
Hebe dein Schwert über den Kopf, halte die Augen geschlossen und warte. Spürst du auf deinem Scheitel etwas Kaltes, dann weißt du, das ist der Tod. Erst in diesem Moment lässt du Deine Arme fallen. - Das ist alles..."
Der kleine Mönch verneigte sich vor seinem Lehrer und begab sich zur Brücke, wo ihn der Samurai erwartete. Dieser dankte ihm, dass er Wort gehalten hatte, und sie machten sich zum Kampf bereit.
Der Mönch tat, was ihm der Meister empfohlen hatte. Er nahm sein Schwert in beide Hände, hob es über den Kopf, schloss seine Augen und wartete, gelassen und regungslos.
Da die Haltung seines Gegners weder Angst noch Furcht widerspiegelte, war der Samurai sehr überrascht. Misstrauisch geworden, näherte er sich vorsichtig. Doch der kleine Mönch war völlig ruhig, nur auf seinen Scheitel konzentriert. Der Samurai dachte: ‚Dieser Mann ist sicher sehr stark, er hatte den Mut zurückzukehren, um mit mir zu kämpfen. Das ist bestimmt kein Amateur.'
Der Mönch, noch immer vertieft, kümmerte sich überhaupt nicht um das Hin- und Herlaufen seines Gegners, und langsam bekam der verunsicherte Samurai Angst: Er dachte: ‚Das ist ohne Zweifel ein ganz großer Krieger, denn nur die großen Meister der Schwertkunst nehmen von Anfang an eine Angriffsstellung ein. Und dieser schließt sogar seine Augen!'
Der junge Mönch wartete noch immer auf den Moment, wo er die besagte Kälte auf dem Scheitel spüren würde.
Währenddessen war der Samurai völlig ratlos, er wagte nicht mehr anzugreifen in der Gewissheit, bei der geringsten Bewegung seinerseits zweigeteilt zu werden. Der Mönch wiederum hatte den Samurai völlig vergessen, aufmerksam darauf bedacht, die Ratschläge seines Meisters auszuführen und würdig zu sterben. Durch das Weinen und Klagen des Samurai wurde er jedoch wieder in die Wirklichkeit zurückgeholt.
Der Samurai sprach: „Bitte, tötet mich nicht. Habt Mitleid. Ich dachte, der König der Schwertkunst zu sein, aber ich habe zuvor noch nie einen Meister wie Euch getroffen! Ich bitte Euch, nehmt mich als Euren Schüler an und lehrt mich den Weg der Schwertkunst."

Zen-Buddhismus

Wer lebendig sein möchte,
sollte das Sterben im Leben üben.

Kommentar

- Der Tod ist natürlicher Vorgang und fraglos unausweichlich. Der Tod ist das Tor zum Leben, der Tod ist das, in was das Leben hineinführt. Oder: Tod und Leben sind durch eine Brücke verbunden, das, was als Tod angesehen wird, entpuppt sich als wahres Leben.

- Wir machen uns nicht klar, dass es verschiedene Arten zu sterben gibt und verschiedene Arten zu leben. Die beste Art zu sterben, ist die beste Art zu leben. Wir leben, wie wir sterben, und wir sterben, wie wir leben. – Einer, der erfüllt lebt, wird erfüllt sterben.

- Der kleine Mönch zeigt uns: Wir können angesichts des Todes auffallend gelassen und furchtlos sein. Wie können wir dies erreichen? Wir vermögen dies, sobald wir uns lange mit dem Wesentlichen vertraut machen; Besinnung ist, was uns dem Leben näher bringt; Besinnung ist, was uns das Wesen des Todes begreifen lässt; Besinnung ist, was uns uns selbst näher bringt.

- Der kleine Mönch ist nicht darauf aus, Eindruck zu machen, und doch beeindruckt er den Samurai durch Ruhe und Gelassenheit, durch sein Vorbereitet-Sein angesichts der möglichen Todesnähe. Wer intensiv lebt, ist nicht auf Wirkung aus. Kraft und Bescheidenheit sind Verwandte.

- Der Samurai zeigt uns: Man kann hundert andere töten und hat sich doch noch nie seiner eigenen Endlichkeit gestellt.

- Man könnte sagen, einer, der lange genug Schüler des Lebens und Todes war, wird von anderen als Lehrer erkannt und anerkannt.

*Der Disziplin des Denkens folgt der Adel des Herzens,
der dem Tod ein Ende bereitet.*

Die Angst einer Maus - das Todlose

Einer alten indischen Fabel gemäß lebte einst eine Maus in ständiger Sorge, in Angst vor der Katze.
Ein Zauberer hatte Mitleid mir ihr und verwandelte sie in eine Katze. Aber als Katze hatte sie Angst vor dem Hund.
Also verwandelte er sie in einen Hund. Als Hund aber begann sie den Panther zu fürchten.
Also verwandelte der Zauberer sie in einen Panther. Nun hatte sie Angst vor dem Jäger.
Da verwandelte sie der Zauberer in einen Menschen. Als Mensch hatte sie Angst vor dem Tod.
Der Zauberer sagte: „Nun kann ich nicht mehr viel für dich tun. Doch du siehst, dass du als Mensch auch Angst hast. Lerne die Angst als Gegebenheit anzunehmen und suche das Todlose. - So wirst du alle Hindernisse und alles Beengende überwinden."

Quelle unbekannt. Neufassung Reinhold Dietrich

Kommentar

- Die Geschichte zeigt: Die Angst vor dem Tod ist die Angst, die hinter allem steht.

- Wer die Angst vor dem Tod überwindet, überwindet die Angst vor dem vollständigen Leben.

- Was immer wir im Leben lernen und zu lernen haben, was immer wir durch Entwicklung und Wandel erreichen, am Ende wartet der Tod auf uns. Was immer wir im Leben erreichen, lösen wir die Frage der Endlichkeit nicht, werden wir nicht wirklich erfolgreich leben und nicht lebendig sterben.

- Das Leben ist ein Totentanz. Wer noch Angst vor dem Tod hat, dessen Lebensfreude ist beengt und kann noch nicht sich frei entfaltend schwingen, tanzen. Wer die Angst vor dem Tod verliert und das Geschenk der Sterblichkeit als wahres Leben erkennt, dessen Bewusstsein beginnt im Zentrum der Lebensfreude zu tanzen.

Wege führen zum Grab.
Waldefried Pechtl

Der Tyrann und der furchtlose Mönch

Ein Eroberer und Tyrann fiel mit seinem Heer über das Land und verwüstete es.
Als er mit seinem Kriegstross in eines der Dörfer kam, flohen alle – bis auf einen Mönch.
Des Mönches Dreistigkeit reizte den Tyrannen. Wutentbrannt begab er sich selbst zum Kloster und schrie den Zen-Meister an: „Wissen Sie nicht, wer ich bin!?"
Dieser Zenmeister antwortete: „Ich weiß nicht, wer ich bin. Was ich aber sicher weiß, ist: Würdet Ihr Euer Schwert ziehen, um mich zu töten, wäre es mir möglich, dies geschehen zu lassen, ohne nur ein Mal mit der Wimper zu zucken."

Zen-Buddhismus. Neufassung Reinhold Dietrich

Kommentar
- Einer, der bereit ist zu sterben, ist vorbereitet, kraftvoll, lebendig. Furchtlos blickt er das Leben an und den jederzeit möglichen Tod.
- Ein todbringender Tyrann kann einen, der das Leben voll ausgeschöpft hat, nicht wirklich beeindrucken.
- Wer im Zentrum des Wesens lebt, liebt das Leben und zugleich ist es für ihn im Grunde egal, ob er lebt oder stirbt. Ein solcher fragt sich, was seine Aufgabe in der Zeit ist, für einen solchen ist sicher, dass das wahre Leben größer ist als das sichtbare und dass die Essenz, die Seele, nie vergeht.
- Einer, der vorbereitet ist, vermag den Zwillingen Leben und Tod gelassen ins Auge zu sehen.
- Einer, der den Gegner „Zeit und Endlichkeit" besiegt, fürchtet sich nicht vor dem Tod, weil er sein Bewusstsein mit dem Wesentlichen rückverbunden hat.

*Ich bin das Licht,
das in die Welt gekommen ist,
damit jeder, der an mich glaubt,
nicht in der Finsternis bleibt.
Joh 12, 46 - 48*

Der Tod als Liebe und Hingabe

Die Skelettfrau

Jahre vergingen, bis sich niemand mehr daran erinnern konnte, gegen welches Gesetz das arme Mädchen verstoßen hatte. Die Leute wussten nur noch, dass ihr Vater sie zur Strafe von einem Felsvorsprung ins Eismeer hinabgestoßen hatte und dass sie ertrunken war. So lag sie für eine Zeit lang am Meeresboden. Die Fische nagten ihr Fleisch bis auf die Knochen ab und fraßen ihre kohlschwarzen Augen. Blicklos und fleischlos schwebte sie unter den Eisschollen, und ihr Gerippe wurde von der Strömung um- und um- und umgedreht. Die Fischer und Jäger der Gegend hielten sich von der Bucht fern, denn es hieß, dass der Geist der Skelettfrau dort umginge.

Doch eines Tages kam ein junger Fischer aus einer fernen Gegend hergezogen, der nichts davon wusste. Er ruderte seinen Kajak in die Bucht, warf seine Angel aus und wartete. Er ahnte ja nicht, dass der Haken seiner Angel sich sogleich in den Rippen des Skeletts verfing! Schon fühlte er den Zug des Gewichts und dachte voll Freude bei sich: „Oh, welch ein Glück! Jetzt habe ich einen Riesenfisch an der Angel, von dem ich mich für lange Zeit ernähren kann. Nun muss ich nicht mehr jeden Tag zum Fischen gehen."

Das Skelett bäumte sich wie wild unter dem Wasser auf und versuchte freizukommen, aber je mehr es sich aufbäumte und wehrte, desto unentrinnbarer verstrickte es sich in der langen Angelleine des ahnungslosen Fischers.

Das Boot schwankte bedrohlich im aufgewühlten Meer, fast wäre der Fischer über Bord gegangen, aber er zog mit aller Kraft an seiner Angel, er zog und ließ nicht los und hievte das Skelett aus dem Meer empor. Der Mann schrie: „Iii,aiii!" und sein Herz rutschte ihm in die Hose, als er sah, was dort zappelnd an seiner Leine hing.

Er schrie: „Aiii und igitt!" beim Anblick der klappernden, mit Muscheln und allerlei Getier bewachsenen Skelettgestalt. Er versetzte dem Scheusal einen Hieb mit seinem Paddel und ruderte, so schnell er es im wilden Gewässer vermochte, an das Meeresufer. Aber das Skelett hing weiter an seiner Angelleine, und da der Fischer seine kostbare Angel nicht loslassen wollte, folgte ihm das

> *Eine Menge Menschen versammelte sich um ihn,*
> *um die Sterbegebete zu sprechen.*
> *„Wie fabelhaft!" rief er aus. „Ein Haufen Toter ist gekommen,*
> *um für einen Lebenden zu beten!"*
> *Farid ud-din Attar*

Skelett, wohin er auch rannte - über das Eis und den Schnee; über Erhebungen und durch Vertiefungen folgte ihm die Skelettfrau mit ihrem entsetzlich klappernden Totengebein.

Der Fischer schrie: „Weg mit dir!" und rannte in seiner Angst geradewegs über einige frische Fische, die jemand dort zum Trocknen in die Sonne gelegt hatte. Die Skelettfrau packte ein paar dieser Fische, während sie hinter dem Mann hergeschleift wurde, und steckte sie sich in den Mund, denn sie hatte lange keine Menschenspeisen mehr zu sich genommen. Und dann war der Fischer bei seinem Iglu angekommen. In Windeseile kroch er in sein Schneehaus hinein und sank auf das Nachtlager, wo er sich keuchend und stöhnend von dem Schrecken erholte und den Göttern dankte, dass er dem Verderben noch einmal entronnen war.

Im Iglu herrschte vollkommene Finsternis, und so kann man sich vorstellen, was der Fischer empfand, als er seine Öllampe anzündete und nicht weit von sich in einer Ecke der Behausung einen völlig durcheinander geratenen Knochenhaufen liegen sah. Ein Knie der Skelettfrau steckte in den Rippen des Brustkorbes, das andere Bein war um ihre Schultern verdreht, und so lag sie da, in seine Angelleine verstrickt. Was dann über ihn kam und ihn veranlasste, die Knochen zu entwirren und alles vorsichtig an die rechte Stelle zu rücken, wusste der Fischer selbst nicht. Vielleicht lag es an der Einsamkeit seiner langen Nächte, und vielleicht war es auch nur das warme Licht seiner Öllampe, in dem der Totenkopf nicht mehr ganz so grässlich aussah - aber der Fischer empfand plötzlich Mitleid mit dem Gerippe.

Leise murmelte er vor sich hin: „Na, na, na" und verbrachte die halbe Nacht damit, alle Knochen der Skelettfrau behutsam zu entwirren, sie ordentlich zurecht zu rücken und sie schließlich sogar in warme Felle zu kleiden, damit sie nicht fror. Danach schlief der Gute erschöpft ein, und während er dalag und träumte, rann eine helle Träne über seine Wange. Dies aber sah die Skelettfrau und kroch heimlich an seine Seite, brachte ihren Mund an die Wange des Mannes und trank die eine Träne, die für sie wie ein Strom war, dessen Wasser den Durst eines ganzen Lebens löscht.

Sie trank und trank, bis ihr Durst gestillt war, und dann ergriff sie das Herz des Mannes, das ebenmäßig und ruhig in seiner Brust klopfte. Sie ergriff das Herz, trommelte mit ihren kalten Knochenhänden darauf und sang ein Lied dazu: „Oh, Fleisch, Fleisch, Fleisch", sang die Skelettfrau. „Oh, Haut, Haut, Haut."

*Lebendig ist,
wer im Tod das Leben findet und zeitlos altert.*

Und je länger sie sang, desto mehr Fleisch und Haut legte sich auf ihre Knochen. Sie sang für alles, was ihr Körper brauchte, für einen dichten Haarschopf und kohlschwarze Augen, eine gute Nase und feine Ohren, für breite Hüften, starke Hände, viele Fettpolster überall und warme, große Brüste. Und als sie damit fertig war, sang sie die Kleider des Mannes von seinem Leib und kroch zu ihm unter die Decke. Sie gab ihm die mächtige Trommel seines Herzens zurück und schmiegte sich an ihn, Haut an lebendige Haut. So erwachten die beiden, eng umschlungen, fest aneinander geklammert.

Die Leute sagen, dass die beiden von diesem Tag an nie Mangel leiden mussten, weil sie von den Freunden der Frau im Wasser, den Geschöpfen des Meeres, ernährt und beschützt wurden. So sagt man bei uns, und viele unserer Leute glauben es heute noch.

Eskimos, Inuit

Kommentar

- Liebe ist Leben. Liebe und wahres Mitgefühl helfen, den Tod zu überwinden.

- Durch Liebe und Traum bleiben wir sogar in Kontakt mit denen, die verstorben sind.

- Die Emotion der umfassenden Liebe ist Ausdruck des ewigen Lebens. Je größer das Herz wird, desto weiter wird das Leben. Die grenzenlose Weite des umfassenden Bewusstseins ist ewiges Leben. Liebe und Hingabe sind jene Qualitäten, die das umfassende Bewusstsein wachsen lassen. Das grenzenlos Ausgedehnte schwingt todlos in uns.

- Hingabe und Mitgefühl sind Ausdruck des Nicht-allein-gelassen-Seins, der gefühlten Gewissheit, dass alles vom einen Leben kommt, um in es zurückzukehren; dass alles vom einen Leben kommt und dass das Sterben ein Zurücksterben, ein Zurückerinnern, und Zurückgeboren-Werden in das Unvergessbare ist.

- Mitgefühl als Ausdruck von Liebe ist das, was das andere, das durch Grenzen verschleiert ist, zu begreifen beginnt. Jedes Du, jedes andere Wesen, wie auch das ewig Währende ist durch Grenzen verschleiert. Wer diese Schleier wegzuziehen lernt, ist bei jener Art Liebe, die das Geheimnis lüftet und es doch als Geheimnis bewahrt, ohne es zu entzaubern.

*Ein Leben der Liebe ist mehr als unzählige Leben;
der Tod der Liebe ist schlimmer als tausende Tode.*
Hazrat Inayat Khan

- Wessen Liebe größer und weiter wird, wächst in jenes Bewusstein hinein, das Leben und Tod überdauert, transzendiert. Eine einzige Träne der umfassenden Liebe wird für jemand, der unlebendig am Meeresgrund der kleinen Liebe schaukelte, zum Ozean des ewigen Lebens, zum Ozean der großen unbenennbar unbegreiflichen Liebe, die ein ewiges Sein ist. Wer das Geheimnis von Geburt, Leben und Tod lüftet, trinkt nur eine Träne und weiß doch alles, weil er genährt wird durch den Nektar des unsterblich Ewigen.
- Es gibt keinen anderen Zugang zu diesem Verständnis als die eigene, unmittelbare Erfahrung.

Die zum Licht reisenden Schmetterlinge

Eine Gruppe von Schmetterlingen versammelte sich um einen Schmetterling, der das Ziel der Reise kannte.
Ganz in der Nähe des Platzes ihrer Zusammenkunft sahen sie in der Dunkelheit ein Schloss, aus dem helles Licht drang, das ihre Aufmerksamkeit sofort auf sich zog. Einer der Schmetterlinge entschloss sich, angezogen vom Licht, die Reise dorthin anzutreten und versprach auch den anderen Schmetterlingen Nachricht davon geben, was es mit diesem Licht im Schloss auf sich hat.
Der Schmetterling flog davon, erreichte das Schloss, tanzte vor den Fenstern, sah eine Kerze, von der ein intensives Licht ausging, und kehrte zurück.

Aufgeregt wollten die anderen wissen, was es mit jenem Licht auf sich habe. Und der zurückgekehrte Schmetterling beschrieb seine Erfahrungen, beschrieb das Schloss, seine Lage, die Größe der Kerze, ihre Farbe und Gestalt und die Art des Lichts in allen Einzelheiten.
Als der Schmetterling mit seinem Bericht geendet hatte, sagte jener Schmetterling, der das Ziel der Reise kannte: „Bei aller Kunst deiner Beschreibung hast du dennoch nichts Wesentliches über die Beschaffenheit der Flamme erfahren."

Ein zweiter Schmetterling brach auf. Als er das Schloss erreichte, näherte er sich ein wenig der Flamme, spürte ihre Wärme, das Feuer der Flamme berührte ihn ein wenig und versengte ein wenig seine Flügel. Daraufhin kehrte er

Leben, Liebe und Tod sind eins.
Jiddu Krishnamurti

---

eilends zurück, erklärte, drückte seine Empfindungen und Gefühle aus, die er in der Nähe der Flamme erlebt hatte.
Der kundige Schmetterling jedoch sagte auch diesmal: „Deine Erklärungen sind nicht viel genauer als die deines Kameraden."
Ein dritter Schmetterling brach in der Nacht auf zum Licht.
Trunken tanzte er zum Schloss, angezogen von der sonderbaren Helle der Flamme. Angekommen, warf dieser sich in das Feuer der Flamme, verlor sich in ihm, wurde von ihm verzehrt. Seine Glieder leuchteten rot wie Feuer.

Als der des Zieles der Reise kundige Schmetterling dies aus der Ferne sah - sah, dass das Feuer der Flamme den Schmetterling vollkommen verzehrt hatte und ihm dadurch seine eigene Erscheinung und seine Eigenschaften übertragen hatte, sagte er zu den anderen: „Dieser hat erfahren, was er wissen wollte. Er allein weiß. - Dies ist und bleibt das Geheimnis jener Flamme und derer, die sich in ihrem Licht auszulöschen vermögen. Es ist das Mysterium des Zustandes der ewig Verliebten, derer, die das Geheimnis des Todes durch ein hingebungsvolles Leben zu Lebzeiten erfahren ."

Sufismus. Bearbeitet Reinhold Dietrich

Kommentar
- Tod ist Dunkelheit, Licht ist Liebe, Liebe ist Leben.
  Wer zum Licht reist, dem wird auch der Tod zu Licht.

- Es gibt auch eine Art lichtvolles Dunkel. Im Buddhismus werden immer wieder Ungeheuer mit großen Rachen dargestellt. Der Mensch fürchtet sich davor verschlungen, vom Dunkel verschlungen zu werden.
  Begreifen wir das Wesen des Todes und erlauben wir ihm, uns schon zu Lebzeiten in seinen Rachen zu nehmen, uns irgendwie zu verschlingen, werden wir von der Flut von Licht und Geborgenheit überrascht, die aus dem scheinbaren, aus dem lichtvollen Dunkel dringen.

- Immer müssen wir auch die relative Dunkelheit unserer Unbewusstheit durchdringen und überschreiten, um zu mehr Licht, um zu größerem Wissen, um zu mehr Bewusstheit zu gelangen.

- Eine andere Art der Dunkelheit ist das Feuer. Die Dunkelheit im Feuer ist das Sich-Befassen mit unserer Auslöschbarkeit, mit unserem Tod. Wer sich

*Der Weg ist nicht im Himmel,
sondern im Herzen.*
Buddha, Dhammapada

---

der Auslöschbarkeit, der Endlichkeit des Lebens stellt, erlebt das Unauslöschliche, das Todlose. Ein solcher geht wortlos mit dem Licht über den Himmel und kehrt nie wieder als derselbe zurück. Vielleicht wird er zu einem Stern, der das weite Dunkel des Universums erleuchtet.

- Engagieren wir uns, werden wir das Wesentliche erfahren. Beobachten wir alles aus sicherem Abstand, erfahren wir wenig, im Grunde nichts. Engagieren wir uns am Leben, unserem einzigen Leben, werden wir wissen wollen, was es mit Grenze, Endlichkeit und Tod auf sich hat und werden so in beiden, in Leben und Tod, das Ewige schauen, das immerwährend alles durchdringt. Wo könnte das Ewige schon hingehen, wenn es wirklich ewig ist? Im Ewigen ist ein Nirgendwo und Überall, ein seelenvolles Sein, dem nicht gegeben ist zu vergehen.

- Die Suchenden lassen sich vom „Feuer des Lebens und Todes" verzehren, werfen sich tollkühn ins Ziel ihres Sehnens und werden zu ihm. Dies ist das Geheimnis des wirklichen Wissens und Verstehens. Wirkliches Verstehen lässt sich so tief ins eigen-andere ein, dass es zum Wesen des Begreifens wird.

- Werden wir zu dem, was uns interessiert, fasziniert, anzieht, oder wonach wir uns ewig sehnen, können wir es vollkommen erfassen und begreifen. Man nennt diesen Vorgang Verständnis, weil Verständnis dadurch entsteht, dass man bereit ist, zu dem zu werden, das man verstehen möchte.

- Wer sich aufzehren lässt vom Unbegreiflichen, wird zu ihm.

Der Verrückte und der Ringer

Ein beschwipster Narr (ein Weiser) rief den Sargträgern bei einem Begräbnis hinterher: „Wer war dieser Mensch, der in die Klauen des Todes geraten ist?" Sie antworteten: „O Narr, es ist die Leiche eines Meisterringers, ein junger Mann, der in der Blüte seiner Jahre stand."

Der Verrückte sagte: „Er starb durch die Kraft eines mächtigen Gegners, wusste er denn nicht, dass ihm dies geschehen würde!?"

Sufismus

Dessen Herz lebt, der ist lebendig.
Dessen Herz eingemauert ist, der ist im Schlaf oder tot.
Leben ist Liebe, Lieblosigkeit ist Tod.

Kommentar

- Solange der Tod ein Gegner ist, stirbt man an ihm.
 Wird einem der Tod zum Freund, beginnt man durch ihn wirklich zu leben.

- Es ist gut, um eine Sache ringen zu können. Mancher bekämpft jedoch zeitlebens beides, das Leben und den Tod, ohne um Einsicht in Leben und Tod zu ringen. Wer nicht über Leben und Tod hinausgeht, wird nichts wirklich begreifen.

 Einer, der glaubt, dadurch, dass er Gegner besiegt, sich ein Denkmal der Unsterblichkeit zu setzen, lebt das falsche Leben. Er macht sich nicht mit dem Leben und seinem Sterben vertraut, sondern widersetzt sich ihm erfolgreich.

 Das ewig Unendliche ist, was uns die Antworten schenkt, derer wir bedürfen.

- Wer sich in der rechten Weise mit der Endlichkeit befasst, dessen Seele erwacht. Es ist so, wie wenn man die Augen erst jetzt aufmacht, als hätte man vorher zwar die Augen offengehalten, aber dabei geschlafen. So einer gerät nicht in die „Klauen des Todes" sondern „stirbt, bevor er stirbt", stirbt das kleine Bewusstsein hin zum großen Leben.

Der Tod stirbt und das Leben lebt.
Hazrat Inayat Khan

Liebe als Leben, das den Tod überwindet

Freudenfeuer

Zu den Festen im spanischen Valencia gehört eine merkwürdige Tradition, die ihren Ursprung in der alten Tradition der Zimmerleute hat.
Das ganze Jahr über bauen Handwerker und Künstler riesige Holzskulpturen. In der Woche der Feria stellen sie diese Skulpturen zur Freude der Passanten auf dem Hauptplatz der Stadt auf. Doch am Tag des heiligen Joseph werden alle Skulpturen - bis auf eine - in einem riesigen Feuer von den Zuschauern verbrannt.
Ein englischer Tourist fragte, als die Skulpturen in Flammen aufgingen: „Wozu die ganze Arbeit?"
Ein Spanier antwortete: „Auch du wirst eines Tages enden, glaubst du, dass einer der Engel dann Gott fragen wird: „Wozu die ganze Arbeit?".

Aus Paulo Coelho „Geschichten und Gedanken", Diogenes 1998, S. 105

Kommentar
- Eine Redewendung ist: „ Im Feuer der Liebe vergehen".
- Feuer ist Symbol der Einheit, formvernichtend, grenzüberschreitend; Feuer ist Zeichen des Verschmelzungsvorganges; zwei gereifte Personen können miteinander verschmelzen, oder das zum Umfassenden gereifte Bewusstsein kann mit dem Umfassenden, dem Alles und Nichts verschmelzen. Ist wirklich Liebe im Spiel, sind sich die Vorgänge sehr ähnlich, im Grunde sind sie dieselben. Liebe ist Leben, das den Tod überwindet.
- Das Feuer ist Lichtsymbol und steht für Kraft, Reinigung, Klarheit, Liebe, für das Erwachen der Seele.
- Weltliche und religiöse Rituale werden meist mit Feuer und Licht umrahmt.
- Die Ausstrahlung edler Personen ist hell, strahlend, lichtvoll, die unedler dunkel, grau bis schwarz.
- Kraftvolle, weil liebende Personen sind hell, positiv, von innen lächelnd.

Wirkliches Leben ist ein Hineinsterben ins Herz.

- Liebende strahlen einander an, weil sie die Kraft der Liebe spüren, die alle Grenzen zum anderen hin überwindet.
- Der Tod ist der Wächter an der Grenze zum Umfassenden. Große Liebe und Hingabe überwinden sogar den Tod. Durch die Hingabe des begrenzten Bewusstseins an das Umfassende wird der Tod im Zentrum des Herzens, das nirgends und überall ist, überwunden. Die Liebe lebt, in Wirklichkeit stirbt sie sich hinein ins umfassende Leben. Der Tod ist das, was begrenzt, die Liebe ist das, was unbegrenzt grenzenlos ist. Der Tod bringt uns an die Grenze, wo die grenzenlose Liebe auf uns wartet.
- Wie viele Abschiede müssen wir leben, um zu begreifen, dass nicht das Endliche unsere Heimat ist, sondern das Umfassende. Die kleine Liebe ist beim Endlichen, die große Liebe ist das Umfassende, das uns über Zeit und Raum, über Endlichkeit und Tod hinaushebt.

Erst in der Vergänglichkeit erahnen wir die Liebe,
die uns möglich war und wäre
und die Liebe, die uns werden ließ.
Waldefried Pechtl

Durch die Liebe stirbt der Tod

Das Wesentliche

Ein junger engagierter und an allem interessierter König beauftragte die Gelehrten seines Landes, alles Wissenswerte der Welt aufzuschreiben.
Nach vierzig Jahren legten sie das Ergebnis in tausend Bänden vor.
Der König war inzwischen sechzig und sagte: „Tausend Bände kann ich nicht mehr lesen. Kürzt alles auf das Wesentliche."

Nach weiteren zehn Jahren hatten die Gelehrten den Inhalt der tausend Bände in hundert Bänden zusammengefasst.
Der König sagte: „Das ist noch immer zu viel. Ich bin nun siebzig, zieht aus dem Vorliegenden das Wesentliche heraus!"

Nun fassten die Gelehrten das Wichtigste in einem einzigen Buch zusammen. Diese brachten sie dem König, der im Sterben lag.
Der König konnte das Buch nicht mehr lesen, aber wollte doch noch das Wesentliche erfahren.

Da nahm sich der Vorsitzende der Gelehrten ein Herz und fasste die Essenz der Geschichte der Menschheit in einem einzigen Satz für den sterbenden König zusammen. Er sagte: „Eure Majestät, das Wesentliche all dessen, was wir durchforsteten, ist Folgendes:

„Alle Menschen lebten, litten und starben unterschiedslos. Das Einzige, was jedoch zählt, und was überlebt, ja ewig lebt, ist die Liebe."

Quelle unbekannt. Aus Hoffsümer, Willi „Kurzgeschichten" Bd 3, Grünewald Verlag, Mainz, 1987, S. 75.
Sprachlich bearbeitet von Reinhold Dietrich

Kommentar
- Die Liebe ist mächtiger als der Tod, weil durch die Liebe der Tod stirbt.
- Für viele von uns sind Mut, Wissen und Macht große Ziele. Der Tod beugt sich jedoch nicht vor unserem Mut, nicht vor unserem Wissen und nicht vor noch so viel Macht.

Liebe ist Leben, das den Tod überwindet.

- Die Liebe ist die Fahne der Befreiung, der Befreiung vom Schmerz des Gedankens der Wertlosigkeit und Nichtigkeit, der Befreiung vom Schmerz des Gedankens der Endlichkeit. Ist die Liebe genug gereift, überwindet sie den Tod. Dies entspricht einem seelischen Vorgang und einem Bewusstseinsprozess, den jene, die ihn nicht kennen, nicht nachvollziehen können.

- Die Liebe ist die Auferstehung aus dem Grab der Lieblosigkeit.

- Die Welt wird vernetzt, wird wirklich globalisiert durch echte Bereitschaft zum Verständnis, durch Dialog, Mitmenschlichkeit und Liebe. Durch verständnislose, durch scheinbare Vernetzung wird die Welt zersplittert, beschädigt, manipuliert und in Krisen und Kriege verwickelt. Wo der Tod hineinstirbt ins Umfassende, können wir unsere kleinen Anläufe uns selbst zu helfen im Dienen für das Große beenden.

*Das ewige Leben ist
im Herzen des Todes verborgen.*
Hazrat Inayat Khan

Das Geheimnis des Todes im Herzen des Lebens

Vom Tod

Ihr möchtet das Geheimnis vom Tod kennenlernen. Aber wie werdet ihr es finden, wenn ihr es nicht im Herzen des Lebens sucht?
Die Eule, deren Augen am Tag blind sind, kann das Mysterium des Lichtes nicht entschleiern.

Wenn ihr wirklich den Geist des Todes schauen wollt, öffnet eure Augen weit dem Körper des Lebens.
Denn Leben und Tod sind eins, so wie der Fluss und das Meer eins sind.
In der Tiefe eurer Hoffnungen und Wünsche liegt euer stilles Wissen um das Jenseits; und wie Samen, der unter dem Schnee träumt, träumt euer Herz vom Frühling.
Traut den Träumen, denn in ihnen ist das Tor zur Ewigkeit verborgen.

Eure Angst vor dem Tod ist nichts als das Zittern des Hirten, wenn er vor dem König steht, der ihm zur Ehre die Hand auflegen wird.
Freut sich der Hirte unter seinem Zittern nicht, dass er das Zeichen des Königs tragen wird?
Doch gewahrt er sein Zittern nicht viel mehr?
Denn was heißt sterben anders, als nackt im Wind zu stehen und in der Sonne zu schmelzen?
Und was heißt nicht mehr zu atmen anders, als den Atem von seinen rastlosen Gezeiten zu befreien, damit er emporsteigt und sich entfaltet und ungehindert Gott suchen kann?

Nur wenn ihr vom Fluss der Stille trinkt, werdet ihr wirklich singen.
Und wenn ihr den Gipfel des Berges erreicht habt, dann werdet ihr anfangen zu steigen.
Und wenn die Erde eure Glieder fordert, dann werdet ihr wahrhaft tanzen.

Aus Khalil Gibran „Der Prophet", Walter Verlag, Olten und Freiburg im Breisgau, 1973, S. 59

Wessen Herz lebt, der ist lebendig.
Je mehr wir paradoxerweise die Kunst des Sterbens
und der Hingabe im Leben lernen,
desto mehr sind wir fähig, aus ganzem Herzen zu lieben.

Kommentar

- Auch der große Weise Mevlana Jelalledin Rumi ruft uns zu: „Sucht mein Grab nicht in der Erde, sondern in den Herzen der Menschen!"

- Wer eingedenk des Zerfalls seiner Glieder nicht in Angst, sondern in Ekstase fällt, ist frei eine Brücke zu spannen
  von Leben zu Leben,
  von Herz zu Herz,
  vom Leben zum Sterben des Todes,
  von Ewigkeit zu Ewigkeit.

- Wer den Tod wirklich erkennt, wandert auf Bahnen des Lichts, die nie mehr vergehen.

Ihr möchtet das Geheimnis vom Tod kennenlernen.
Aber wie werdet ihr es finden,
wenn ihr es nicht im Herzen des Lebens sucht?
Khalil Gibran

Leidenschaft flieht der Präsenz des Todes

Die Pille der Lust und die „Pille der Präsenz des Todes"

Einst lebte ein König, der seinen spirituellen Lehrer sehr verehrte. Deshalb bot er alle Gaben, die er erhielt, zuerst seinem Lehrer an.

Eines Tages schenkte dem König sein Leibarzt eine Dose voll Pillen, die der Steigerung seiner sexuellen Potenz dienten und dem König helfen sollten, die große Anzahl seiner Frauen im Harem zufrieden zu stellen. Wie immer bot er das Geschenk zuerst seinem Lehrer an. Als der König seinem Lehrer die Pillendose entgegenhielt, nahm dieser, ohne zu fragen, zwei Pillen aus der Dose und schluckte sie.

Der König selbst nahm eine Pille, um ihre Wirkung zu testen. Diese eine erregte ihn so sehr, dass er die ganze Nacht, von Lust geplagt, nicht schlafen konnte.

Am nächsten Morgen als der König bei der Morgenmeditation saß, fiel ihm sein Lehrer ein. Und er fragte sich, wie es ihm wohl ergangen sein musste, da er nicht eine, sondern sogar zwei Pillen zu sich genommen hatte. Er ließ sich zu seinem Lehrer bringen und fragte diesen: „Meister, wie geht es Euch? Ich habe nur eine von diesen Pillen genommen, worauf mich die Lust die ganze Nacht plagte. Wie muss es da erst Euch ergangen sein?"

Der Lehrer antwortete: „Ich fühle mich wie immer gut und hatte keine Ahnung, welchem Zweck Eure Pillen dienten."

Nachdem ihm der König alles über die Pillen erzählt hatte, fragte er verwundert: „Wie kommt es, dass diese Pillen auf Euch keine Wirkung hatten?"

Der Meister sagte: „Ich werde es Euch morgen erklären. Kommt heute Nachmittag mit dem stärksten Ringer Eures Hofes und den Pillen zu mir."

Als am selben Nachmittag der König mit dem Ringer erschien, bot der Lehrer diesem die Pillen an. Er sagte: „Diese Pillen hier erregen starkes sexuelles Verlangen; bitte, nehmt zwei davon. Wenn Ihr wollt, könnt Ihr abends das Freudenhaus am Fluss besuchen, um Euch zu vergnügen."

Als der Ringer gegangen war, trug der Meister dem König auf, in der Nähe des Freudenhauses einen Ausrufer zu postieren. Dieser sollte, sobald der Ringer

*Wenn das Herz das allumfassende Bewusstsein
in sich entdeckend berührt,
sind all deine Gedanken zum Einen hingestorben.*

erschien, dessen Namen ausrufen und laut verkünden, dass er des Verrats angeklagt sei und der König seine Hinrichtung am nächsten Morgen angeordnet habe.
Die Pillen verfehlten auch beim Ringer nicht ihre Wirkung. Bald war die Lust so sehr erwacht, dass er sich begierig zum Freudenhaus am Fluss aufmachte. Als er jedoch durch den Ausrufer vernahm, dass er des Verrats angeklagt und zum Tode verurteilt sei, war alle Gier mit einem Mal erloschen. Der Ringer konnte an nichts anderes mehr als an seine Hinrichtung denken. Er fürchtete um sein Leben und begann in seiner Not sogar Gott um Hilfe anzuflehen. Er konnte die ganze Nacht keine Auge zutun.
Schon vor dem Morgengrauen holten ihn die Wachen des Königs und brachten ihn zu seinem Erstaunen zum Haus des Meisters. Auch der König war anwesend.
Der Meister fragte den Ringer: „Nun, wie ist es Euch mit den Pillen ergangen?"
Der Ringer antwortete: „Die Pille, die ich gestern Abend durch die Ohren erhielt, war viel wirkungsvoller als die zwei Pillen, die ich gestern von Euch bekam. Als ich von meiner heutigen Hinrichtung hörte, verschwand all meine sexuelle Lust. O, Meister, Ihr ward so gütig, mir gestern die zwei Pillen zu geben, bitte erweist mir heute Euer Mitgefühl und errettet mich vor dem Tod!"
Der Meister erwiderte: „Habt keine Angst, es wird Euch nichts geschehen; und bitte verzeiht mir, dass ich Euch zum Opfer meiner List gemacht habe."
Damit wandte er sich an den König und sagte zu ihm: „Wie Ihr sehen könnt, macht „die Pille der Gegenwärtigkeit des Todes" die Pillen der Lust zunichte. Dies ist meine Pille, die ich täglich nehme."

Hinduismus. Aus: Öser Dieter Bünker „Die Güte des Meisters wiegt mehr als ein Berg"
Herder Verlag, Freiburg i. Breisgau, 1988, S. 115 f

Kommentar
- Das Dreieck Liebe, Tod und Leidenschaft wird in dieser Geschichte zum Thema.
- Leidenschaft, die ohne Liebe ist, Trieb, der ohne Weisheit ist, ist wie ein unbewusstes Leben ohne Gedanken an körperliche Vergänglichkeit.
- Die Liebe verbindet die Leidenschaft mit dem Wesentlichen, mit der Innigkeit, mit der belebenden und alles verbindenden Hingabe. In der Hingabe ist ein vollständiges Sich-Geben. Im Sich-Hingeben ist ein Auslassen,

Liebe ist ein Leerwerden für das Andere.

ein kleines Sterben vom Ich und Du zum Größeren, zum Wir. Selten genug ist solch ein Sich-Hingeben zwischen zwei Personen außer in Zeiten großer Verliebtheit möglich, genauso wie man auch ein tieferes Gespräch, einen anhaltenden Dialog über Leben und Vergänglichkeit zwischen zwei Personen relativ selten erlebt.
Liebe ist nicht Verliebtheit. Liebe ist Intensität, ohne verliebt zu sein.

- Weil wir Angst haben, der Endlichkeit ins Auge zu sehen, haben wir auch Angst, uns wirklich dem anderen hinzugeben. Liebe und Tod sind Grenzerfahrungen - Liebe und Tod sind grenzüberschreitende Erfahrungen. Die Franzosen nennen die Sexualität „den kleinen Tod" (le petit mort). Es ist leicht zu sehen, dass wahre Liebe ein Aufgehen im anderen, im Unbekannten ist und dass Sterben ebenso ein Aufgehen im anderen, im Unbekannten, ist. Durch Besinnung auf die Vergänglichkeit, den Tod, wird die Liebe beflügelt und der physische Tod leicht.

- Ein ausgewogener persönlicher Zustand ist eine Verbindung von Leidenschaft und Liebe - die Leidenschaft kommt dem Körper zu, die Liebe der Seele.

Was aber hat die Liebe mit dem Tod zu tun? Viel!

1 Solange wir uns nicht mit der Tatsache unserer Endlichkeit und mit dem Sinn des Lebens genügend beschäftigt haben, bleibt unsere Seele, die mit unserem Herzen verbunden ist, im Turm des Vergessens eingekerkert.

2 Leidenschaft, die nicht durch die Liebe bewegt wird, kann Grenzen zwischen Welten, zwischen Personen nicht wirklich überschreiten.

3 Wir werden dann frei zur Liebe, sobald wir frei sind, unsere Vergänglichkeit und mit ihr den Sinn des Lebens im Augen zu behalten.

4 Solange unser Ego nicht genügend lernt, zur Seele ‚hinzusterben', kann das Herz sich nicht öffnen, um sich in Hingabe mit dem Leben, dem Geliebten, mit allem zu verbinden.

5 Im innigen Sich-Verbinden ist ein Sich-Aufgeben enthalten, ein kleines Sterben, das sich so sehr für das andere interessiert, dass es sich selbst vergisst und dadurch lebt.

*In der Tiefe eurer Hoffnungen und Wünsche
liegt euer stilles Wissen um das Jenseits;
und wie Samen, der unter dem Schnee träumt,
träumt euer Herz vom Frühling.*
Khalil Gibran

- Zwischen Ich und innerstem Kern, dem Selbst, stehen in unserer heutigen Zeit, für viele unbemerkt, die Mauern des Ego; solange die Mauern zwischen Ich und Selbst stehen, stehen sie auch zwischen Ich und Du. Das Ego jedoch ist allein mit der Leidenschaft verbunden, während Ich und Selbst mit der Liebe verbunden sind. So unterbricht die Leidenschaft das Innige, obwohl sie glaubt zu ihm hinzustreben. Hingabe ist ein restloses Sterben aller Egoanteile in uns, denn wir können uns selbst wie auch den anderen nicht im Kern erreichen, bevor wir nicht aus eigener Kraft in uns die Mauern des Ego überwinden.

Die letzten Worte von Hazrat Inayat Khan waren:
Wenn die Unwirklichkeit des Lebens
an das Tor meines Herzens drückt,
öffnet es für die Wirklichkeit.
Zitiert nach Vilayat Inayat Khan

Der Tod der schlafenden Herzen

Schlafende Herzen

Hasan al-Basri wurde gefragt: „Wie heilt der Arzt, der selber krank ist, Andere?"
Hasan antwortete: „Man heilt erst sich selbst und dann die anderen", und er fuhr fort: „Hört auf mein Wort, da mein Wissen ('ilm) euch nützt und euch mein Handeln ('amal) nicht schadet."

Sie fragten weiter: „Was sollen wir tun, o Scheich, da unsere Herzen schlafen und dein Wort sich nicht einprägt?"
Hasan antwortete: „O, wenn sie doch schliefen, denn der Schlafende ist wachzurütteln! -
Nein, eure Herzen sind tot, denn so viel man sie bewegt - sie erwachen nicht."

Sufismus. Aus „Frühislamische Mystiker - aus Fariduddin Attars ‚Heiligenbiografie'", Amsterdam, Castrum, Peregrini Presse S. 24

Kommentar

- Wir gehen davon aus, dass wir liebesfähig sind, weil wir fähig sind uns zu verlieben. Verliebtheit, ein Geschenk der Natur, das uns nichts abverlangt, zeigt höchstens die Möglichkeiten einer bewussten und wertschätzenden Lebensweise, die Möglichkeiten der reifen Liebe.

- Vergeht die Verliebtheit nach einiger Zeit, wird geprüft, ob unser Herz wach und lebendig ist, ob es döst und schläft oder sogar eingesperrt und tot ist. Im selben Ausmaß wie unsere Seele erwacht, kann auch unser Herz lebendig werden.

- Der ‚Arzt' in dieser Geschichte ist der Mensch.
Wir müssen zuerst erkennen, dass unser Herz schläft oder tot ist; dies ist schwer genug, weil es einen Widerstand in uns gibt, dies zu erkennen. Der Widerstand ist der Schmerz, den es uns zufügen würde, würden wir bemerken, dass unser Herz beispielsweise unlebendig oder tot ist. Manche Personen spüren nicht einmal mehr ihren Herzschlag.

*Denn wenn man den bekannten Dingen entstirbt,
erfährt man vielleicht, was Liebe ist.*
Jiddu Krishnamurti

Dann müssen wir erkennen, worin wir uns täuschen, was wir nämlich alles mit der Liebe eines lebendigen Herzens verwechseln.
Unter diesen Voraussetzungen kann das Herz langsam zu sich kommen, sich langsam öffnen, wieder durchlässig werden.
- Wessen Herz durchlässig ist, wird auch anderen etwas davon vermitteln können, was man tun kann, um sein Herz aus dem Grabmal des unbewussten Schlafes, der Gefühlslosigkeit, Starre oder Kälte zu erretten. Wessen Herz lebt ist lebendig. Je mehr wir paradoxerweise die Kunst des Sterbens und der Hingabe im Leben lernen, desto mehr sind wir fähig, aus ganzem Herzen zu lieben. Dieser Zusammenhang ist vielleicht nicht leicht zu verstehen – aber äußerst wichtig.

Das Geldgeschenk

Man bot einem Weisen eine beträchtliche Summe Geldes an in der Absicht, ihm ein großzügiges Geschenk zu machen.
Zum Erstaunen der Geber lehnte der Weise das Geld ab und sagte: „Danke. Ich habe bereits eine Münze."
Darauf sagte einer von ihnen: „Aber Herr, die Münze, auf die Ihr verweist, ist nicht viel wert."
Der Weise antwortete: „Das mag sein. - Wenn Sie mir garantieren können, dass ich länger lebe, als diese Münze vorhält, so will ich Ihr Geschenk gern annehmen."

Wird Dhun-Nun, dem Ägypter zugeschrieben

Kommentar

- Dies ist eine Geschichte von Haben und Sein, vom physisch Begreifbaren und vom seelisch Durchdringenden.
- Wir können vom Haben allein nicht leben, weil sonst das Haben zur Sucht und unsere Sucht nach materiellem Reichtum zu unserem Grabmal wird. Versuchen wir allein vom Haben zu leben, werden wir äußerlich scheinbar lebendig sein, während unser Inneres tot im Grabmal des Ungelebten liegt.

Auf der Reise durchs scheinbare Leben,
mit dem Gewicht der Angst vor dem Tod im Reisegepäck,
wird der bewusste Weg zum scheinbaren Tod,
zur Befreiung im wahren Leben.

- Lernen wir das, was wir haben, hinzugeben, erlauben wir ihm nicht unser Leben zu bestimmen und es zu blockieren, so bleibt genug Platz für die innere Bewegung, für ein lebendiges Leben und Innenleben.

- Wer das, was er besitzt, jederzeit hergeben kann, ist lebendig, wer daran festhalten muss, wird unlebendig oder ist bereits tot.

- Der Weise in der Geschichte zeigt dem Besucher die Gefahr auf, vom Habenmodus abgehalten zu werden über Endlichkeit und Vergänglichkeit, über die Flüchtigkeit des Lebens nachzudenken.
Der Besitz gaukelt uns vor, wir wären vor dem Leben und noch mehr vor dem Tod in Sicherheit. Dieser Täuschung unterliegen viele in einer materiell orientierten Zeit und Gesellschaftsordnung.

Die Mär, dass der Liebende auf dem Weg der Liebe sein Leben zu verspielen habe, ist ein Trug; denn in Wahrheit ist die Liebe die Lebensquelle, die Erquickung spendet.
Mevlana Jellaledin Rumi

Entsage dem Tod, und du wirst leben

Tote Männer sprechen nicht

Mamiya wurde ein bekannter Zen-Meister. Aber er musste Zen über den schweren Weg lernen. Als er noch Schüler war, forderte ihn sein Meister auf, den Laut des Einhandklatschens zu erklären.

Mamiya widmete sich voll dieser Aufgabe, schränkte Essen und Schlafen ein, um die richtige Antwort zu finden. Aber sein Meister war nie zufrieden. Eines Tages sagte er sogar zu ihm: „Du arbeitest nicht hart genug. Du liebst viel zu sehr die Bequemlichkeit; du hängst zu sehr an den angenehmen Dingen des Lebens, ja, du bist sogar zu erpicht darauf, die Antwort so schnell wie möglich zu finden. Es wäre besser, du würdest sterben."

Als Mamiya das nächste Mal vor seinen Meister trat, tat er etwas ganz Dramatisches. Auf die Frage, wie er den Laut des Einhandklatschens erkläre, fiel er zu Boden und blieb liegen, als sei er tot.

Da sagte der Lehrer: „Gut, du bist also tot. Aber was ist mit dem Laut des Einhandklatschens?"

Mamiya öffnete die Augen und erwiderte: „Das konnte ich noch nicht herausfinden."

Daraufhin rief sein Lehrer scheinbar wütend: „Narr! Tote Männer sprechen nicht. Raus mit dir!"

Zen-Buddhismus

Kommentar

- Es gibt viele Möglichkeiten, um zum unvorstellbar Umfassenden zu gelangen. Askese ist eine unter unzähligen, um das Bewusstsein zu weiten. In früheren Jahrhunderten gab es geradezu einen Boom der Entsagung. Heute erscheint diese Methode wenig zielführend, weil sie nicht ins Leben hinein führt, sondern aus dem konkreten Leben hinaus.
- Die Kunst ist, alles ins konkrete Leben hereinzubringen, auch die zeitlos ewigen Werte wie die der Liebe, der Gerechtigkeit, des Verständnisses und Mitgefühls.

Entsage der Entsagung und du wirst leben.

Häufig ist die größere Kunst, das Leben, die konkrete Schöpfung als Ausdruck des Ewigen zu entdecken, und dementsprechend das Wunder des vergänglich Geformten als Ausdruck der unvergänglichen Seele zu begreifen. Erreichen wir dies, werden wir uns, obwohl verwurzelt, Zugvögeln gleich erheben, die Rast machen auf ihren Flug.

Wer nicht zu sterben gelernt hat, lebt nicht.
Das Leben ist eine Sterbehilfe für die Lebendigkeit.

Vom innersten Geheimnis

Ein Blick in die andere Wirklichkeit

Der Pfad der Seelen: Über den Tod und das Nachleben

Geezhig (Zeder) und Wabun-anung (Morgenstern) sollten im Frühjahr heiraten. Voller Vorfreude malten sie sich ihre Zukunft aus, dachten an die glücklichen Jahre liebevoller Gemeinschaft und an ihre Kinder. Als aber die ersten Blätter des Frühlings sich entfalteten, starb Wabun-anung. Geezhig starrte Tag und Nacht, die Augen mit Tränen, die er nicht vergießen konnte, ins Feuer. Er aß nicht mehr, jagte nicht mehr, ging einsame Wege und starrte Nachts in die schwarze Dunkelheit.

Der Sommer kam und in Geezhig reifte der Entschluss aufzubrechen, um seine verlorene Liebe aus dem Land der Seelen zu befreien. Er sagte niemanden etwas von seinem Plan, nahm seinen Medizinbeutel und seine Waffen und brach, obwohl ihm früher schon seine besorgten Eltern davon abgeraten hatten, Wabung-anung zu suchen, auf.

Die Suche führte Geezhig von Dorf zu Dorf, von einem weisen Mann zum anderen, von Freunden zu Fremden.

Überall stellte er die gleiche Frage: „Wo ist das Land der Seelen?" Niemand konnte ihm mit Sicherheit die Richtung angeben, viele waren hilfsbereit und freundlich, viele waren befremdet über sein Vorhaben und die Festigkeit seines Entschlusses.

Eine alte weise Frau sagte zu ihm: „Mein Sohn, aus deinem Verlust wird dir Gewinn erwachsen. Es ist besser Liebe nur kurz empfunden zu haben, als sie überhaupt nicht kennenzulernen. Durch dieses tragische Schicksal wirst du letztendlich noch besser in der Lage sein, Liebe zu geben und zu empfangen." Doch für Geezhig gab es keinen Trost. Weisheit und Mitgefühl konnten ihm seine geliebte Wabun-anung nicht wiederbringen. Den Liebesschmerz können andere nicht heilen.

Geburt, Leben, Sterben, Tod.
Nichts von alledem.
Sobald Täuschung und Illusion klar werden,
wird alles glücklich zu nichts.

Bisher war er auf der Suche nach Wissen umhergewandert. Eines Abends im Herbst starrte er in die Glut des Feuers, als der Entschluss in ihm reifte, ab jetzt nicht mehr nach Wissen, sondern nach dem Pfad der Seelen zu suchen. Er hatte den Sommer über viel über diesen Pfad gehört.
Er wanderte viele Monate, überquerte zahllose Flüsse, Sümpfe und Seen, ging durch Gegenden, von denen er noch nie gehört hatte, traf Leute, deren Sprache und Gebräuche ihm gänzlich fremd waren. Er aß wenig und schlief selten. Träume von Wabun-anung verfolgten ihn im Wachen wie im Schlafen.
Viele Pfade hatte er gefunden. Manche waren ausgetreten, andere wenig benutzt. Endlich kam er auf einen, der zugleich breit und tief war. Dichter Nebel hüllte die Bäume auf beiden Seiten ein, quoll über den Weg und strich kühl an seinen Wangen vorbei. Der Nebel in blendendem Weiß bedeutete ihm, dass er den Pfad der Seelen gefunden hatte. Schatten, deren Gestalten er nicht erkennen konnte, gingen mit ihm auf dem düsteren Weg. Alle richteten ihre Schritte ohne Hast nach Westen. Geezhig ging mit ihnen in die dichter werdende Finsternis.
Schweigen lag über den Geist-Seelen, während sie stetig, ohne zu rasten, ihrem Bestimmungsort zustrebten. Geezhig fühlte sich als Eindringling, der im Grunde kein Recht hatte, unter ihnen zu sein, und er wusste, dass er sie bei ihrem letzten Traum nicht stören durfte.
Lange folgte er diesem stillen Pfad. Zeit war bedeutungslos geworden. Dann trat aus den wallenden Nebeln ein ausladender Gebirgskamm hervor mit einen mächtiger Abhang auf der anderen Seite. Der Schatten einer Geist-Seele nach der anderen verschwand über dem Kamm und wurde vom dichten Nebel am Fuß des Abhangs verschluckt.
Gerade wollte Geezhig hinuntersteigen, als ein uralter Mann ihn ansprach: „Du bist Geezhig, nicht wahr?" Geezhig nickte, und der Alte sprach weiter, „Ich warte schon auf dich. Ich weiß von deiner Suche, kenne deinen Kummer, aber darf dich ins Reich der Seelen nicht einlassen."
Geezhig war bekümmert, als der steinalte Mann weitersprach: „Die du suchst ist vor vier Tagen in Frieden hier vorbeigekommen. Du aber bist noch nicht so weit. Deine Geist-Seele ist noch mit deinem Körper verbunden. Nur reine Geist-Seelen dürfen das Land der Seelen betreten."
Alle Argumente, sogar jenes, dass der alte Mann ihn töten sollte, damit er zu Wabun-anung käme, konnten den Alten nicht erweichen.

Wer bewusst zum Tod hinstirbt,
entdeckt die Todlosigkeit des wahren Lebens.

Als aber Geezhig weiter in ihn drang und ihn anflehte, ihn wenigstens für eine Weile eintreten zu lassen, lächelte der Alte endlich und sagte, nachdem er lange überlegt hatte: „Ich werde dir helfen. Ich verlange nichts dafür, ich habe wenige Wünsche nur den, dass du ins Land der Lebenden zurückkehrst und in Frieden dein Leben lebst, wie es deine Bestimmung verlangt."
Dann wies der Alte ihm den Weg mit den Worten: „Nach dem Abgrund erwartet dich ein Fluss. Es ist leicht, einen Weg über den Fluss zu finden. Wisse, im Schlaf kann dein Geist den Körper abstreifen. Wenn dies geschehen ist, dann gehe mit den Seelen der Toten auf die andere Seite. Ich werde inzwischen hier auf deinen Körper aufpassen, bis du zurückkehrst. Es bleibt ein Band zwischen Geist und Körper, das nur der Tod durchtrennen kann. Durch dieses Band wirst du zurückfinden -
Und bleib nicht zu lange im Land der Seelen. Erlaube deinem Schmerz nicht deinen Verstand zu überwältigen. Vielleicht wirst du vergessen, was du dort siehst, aber die Reise wird Zeichen an dir hinterlassen, die nicht mehr zu löschen sind."
Daraufhin wurde Geezhig schläfrig und fiel zu Boden. Während seine Lider sich schlossen, fühlte er eine mystische Kraft, die seinen Geist aus dem Gewebe und den Fasern seines Körpers heraushob. Als diese Verwandlung vollendet war, besaß Geezhig eine neue Art von Sein und Bewusstsein.
Als Geist trat er in den Nebel ein und stieg den Abhang hinunter. Sein leerer Körper blieb in der Obhut des Wächters am Rand des Abhangs liegen, wo sein Herz, wie er undeutlich wusste, ohne Geist weiterschlug. Dennoch war ihm, als besitze er einen Körper, mit dem er gehen konnte, und Augen, mit denen er zu sehen vermochte. Dieser neue Körper war von anderer Art, und doch erkannte er sich selbst darin. Seine Arme schwangen an den Seiten, seine Ohren nahmen immer noch die sausende Stille wahr.
Als Geezhig aus dem Nebel hervortrat, sah er ein Land, ganz ähnlich dem, das er verlassen hatte. Vor ihm rauschte ein breites Wasser wirbelnd vorbei. Geezhig ging das Flussufer entlang bis dorthin, wo dieser stiller wurde und im Sonnenlicht glänzte. Jenseits seiner Tiefen, dies wusste er von irgendwoher, lag das Land der Seelen. Er konnte das Wesen dieser anderen Welt spüren. Ihre Farben waren lebhaft und vielfältig, und es war ihm, als sähe er alles so kräftig wie mit den Augen der Kindheit.
Aber wie konnte er den Fluss überqueren? Kleine Wellen schlugen unten im Ried

In der Gegenwart finden wir dieses Alles.
In die Gegenwart zu gelangen setzt ein Auslassen,
ein Sterben von all dem voraus,
was einen daran hindert ganz da zu sein.

---

ans Ufer und lenkten seine Aufmerksamkeit auf ein Kanu, das dort festgemacht war. Daneben lag ein Paddel. Beide schienen ihn einzuladen, sie zu benutzen. Während er das Boot behutsam durch das Schilf ins offene Wasser lenkte, spürte er, dass er beobachtet wurde. Er hob die Augen und sah, dass andere mit ihm reisten, alle auf dem Weg zu ihrem letzten Bestimmungsort.

Plötzlich sah er, wie dicht neben ihm seine geliebte Wabun-anung paddelte. Als ihre Blicke sich trafen und ineinander aufgingen, war all die Einsamkeit der Suche, aller Kummer und all die Traurigkeit verschwunden, ausgelöscht, als hätte es sie nie gegeben. Liebe strömte von einem zum anderen, mitten auf dem Fluss. Geezhig rief zu ihr hinüber, hob sein Paddel, versuchte sein Boot zu ihr zu steuern. Obgleich Liebe und Glück ihr aus den Augen strahlten, antwortete sie nicht und paddelte beharrlich auf das andere Ufer zu. Auch Geezhig konnte seinen Kurs nicht ändern und dachte voller Dankbarkeit: „Ich werde im Land der Seelen mit ihr sprechen. Ich habe meine Liebe wiedergefunden."

Je näher er dem andern Ufer kam, desto reißender wurde das Wasser, es war voller Strudel und riesiger vorspringender Felsen. Gischt sprühte über ihn. Er musste sich ganz auf die Überfahrt konzentrieren. Viele von denen, die hinüberwollten, gingen unter, aber Wabun-anung paddelte von sanften Wassern umgeben ruhig voran. Was mit denen geschah, die scheiterten, wusste Geezhig nicht zu sagen. In diesen Gewässern konnte er unmöglich anhalten und Hilfe leisten.

Endlich berührte der Boden seines Kanus Grund und glitt auf den Sand des Ufers. Er sprang heraus und zog das Boot an Land. Wabun-anung landete neben ihm.

Da erreichte ihn der Ruf.

„Jetzt hast du gesehen. Dein Wunsch ist erfüllt worden. Kehre ins Land der Lebenden zurück."

Geezhig wendete sein Boot und überquerte wieder den Fluss, der sich jetzt zu einem kleinen Bach wandelte - zurück ins Land der Lebenden und ins Leben.

Indianischer Mythos aus: „Und Manitu erschuf die Welt: Mythen und Visionen der Ojibwa", Diederichs Verlag, München, 1992(4), S. 134. Gekürzt vom Herausgeber

Dhun-Nun wurde gefragt: „Was ist das Ende des Mystikers?"
Er antwortete: „Wenn er ist, was er war, bevor er war."

Der mystische Tod

Ein Becher voll Maya

Vor langer Zeit lebte in Indien ein Held. Eines Tages begegnete er Vishnu. Sie wanderten zusammen durch das Land, und Vishnu fragte ihn, ob er irgendeinen Wunsch habe, den er ihm erfüllen könne.
Der Mann bat Vishnu: „Bitte lehre mich, was Maya bedeutet".
Vishnu antwortete: „O nein, bitte mich nicht darum, wünsche dir irgendetwas anderes."
Dieser Mann jedoch war beharrlich uns sagte: „Aber ich wünsche mir von dir nur zu lernen, was Maya bedeutet."
Vishnu sagte: „Schau, du kannst dir alles wünschen, eine schöne, hingebungsvolle Frau, große Reichtümer, Paläste, Gesundheit, ein langes Leben."
Der Mann antwortete fest: „Ich möchte nur lernen, was Maya bedeutet."
Vishnu antwortete: „Nun gut, wenn dies dein Wunsch ist, werde ich ihn erfüllen. - Aber hole mir bitte zuerst einen Becher voll Wasser von dem Bauernhaus da drüben, dann werde ich dich lehren, was Maya bedeutet."

Der Mann ging hinüber zu jenem Bauernhaus und klopfte an. Als die Tür sich öffnete, stand die schönste Frau vor ihm, die er je gesehen hatte. Und sie war nicht nur wunderschön, sie hatte auch tiefe, seelenvolle Augen.
Er sah in diese Augen und verliebte sich augenblicklich. Sein Inneres wusste, dass sie sich von früheren Leben her kannten und dass sie für einander bestimmt waren. - Sie wusste es ebenfalls.
Sie bat ihn ins Haus und stellte ihn ihrer Familie vor. Ihre Eltern hießen ihn willkommen, als sei er ihr eigener Sohn. Als er mit ihnen beisammen saß, fühlte er einen tiefen Frieden in sich und wusste -, hier war er zu Hause. Er hielt um die Hand des Mädchens an, und die Eltern gaben mit Freude ihr Einverständnis. Sie schenkten dem Paar ein Stück Land und ein kleines Bauernhaus.
Es dauerte nicht lange, und sie hatten miteinander Kinder, erst einen kleinen Knaben, dann ein kleines Mädchen. Ihre Liebe zu den Kindern vertiefte ihre Liebe zueinander und die Felder brachten reiche Ernte. Sie lebten mit den Jahreszeiten und waren mit ihrem Leben zufrieden und glücklich.

Der ich einmal war, stirbt,
und der sein wird, wird lebendig.
In diesem Sinn ist jeder Moment ein Sterben ins Leben.
David Steindl-Rast

Eines Tages hörte man schreckliches Donnergrollen aus den Bergen. Der Himmel verdunkelte sich, und die Erde bebte, und eine gewaltige Flut ergoss sich in die Ebene. Der Mann ergriff seine kleine Tochter mit der einen Hand, seine Frau und den Knaben mit der anderen, und sie rannten um ihr Leben. Die Wassermassen zerstörten zuerst ihre Felder, dann das Haus. Sie liefen, so schnell sie konnten, aber das Wasser um sie herum begann zu steigen, und eine plötzliche Flutwelle trennte den Mann von seiner Frau. Er schrie auf und versuchte, nach ihr zu greifen, als sie weggerissen wurde. Dabei verlor er sein kleines Mädchen, das er getragen hatte. Er schrie wieder auf, und das Leid zerriss sein Herz. Er klagte und weinte, aber um ihn herum tobte nur der Sturm, der sein Haus, seine Liebe und sein Leben zerstört hatte.

Er blickte nach unten und sah, wie seine Tränen in das schlammige, tosende Wasser fielen, in dem er stand.

Als die Tränen die Wasseroberfläche berührten, beruhigte sich das Wasser und wurde klar.

Er hob seinen Blick und erkannte, dass er in einen Becher geweint hatte, den er in der Hand hielt.

Er sah in Vishnus Augen - Vishnu lächelte und sagte: „Das ist Maya."

Hinduistische Geschichte

Kommentar

- Dies ist eine mächtige Geschichte, die die Illusion, dass wir hier für immer bleiben könnten, mit einem Schlag von uns nimmt. Sie zeigt auch die große Furcht des Menschen vor dem Zerfall, vor dem Tod.

- Und würden wir alle Fragen lösen, die Spannung bleibt in Gestalt der folgenden Frage: Wie können wir dieses endliche Leben mit innerer Intensität leben und uns zugleich den größeren Zusammenhang, der über unseren physischen Tod hinausreicht, im Bewusstsein bewahren? - Können wir es?
Wie die Geschichte zeigt, neigt der Mensch stark dazu, über dem Einsatz für das endliche Leben den größeren Zusammenhang zu vergessen. Voll zu leben und sich zugleich ständig der Endlichkeit bewusst zu sein, ist die Herausforderung. Vollständig lebt der, der auf der Brücke zwischen Endlichkeit und Unendlichkeit im Licht steht und zuletzt selbst zur Brücke wird, die beides verbindet.

Wertschätzende Aufmerksamkeit tötet das Nichtwissen.

- Sinnlosigkeit und Hoffnungslosigkeit steigen in uns auf, wenn wir ohne lebendigen Hintergrund auf die Endlichkeit blicken. Andererseits, je mehr wir die Fragen nach Leben und Tod ergründen, desto mehr Sinn finden wir im Leben. Ein erfülltes Leben ist ein sinnvolles.
- Indem wir die Sinnfrage des Lebens nie vergessen, sondern ständig zu lösen suchen, sammeln wir Kraft. Mit dieser Kraft können wir den Tod als Verbündeten für das Leben gewinnen. Den Spuren des Sinns zu folgen, gibt uns Kraft. Wer genügend Sinn gesammelt hat, kann die Endlichkeit schauen, ohne in Sinnlosigkeit zu stürzen – im Gegenteil, jetzt wird der missverstandene und geheimnisvolle Tod zum Lebensspender. Die aus der Kraft heraus vollzogene Besinnung auf das persönliche Ende wird zur Quelle von Wiederbelebung und Lebendigkeit.
- Ein zum Umfassenden strebendes Bewusstsein nimmt das konkrete Leben angesichts der Endlichkeit an. Das Konkrete wird durch das Umfassende reich, es beginnt das Umfassende im Konkreten zu sehen.
- Man sagt, das Leben ist wie ein Traum. Erwacht unser Bewusstsein aus dem Schlaf des Lebens, tritt an die Stelle der Täuschung, die man für das Leben hielt, das Leben.

Das Paradies der Lieder

Ahangar war ein großer Waffenschmied, er lebte in einem der entlegensten Täler des östlichen Afghanistans. In Friedenszeiten schmiedete er eiserne Pflüge, beschlug Pferde und liebte den Gesang. Die Lieder Ahangars, den man in verschiedenen Teilen Zentralasiens unter verschiedenen Namen kennt, wurden von den Bewohnern der Täler gerne gehört. Sie kamen aus den großen Walnusswäldern, vom schneebedeckten Hindukusch, aus Qataghan und Badakshan, aus Khanabad und Kunar, aus Herat und Pagman, um seinen Liedern zu lauschen. Am liebsten hörten sie das Lied der Lieder, Ahangars Gesang vom Tal des Paradieses. Dieses Lied, mit seinem eigenartigen Rhythmus ging einem nicht aus dem Ohr, aber es war vor allem die seltsame Geschichte, die es erzählte, die den Zuhörern das Gefühl gab, sie würden dieses

*Indem alles Hinderliche hinstirbt zur Gegenwart,
erwacht der Mensch zu sich selbst.*

---

ferne Tal des Paradieses, von dem der Schmied sang, kennen. Oft baten sie ihn um dieses Lied. Stand ihm nicht der Sinn danach zu singen, weigerte er sich. Manchmal fragten sie ihn, ob es dieses Tal wirklich gäbe.
Ahangar konnte nur sagen: „Das Tal des Liedes ist so wirklich, als es wirklich sein kann."
Dann fragten die Leute: „Aber woher weißt du das? Bist Du je dort gewesen?"
Ahangar antwortete: „Nicht direkt."
Für ihn und alle, die ihm zuhörten, war jedoch das Tal des Liedes so wirklich, als es wirklich sein kann.
Aischa, ein Mädchen aus der Gegend, das er liebte, zweifelte, ob es einen solchen Ort gäbe. Das tat auch Hasan, ein prahlerischer und dabei ängstlicher Krieger, der geschworen hatte, Aischa zu heiraten, und keine Gelegenheit ausließ, sich über den Schmied lustig zu machen.
Eines Tages, als die Dorfbewohner schweigend in der Runde beisammen saßen, nachdem Ahangar ihnen seine Geschichte erzählt hatte, sagte Hasan: „Wenn du glaubst, dass es dieses Tal wirklich gibt und, wie du behauptest, dort drüben hinter den Bergen von Sangan liegt, wo der blaue Dunst aufsteigt, warum versuchst du dann nicht, es zu finden?"
Ahangar antwortete: „Ich weiß, dass es nicht gut wäre."
Da schrie ihn Hasan an: „Du weißt das, was in deinen Kram passt und das, was du nicht wissen willst, weißt du nicht! Also, Freund, ich schlage einen Versuch vor. Du liebst Aischa, aber sie misstraut dir. Sie glaubt nicht an dieses lächerliche Tal, von dem du erzählst. Du wirst sie nie heiraten können, denn wenn zwischen Mann und Frau kein Vertrauen herrscht, sind sie nicht glücklich, und es wird böse enden."
Ahangar sagte nachdenklich: „Du meinst also, ich soll in das Tal gehen?"
Hasan sagte: „Ja", und die Zuhörer pflichteten ihm bei.
Ahangar sagte nun: „Wenn ich hingehe und gesund zurückkomme, wird Aischa mich dann heiraten?"
Aischa murmelte: „Ja."
Ahangar packte ein paar getrocknete Maulbeeren und ein Stück Brot ein und brach auf zu den fernen Bergen. Er stieg und stieg, bis er zu einer Mauer kam, die die ganze Bergkette umschloss. Als er sie erklommen hatte, fiel sein Blick auf eine zweite Mauer, die noch steiler aufstieg als die erste. Es folgte eine dritte, eine vierte - eine fünfte.

Der aus Unwissenheit unaufmerksam lebt, ist ein „Kranker".
Wertschätzende Aufmerksamkeit ist
Geschenk, „tödliches" Gift und Medizin.

Als er auf der anderen Seite hinabstieg, sah sich Ahangar in einem Tal, das dem heimischen auffallend ähnelte. Menschen kamen heraus und begrüßten ihn, und als Ahangar sie sah, bemerkte er, dass etwas sehr Seltsames geschah.
Monate später kehrte Ahangar, der Schmied - humpelnd wie ein alter Mann - in sein Heimatdorf zurück. Als sich die Kunde seiner Rückkehr im Lande herumgesprochen hatte, versammelten sich die Leute vor seinem Haus, um zu hören, was er erlebt hatte.
Hasan, der Krieger, sprach für alle und rief Ahangar ans Fenster. Der Atem stockte ihnen, als sie sahen, wie alt er geworden war.
Ahangar rief: „Nun, Meister Ahangar, seid ihr in das Tal des Paradieses gekommen?"
Ahangar sagte: „Das bin ich."
Hasan fragte: „Und wie war es dort?"
Ahangar, der nach Worten suchte, betrachtete die Menge vor sich mit einer nie zuvor gekannten Müdigkeit und Hoffnungslosigkeit.
Er sagte: „Ich stieg und stieg und stieg. Als ich schon glaubte, in einer solch verlassenen Gegend könne es keine menschliche Behausung geben, kam ich nach vielen Schwierigkeiten und Enttäuschungen doch in ein Tal. Dieses Tal war genau wie das unsrige. Und ich sah die Bewohner dieses Tals - diese Leute gleichen uns nicht nur, sie sind dieselben. Für jeden Hasan, für jede Aischa und jeden Ahangar, für jeden hier von uns gibt es in jenem Tal jemand, der genau der gleiche ist.
Zunächst halten wir das für Ähnlichkeiten und Widerspiegelungen. Aber wir sind ihre Abbilder und Spiegelbilder, wir, die wir hier sind, wir sind ihre Zwillinge..."
Jeder glaubte, Ahangar sei auf Grund der Entbehrungen verrückt geworden, und Aischa heiratete Hasan, den Krieger. Ahangar alterte schnell und starb. Und alle Leute, die diese Geschichte aus seinem Munde gehört hatten, verloren ihren Lebensmut, alterten rasch und starben, denn sie spürten, dass etwas Unkontrollierbares bevorstand, das ihnen keine Hoffnung ließ und sie damit jeder Lebensfreude beraubte.

Nur einmal in tausend Jahren wird dieses Geheimnis einem Menschen offenbar. Der es erlebt, ist verändert. Wenn er die bloßen Fakten anderen erzählt, welken sie dahin und sterben.

*Zu leben und zu lieben heißt,
allem Bekannten zu entsterben.*
Jiddu Krishnamurti

Die Menschen halten ein solches Ereignis für eine Katastrophe, und daher dürfen sie nichts davon erfahren, weil sie es nicht verstehen können - so ist nun einmal ihr normales Leben eingerichtet.
    Sie können schwer verstehen,
    dass sie mehr als ein Selbst haben,
    mehr Hoffnungen als nur eine,
    mehr Chancen als diese –
    dort oben im Paradies des Liedes des großen Schmieds Ahangar.

Sufismus

Kommentar

- Dies ist eine der geheimnisvollsten Geschichten dieses Buches und auch eine, die für viele vielleicht schwer zu verstehen ist. Etwas scheint in dieser Geschichte umgedreht. Die ersterbende Traurigkeit am Schluss ist schwer mitzuvollziehen. Im Grunde fließt der Bewusstseinswandel vom Leben zum Sterben, vom Bewusstsein der Endlichkeit zur Lebendigkeit, zum Tanz der Seele zum wahren Leben.

- Dennoch kenne ich keine andere Geschichte, die das Übersteigen der sieben Mauern und die Rückkehr deutlicher beschreibt.

- Ahangar ist ein Schmied, der an seinem Glück schmiedet. Er kennt die Lieder, die Leben und Tod transzendieren.

- Wer aufbricht zum heiligen Berg wie Ahangar, wird etwas an Größe, Harmonie und Schönheit Unübertreffbares schauen. Ahangar bricht um der Liebe willen auf, er möchte Aischa gewinnen, die Frau, die er liebt. Statt Aischa erhält er etwas Größeres, das in der Geschichte unausgesprochen bleibt, nur angedeutet wird, das aber alles Vergängliche übertrifft.

- Ahangar, ist einer, der aufbricht zu sich selbst. Dadurch, dass er sich den Fragen nach Leben und Tod stellt, ist es ihm möglich in jene Anderswelt einzutauchen, ins Reich der Seele. Und er findet sogar Zugang zwischen den Welten hin und herzugehen. Er ist, wie man sagt, ein Wanderer zwischen den Welten.

- Sobald wir der Seele begegnen, stirbt etwas in uns, und etwas Größeres beginnt zu leben.

*Wir alle sind auf der Durchreise,
miteinander auf dem Weg zwischen Geburt und Tod.
Indem ich mir dessen bewusst werde,
erwache ich aus dem Schlaf jenseits des Sinns.*

- Was für die meisten als unverständlicher Ernst aussieht, ist für den, der Leben und Tod ergründet, still bewegende Faszination.
- Wo etwas Neues in uns zu leben beginnt, muss das Alte weichen und sterben. Aufbruch und Neubeginn haben mit einem Abschied zu tun. Wo sich einer zum Insgesamt aufmacht, wird vieles, das wertvoll und lebenswert schien, bedeutungslos dahinwelken und etwas anderem, einem großen, weiten Bewusstsein Platz machen, das immer in uns gelebt hat, aber das nun Platz findet uns wirklich zu erreichen.
- Menschen denken, dass nur möglich ist diesseits oder jenseits zu sein. Ahangar zeigt, dass es möglich ist, beide Bereiche miteinander zu verbinden. Der Mensch, der in sich Himmel und Erde verbindet, in dem stirbt der Tod zum Leben.
- Diese geheimnisvolle Geschichte vom Diesseits und Jenseits ist eine Geschichte, die uns vom mystischen Tod und vom himmlischen Zwilling berichtet.
Wer die Lücke zwischen seinem irdischen Dasein und seinem himmlischen Zwilling überbrückt und schließt, lebt insgesamt und vermag die Einheit in der Zerbrochenheit zu leben oder in der Zerbrochenheit und Abgesondertheit die Verbindung zum Insgesamt beizubehalten.
- ‚Tod' in dieser Geschichte ist ‚mystischer Tod'. Mystischer Tod heißt, die falsche Sicht stirbt durch Besinnung auf das Wesentliche. Auf dem Weg zum Insgesamt stirbt langsam alles, was Täuschung ist und als Wirklichkeit angesehen wurde; der um Klarheit über die grundlegenden Fragen ringt, in dem stirbt auch, was dem lebendigen Insgesamt widersteht.
Aus den Ruinen des falschen Lebens, aus den Ruinen der Täuschung erhebt sich das Lebendige.
Unsere falschen und einengenden Vorstellungen vom Leben, an die wir uns anklammern, sind die Ruinen der Täuschung. Es ist nicht leicht, von diesen kollektiv gewohnten Vorstellungen abzulassen und das Leben direkt zu schauen. Was allgemein als Wirklichkeit angesehen wird und die freie Sicht sind zweierlei. Die frei werdende Sicht lässt die Seifenblase, die wir um uns aus den falschen Vorstellungen von Leben, Wirklichkeit und Tod aufgebaut haben, mit einem Mal zerplatzen, und wir sehen plötzliche etwas ganz anderes.

*Um den Sinn von Leben und Tod zu ergründen,
bedarf es der Besinnung.*

- Wer die falschen Vorstellungen abräumt und unverbaut das Insgesamt zu schauen vermag, ist weise. Er baut auf den Ruinen der Täuschung ein Haus aus Licht. Weise Personen sind quicklebendig, seelisch jung und zugleich alterslos alt – man sagt sogar, sie sind bereits gestorben, obwohl sie im Grunde wirklich leben. Lebendig ist, wer im Tod das Leben findet und zeitlos altert. Dies ist schwer zu verstehen.

Sinne

Der Herrscher des Südmeeres hieß Schu.
Der Herrscher des Nordmeeres hieß Hu.
Der Herrscher der Mittelzone hieß Hun-Tun.
Schu und Hu begegneten einander oft auf dem Gebiet Hun-Tuns.
Da Hun-Tun ihnen stets Freundliches erwies, beschlossen sie, sein Wohlwollen zu belohnen.
Schu und Hu sagten: „Alle Menschen haben sieben Öffnungen für Atmen, Hören, Sehen und Essen. Hun-Tun allein hat keine.
Wir wollen ihm welche bohren."
So bohrten sie jeden Tag eine Öffnung.
Am siebten Tag starb Hun-Tun.

Tschuang-Tse. Fassung leicht bearbeitet von R. Dietrich.
Aus „Reden und Gleichnisse des Tschuang-Tse", Insel Taschenbuch 205, 1976, S. 41

Kommentar
- Dies ist eine Umkehrgeschichte. Das Betrachten des physischen Lebens aus dem umfassenden Bewusstsein ergibt eine gänzlich andere Sicht. -

Das Geborenwerden ist ein Sterben,
das nicht als Tod erkannt wird.
Das Sterben ist ein Leben,
das nicht als Leben erkannt ist.

> Bohrt man einem, der lebt,
> sieben Öffnungen,
> stirbt er hinein ins Leben.

Das ist es, was den Tod überdauert:
Ein grundsätzliches Gutsein, das in jedem von uns liegt.
Unser ganzes Leben ist eine Aufforderung, dieses Gutsein zu entdecken,
und eine stetige Übung, es zu verwirklichen.
Rinpoche Sogyal

Werden einem, der stirbt,
die sieben Öffnungen verschlossen,
wird er hineingeboren
in den scheinbaren Tod.

Das umfassende Bewusstsein schaut
das konkrete Leben als relative Leblosigkeit,
als ein Dahindämmern, ein Brüten im Halbdunkel,
dem die strahlende Helligkeit
des erwachten Geistes leider versagt bleibt.

Die Wahl des rechten Freundes

Schibli sah jemand, der laut schluchzte.
Er fragte: „Weshalb weinst du?"

Der andere sagte: „Ich hatte einen Freund, und der ist gestorben".

Darauf antwortete Schibli: „O du Ahnungsloser, weshalb wählst du einen Freund, der stirbt?"

_{Sufismus. Aus „Frühislamische Mystiker - aus Fariduddin Attars 'Heiligenbiografie'", Amsterdam, Castrum, Peregrini Presse}

Kommentar
- Die Tränen dessen, der nur das Sterbliche beweinen kann, sind andere, als sie Tränen dessen, der im Sterblichen das Ewige zu schauen vermag.

- Die Meditation, das Nachsinnen über Leben und Tod verbindet mit der Zeit das Endliche mit dem Unendlichen, das Sterbliche mit dem Unsterblichen.

- Wer eingeht ins Ewige, bevor sein Körper stirbt, in dem verbindet es sich, das begreiflich Unbegreifliche, das benennbar Namenlose, das offensichtlich Geheimnisvolle. Wer beim Unvergänglichen ist, dessen Leben wird mit den goldenen Fäden des Sinns durchflochten, dessen Dasein wird beseelt.

Jetzt, da wir wissen,
dass unsere Begegnung mit Gott nur durch den Tod erfolgen kann,
und da wir den inneren Sinn des Todes kennen,
sind wir bemüht, ihn früher zu erlangen, im Leben dieser Welt.
Ibn' Arabi

Bewahre Gleichmut in Glück und Unglück

Als die Pandava-Brüder gegen Ende ihres irdischen Lebens den Himalaja durchquerten, war Dharmaraja noch nicht ganz frei von Befürchtungen und innerer Unruhe. Deshalb bat er Krishna, er möge doch noch kurze Zeit bei ihnen bleiben.

Als Krishna sich dann verabschiedete, legte er Dharmaraja eine kleine Pergamentrolle in die Hand und ließ ihn wissen, er solle erst lesen, was darauf geschrieben stand, wenn er in wirklicher Not sei.

Bei einer späteren Gelegenheit öffnete dann Dharmaraja die Rolle und las, was darauf geschrieben stand: „Auch dies wird vorübergehen!"

Was bedeutet diese Botschaft?

Es bedeutet: Wozu sich um dieses vorübergehende Schauspiel sorgen? Bewahre deinen Gleichmut im Glück wie im Unglück und wisse um beider Vergänglichkeit!

Hinduismus. Aus „Sai Baba erzählt" Sathya Sai Vereinigung, Dietzenbach, 1998, S. 232

Kommentar

Derjenige, der an nichts mehr hängt,
der sich weder durch das Gute freudig erregen
noch durch das Böse stören lässt,
hat höchste Weisheit erlangt.

Bhagavad-Gita II, 57

Die Sinne sind Störenfriede,
verleiten sie dich doch zu der fälschlichen Annahme,
du seist identisch mit dem Körper.
Zwinge sie dazu, dir zu gehorchen,
wie man den Stier mit dem Nasenring zwingt,
das Pferd mit der Kandarre, den Elefanten mit dem Haken.

Sathya Sai Baba

- Dass wir uns nicht nur mit unserem Körper identifizieren, sondern mit etwas Weiterem, Größeren ist ungewohnt. Dass unsere Seele größer ist als unser Körper und sie obendrein unsterblich ist, ist von vielen nicht nachvollziehbar.

Bedenke die Endlichkeit und finde ins Leben.

Solange wir in den Kokon der Zeit eingesponnen sind und ihn nicht verlassen können, neigen wir dazu, die Befangenheit in der Enge des Konkreten, unsere Gefangenschaft als das Ganze zu nehmen.
Im Unterschied zur Geschichte und zu den beiden angefügten Kommentaren der Bhagavad-Gita und Satthya Sai Babas meine ich, dass es beides braucht: Unser vollständiges Engagement im konkreten und zeitlich begrenzten Leben und unser vollständiges Engagement, um das wesentlich Zeitlose zwischen Geburt und Tod zu ergründen.

- ‚Gelassenes Engagement' umreißt die Fähigkeit, sich den Umständen des Lebens voll zu stellen und alles zu leben, ohne sich von den Umständen aufsaugen, binden und versklaven zu lassen. Ist unser Bewusstsein weit und frei, werden wir einen Weg finden, das scheinbar Unvereinbare zu vereinen, uns voll zu engagieren und doch losgelöst zu sein.

Mystischer Tod - Das Leben ist zwischen Ja und Nein

Als Ibn Arabi noch ein junger Mann war, traf er einmal den Philosophen Ibn Rushd. Dieser umarmte ihn und sagte: „Ja".
Als Ibn Arabi ebenfalls mit „Ja" antwortete, freute sich der Philosoph sehr, da er sah, dass sie sich verstanden.
Dann aber sagte Ibn Arabi: „Nein".
Dies ließ Zweifel in Ibn Rushd bezüglich der philosophischen Qualitäten des anderen aufkommen...
Ibn Rushd fragte Ibn' Arabi also: „Wie denkst du über die Schlüsse, zu denen wir mittels Inspiration und Eingebung gelangen? Sind sie mit den Ergebnissen gleichzusetzen, zu denen wir durch logisches Denken gelangen?"
Ibn' Arabi antwortete: „Ja und nein."
Als Ibn Rushd ihn fragte, was dies bedeute, antwortete Ibn Arabi: „Zwischen Ja und Nein verlässt die Seele den Körper, zwischen Ja und Nein wird der Kopf vom Rumpf getrennt."
Ibn Rushd erbleichte vor Schreck und dankte Gott, dass er ihn solch einem Mann hatte begegnen lassen.

Türkischer Sufismus

Der Tod ist ein Spiegel,
in dem der ganze Sinn des Lebens reflektiert wird.
Sogyal Rinpoche

Kommentar
- Im ‚Zwischen' findet das Leben statt.
Im Zwischen zwischen Ja und Nein, in dieser Stille zwischen Ja und Nein erwacht die Seele aus der Täuschung zur Klarheit.
- Im Ja und im Nein sind der Schmerz der Stagnation und der Schmerz der Entwicklung Zuhause, im Zwischen ist das Zuhause der befreienden Freude. Der sich schon zu Lebzeiten bewusst mit dem Sterben befasst, wer schon zu Lebzeiten stirbt und als verstorben Lebendiger weiterlebt, erwacht zu dieser Freude.
- Das wahre, das lebendige Herz west im Zwischen.

Was ist der Sinn des Lebens?
Er hatte die Antwort gefunden,
und sie solange in sich schlummern lassen müssen,
bis er sich selbst selbstlos begriff.
Waldelfried Pechtl

Der Tod als Brücke zum Erwachen, zum Leben

Eineinhalb Schüler

Ein Weiser kam mit neunzig, nachdem er sein halbes Leben in Zurückgezogenheit gelebt hatte, nach Istanbul.
Rasch sammelten sich um ihn Hunderte von Schülern. Die Regierung wurde aufmerksam und kam zu ihm, um zu erkunden, woher diese Anziehungskraft käme.
Der Weise sagte: „Nicht Hunderte von Schülern sind es, sondern genau eineinhalb."
Sie sagten: „Das ist doch nicht wahr, du hast Hunderte."
Er antwortete: „Nein, kommt, ich zeige es euch."
Mit diesen Worten geleitete er sie zu einem Platz, an dem eine Hütte stand.
Er sagte zur versammelten Menge: „Wer ist bereit, sein Leben für mich zu geben?"
Sie sahen sich an, weil sie nicht glaubten, dass er es ernst meine.
Nach längerem erhob sich ein Mann. Der Weise bat ihn, über den Platz zur Hütte zu gehen und in sie hineinzugehen. Als der Mann in der Hütte verschwand, hörte man einen Schrei. Dann rann Blut unter der Tür aus der Hütte. Die Menge schrie auf und stob auseinander.
Der Weise fragte die Verbleibenden: „Wer ist noch bereit, sein Leben für mich zu geben?"
Nun stand eine Frau auf und ging über den Platz auf die Hütte zu und verschwand in ihr. Wieder hörte man den Schrei und sah das Fließen des Blutes.
In Wirklichkeit wurde beide Male, im Moment wo der Mann und die Frau die Hütte betraten, ein Schaf hinter der Hütte geschlachtet. Jetzt verschwand der größte Teil der Menge und niemand meldete sich mehr auf die neuerliche Frage des Weisen.
Der Weise sagte zur Stadtregierung: „Sie sehen, das sind die eineinhalb Schüler."
Sie fragten ihn: „Welcher ist dann der eine und welcher der halbe? Der eine ist sicher der Mann und der halbe ist die Frau."
Der Weise antwortete: „Nein, der ganze ist die Frau und der halbe ist der Mann, denn er wusste nicht, dass er sterben würde, sie aber wusste es."

Sufismus

Leben und Tod sind eins,
so wie der Fluss und das Meer eins sind.
Khalil Gibran

Kommentar

- Halbherzigkeit erstirbt, der Mutige wirft sich in den scheinbaren Abgrund des Todes, der die Dimension seines Herzens offenbart.
- Neugier kann hilfreich sein. Neugier allein ist zu wenig. Das Ganze zu begreifen bedarf unseres ungeteilten Interesses. Das Interesse am Leben ist auch das Interesse am Sterben.
Wer ins Geheimnis des Todes hineinstirbt, dem entstirbt das Geheimnis des Lebens.
- Um Leben und Tod auszuloten, müssen wir unser Leben einsetzen. Indem wir unser Leben hingeben, werden wir leben. Indem wir unseren Tod annehmen, werden wir hineinsterben ins Ewige. Auf diese Weise kommt das Ewige ins Konkrete, auf diese Weise überwindet das Leben das Begrenzte und der Tod den Tod.

Wie lange lebt der Mensch letzten Endes? Lebt er tausend Tage oder einen einzigen? Eine Woche oder mehrere Jahrhunderte? Für wie lange Zeit stirbt der Mensch? Was bedeutet »Für immer«?
Pablo Neruda

Das Leben als Maske, der Tod als Licht

Die Lampe

Es gab einmal ein Volk, in dem jeder der Sitte nach bei seiner Geburt eine wertvolle Lampe vom König erhielt. Zu diesem Anlass wurden für die Neugeborenen ausführliche Feiern abgehalten. Die meisten Menschen nahmen diese Lampe mit der Absicht an, sie für ihre Kinder aufzubewahren. Und wie Menschen sind, vergaßen sie das Geschenk bald und mit ihm auch das kostbare Licht.

Eines Tages bemerkte eine Frau, dass das Licht der Lampe, die der König ihrer Tochter zu deren Geburt geschenkt hatte, eine wunderbare Wirkung auf sie selbst hatte. Das Licht dieser Lampe schuf unbekannte Weite und Kraft in ihr. Nachdem sie dies bemerkt hatte, entzündete sie vor dem Schlafengehen nun immer wieder die Lampe neben ihrer Tochter.

Kaum breitete sich das seltsame Licht aus, sahen sie weit über Land, sahen durch die Nacht, hinein in die Sternenwelten, sahen bis an den Rand des Kosmos und fanden sich sogar außer ihm, denselben betrachtend. Das Universum schien in diesem Licht vertraut, und es war ihnen, als ob von weit her Liebe und Kraft durch die laute Stille strömten. Eine Stimme in ihrem Inneren umfing sie und lud sie ein, den Bildern und diesem Licht in ihnen Raum und Wohnstatt zu geben und hineinzusterben in die Stille. Sie folgten dieser Einladung und alles in ihnen wurde erfüllt mit Harmonie und Lebendigkeit.

Reinhold Dietrich 1993 (Neufassung 2001)

Kommentar
- Die Nacht ist das Leben,
  der Tod ist der Übergang,
  das Licht ist ewiger Tag, Leben, Liebe und Freiheit.

- Sobald sich die Türen und Fenster der Seele öffnen, strömt die Seele zum Licht und findet in der Umarmung mit ihm Heimat. Das Licht seinerseits strömt herein und durchflutet Seele und Mensch.

*Viele leben um zu sterben,
und viele sterben um zu leben.*
Hazrat Inayat Khan

- Wer nicht alles hingibt für das Eine, kann nicht durchlässig genug sein und von diesem kostbaren Licht nicht durchflutet werden. Alles Licht der Welt ist bittere Dunkelheit verglichen mit dem Licht, das auf Leben und Tod fällt. Alle Freude ist nur ein Tropfen auf heißem Stein verglichen mit dem Gefühl, das dieses Licht in uns bewirkt. Es ist ein Licht, von dem Leben und Tod ausgehen und in das Leben und Tod zurückkehren.

Der Narr

Du fragst mich, wie ich ein Narr geworden bin. Es geschah so:
Eines Tages, lange bevor viele Gottheiten geboren waren, erwachte ich aus tiefem Schlaf und erkannte, dass all meine Masken gestohlen worden waren. Die sieben Masken, die ich in sieben Leben geformt und getragen habe.

Ich rannte unmaskiert durch die überfüllten Straßen und schrie: „Diebe!, Diebe!...verfluchte Diebe!" Frauen und Männer lachten über mich, und einige liefen aus Furcht vor mir nach Hause.

Als ich den Marktplatz erreichte, schrie ein Jüngling vom Dachfirst eines Hauses: „Er ist ein Verrückter!" Ich sah auf, um ihn anzublicken.

Da küsste die Sonne mein nacktes Gesicht zum ersten Mal. Zum ersten Mal küsste die Sonne mein bares Gesicht und meine Seele entflammte in unbändiger Liebe für die Sonne, und...ich sehnte mich plötzlich nicht mehr nach meinen Masken zurück. Wie in Trance rief ich weinend aus: „Gesegnet, gesegnet sind die Diebe, die mir meine Masken stahlen."

So wurde ich ein Narr und ich fand beides, wahren inneren Frieden und Sicherheit in diesem Verrücktsein, die Freiheit des Einsamen und die Sicherheit verstanden zu werden. Dies kam, weil jene, die uns wirklich verstehen, etwas in uns entfesseln.

Aber lass mich nicht zu stolz auf meine Sicherheit sein. Denn auch ein Dieb im Gefängnis ist vor einem anderen Dieb nicht sicher.

Khalil Gibran

Vervollkommnung ist Vorbereitung auf das Sterben
Im Leben ist alles enthalten –
auch das Todlose.

Kommentar

- Einer, der als Narr angesehen wird, ist nicht Narr, sondern unerkannt weise. Er allein weiß im Moment vom Geheimnis des Lichts, weil die anderen das innere Licht nicht sehen können.
Wer nur einmal dieses allesdurchdringende Licht schaut, gibt für es alles hin. Die lebendigmachende Lebenskraft selbst ist dieses Licht. Dieses Licht ist Essenz und Esprit, Beweger, Bewegtes und Bewegendes, es ist zeitlos ewig und baut doch einen Lichtozean von Formen, die aus ihm hervortreten und in ihm wieder vergehen.
Wer durchbricht zu ihm, erkennt Sinn und Zweck des Lebens und überwindet den Tod im Leben.
Weil dieses Licht so kraftvoll, so mächtig ist wird gesagt, dass die Liebenden sogar ihr Leben für das Licht der Einheit hingeben.

- Nehmen wir die Maske der Blendung ab, berührt uns das Licht ungehindert und bewegt uns weiterzugehen – ins Licht.
Das Schauen der Endlichkeit nimmt uns die Masken ab, die uns bis dahin abgedichtet haben - vom unbeschreiblich Strahlenden.

*In meinem Tod ist mein Leben
und mein Leben ist in meinem Tod.*
Hossejn Mansur al-Halladj

Leben, Tod und Ewigkeit

Leben und Tod sind allgewaltig

Im Staat Lu lebte Wang Thai, dem man die Zehen abgeschnitten hatte. Er zog Schüler so zahlreich an wie Kung-Fu-Tse.
Eines Tages fragte Tschang-Khi Kung-Fu-Tse: „Wang Thai ist verstümmelt worden, und dennoch teilt er mit dir, Meister, die Lehrgewalt im Staat Lu. Er predigt nie und erörtert nie; dennoch gehen, die leer zu ihm kamen, erfüllt von dannen. Er lehrt offenbar die Kunde, die keinen Ausdruck in Worten findet; und obgleich seine Gestalt unvollkommen ist, ist sein Geist vielleicht vollkommen. Was für eine Art Mensch ist das?"
Kung-Fu-Tse antwortetet: „Er ist ein Weiser. Ich habe es bisher versäumt, seine Unterweisungen zu suchen. Ich will zu ihm gehen und von ihm lernen. Und wenn ich es tue, - warum nicht auch die, die meinesgleichen sind?"
Thschang-Khi sagte darauf: „Der Mann ist verstümmelt worden, und dennoch nennen die Leute ihn Meister. Er muss von den gewöhnlichen Menschen sehr verschieden sein. In welcher Weise braucht er seinen Geist?"
Kung-Fu-Tse antwortete:
„Leben und Tod sind allgewaltig, doch sie können dem Geist nichts anhaben. Himmel und Erde mögen morgen zusammenstürzen, er wird bleiben. Er hat das gefunden, was ohne Fehl ist; er wird das Los der Dinge nicht teilen. Er kann die Änderung der Dinge bewirken, indessen er selbst sich im Urwesen unberührt erhält."
Tschang-Khi fragte darauf: „Wie das?"
Kung-Fu-Tse antwortete:
„Vom Gesichtspunkt der Verschiedenheit sondern wir zwischen Leber und Galle, zwischen dem Staat Tschu und dem Staat Yüeh. Vom Gesichtspunkt der Gleichheit sind alle Dinge eins. Das ist der Standort Wang-Thais...".

Tschunag-Tse. Aus „Reden und Gleichnisse des Tschuang-Tse", Insel Taschenbuch 205, 1976, S. 25 - 26.
Gekürzte Fassung R. Dietrich

Der Mensch befindet sich im Rachen des Todes.
Schließt sich der Rachen, sagt man, er ist tot.
Mahatma Gandhi

Der tanzende Tod – der Tod als Ekstase

Die drei lachenden taoistischen Meister

In China erzählt man sich eine Geschichte von drei lachenden taoistischen Meistern, die dadurch lehrten, dass sie in die Stadt gingen, am Marktplatz standen und lachten.

Einer von ihnen starb.
Die an der Verbrennungsstätte versammelten Leute waren gespannt, wie die verbleibenden zwei handeln würden.

Die zwei Meister hatten Anweisung gegeben,
den Körper in keiner Weise zu präparieren,
nicht einmal die Kleider des Toten zu wechseln.
Er hatte seine Taschen vollgestopft mit Feuerwerkskörpern.

Rumi. Aus „The essential Rumi" by Coleman Barks with John Moyne et al., Harper Sa Francisco, 1994, S. 238, übersetzt R. Dietrich

Kommentar

- Aus ganzem Herzen lachen kann einer, der das Wesen von Leben und Tod begriffen hat. Das Ungehinderte, das wieder voll durchlässig Gewordene, vermag aus ganzem Herzen grundlos zu lachen. Lebendigkeit ist grundlose Lebensfreude.

- Die Metapher, dass bei einem, der stirbt, entdeckt wird, dass seine Taschen gefüllt sind mit Knallfröschen und Feuerwerkskörpern deutet auf diese grundlose Freude, auf die Kenntnis der Lebensfreude-an-Sich hin.

Wer die Grenzen des Endlichen, wer die Grenzen von Leben und Tod überschreitet und ins Ewig-Unvergängliche blickt, ist bei der unerklärlichen, grundlosen, bedingungslos-freien Freude, die da ist und dauert, ohne zu entstehen, ohne zu vergehen. – Der solches erreicht, mit dem kann man lachen, und man kann ihm freudig zurufen: „Du, Glücklicher!"

Wir erleben den Tod, wenn wir Leben spielen,
wir erleben das Leben, wenn wir Tod spielen.
Hazrat Inayat Khan

Der Tod als lebendiges Insgesamt

Sparsamkeit

Sokai war so arm, dass er außer einem einzigen Gewand kein Kleidungsstück besaß. Er trug es das ganze Jahr über und bei jedem Wetter.
Eines schönen Sommertags wusch Sokai sein Gewand und hängte es über Äste zum Trocknen. Während er darauf wartete, dass es trocknete, setzte er sich splitternackt in den Friedhof hinter den Tempel.

Wie es der Zufall will, startete der Herr der Provinz gerade an diesem Tag dem Grab seines Vaters einen Besuch ab. Natürlich erschrak er, als er den nackten Mönch so zwischen den Gräbern sitzen sah.
Er fragte Sokai: „Was tun Sie da!?"
Sokai antwortete der Wahrheit gemäß.

Gerührt von Sokais Offenheit, ließ ihm der Herr ein paar Kleider machen. Als Sokai später Zenlehrer geworden war, wurde der Herr sein Schüler.

Zen-Buddhismus

Kommentar

- Weshalb muss einer ausgerechnet seine Kleider am Friedhof trocknen!? – Was hat er dort zu suchen, er wird dort ja nicht wohnen!?
- Diese Sokai setzt sich splitternackt auf ein Grab, was könnte er dadurch wohl entdecken!?
Wer seine Kleider reinigen möchte, muss sie ausziehen – diese Hüllen der Welt, die das Insgesamt verhängen. Sokai, der seine Kleider sorgfältig reinigt, ist nackt vor dem Leben und nackt vor dem Tod. - So wird einer die Wahrheit sehen.

- Der eine besucht angezogen das Grab seines Vaters, der andere leert nicht nur seine Taschen, sondern entblößt sich sogar der Masken, der Kleider, die uns Lebende immer dazu verleiten, uns vom Blick auf das ganze Leben abzuhalten.- Einer der Leben und Tod im Auge behalten kann, lebt; ein solcher kann sogar dem „Herren der Provinz" etwas beibringen.

Wenn ihr das Geheimnis des Lebens lösen wollt,
müsst ihr jeden Tag von Neuem geboren werden.
Das heißt: Ihr müsst euch jeden Tag
auf irgendeine Weise um Vervollkommnung bemühen.
Paramahansa Yogananda

Puppen aus Salz

Puppen aus Salz hatten vom Meer gehört.
Obwohl sie es niemals gesehen hatten, verspürten sie solch ein Sehnen nach dem Meer.
Sie reisten tausende Kilometer bis sie ans Meer kamen.
Als sie auf das wogende Meer blickten,
waren sie beeindruckt und seltsam fasziniert.
Die Puppen aus Salz fragten das Meer: „Wer bist du?"
Das Meer antwortete: „Kommt näher, kommt herein und seht selbst."
So taten die Puppen aus Salz
und begriffen mit jedem Schritt mehr, wer sie wirklich waren.

Quelle unbekannt

Kommentar

- Individualität ist das eine, Einheit das andere. Wir brauchen beides, um lebendig zu sein.
Wäre nur das erste, wären wir allein, abgetrennt, und für uns; wäre nur das zweite, wären wir in allem verstreut, aber nirgendwo spürbar zugegen.

- Das Individuelle Sein in uns sehnt sich nach Einssein und Einheit und fürchtet sich vor der Hingabe ans andere, das man als Untergang und Tod scheut. Das Individuelle kann aber nur dadurch wachsen, dass es in etwas anderes eingeht, sich mit Neuem befasst. Um Neues zu integrieren, müssen wir uns immer wieder auf das Unbekannte einlassen und uns mit ihm verbinden. Im Eingehen auf das andere, das Unbekannte, ist ein Sich-Hingeben, ein Sterben im Sinne des Anderswerdens, damit verbunden ist oft auch eine Angst unterzugehen. Fest steht: Wir können nicht bleiben, wie wir sind, weil alles in Veränderung, in Bewegung, im Wandel ist. Indem wir uns auf andere einlassen, machen wir uns mit ihnen vertraut.
Wir können nur wachsen, uns weiterentwickeln, lebendig sein und uns selbst, unser Wesen begreifen, wo wir den Mut finden, zum anderen zu werden.

- Wir müssen im Unbekannten, im anderen aufgehen, um durch das Wachstum lebendig zu sein. Es gibt einen Weg, auf dem wir unsere Eigenart zu

In der Entwicklung liegt nicht nur die Chance zur Veränderung, sondern auch zu Wandel und Transformation.

bewahren und zugleich uns dem anderen vollkommen hinzugeben lernen. In der heterosexuellen Sexualität kommt diese Verbindung von Eigensein und Einheit zum Ausdruck. Das Unterschiedlichste, nämlich Mann und Frau verbindet sich in der lebendigen Sexualität, um miteinander die größte Einheit zu erleben. Die Unterschiede sind also kein Hindernis für das Insgesamt. Wenn wir unsere Angst verlieren lernen, in der Hingabe ausgelöscht zu werden, werden wir die Angst vor dem Tod und vor der Hingabe verlieren.

- Im Bereich der Beziehungen müssen wir auch immer wieder das Eigene sichern und das Begrenzte hingeben, um miteinander arbeiten, um andere verstehen zu können. Nur indem wir uns dem anderen hinzugeben lernen, kommen wir mit ihm in Kontakt, begreifen ein Stück seinen Standpunkt, indem wir uns in ihn hineindenken, und dadurch zu ihm werden.

- Auf höchster Bewusstseins-Ebene bedeutet das Zurückfinden der Puppen aus Salz zum Meer das Erwachen der Seele, die Rückkehr ins verlorene Paradies.

*Durch Auflösung des falschen Ichs
gelangen wir zur Vollkommenheit.*
Hazrat Inayat Khan

II. Texte zum Thema Tod und Leben (Anthologie)

Man sagt, ich würde sterben.
Aber ich gehe nicht fort.
Wohin sollte ich gehen? Ich bin hier.

Ramana Maharshis letzte Worte

A. In die Gegenwart kommen ist sterben und dadurch leben

Wir fragen niemals, wie man leben soll

Wir haben das Leben vom Sterben getrennt, und das Intervall zwischen beiden ist Furcht; dieses Intervall, diese Zeit wird durch die Furcht geschaffen. Das Leben ist für uns eine tägliche Folter, ist Unbill, Leid und Verwirrung, und gelegentlich öffnet sich ein Fenster über verzauberten Meeren. Das nennen wir Leben, und wir fürchten uns davor zu sterben, das heißt, diese Misere zu beenden. Wir würden uns viel lieber weiter an das Bekannte klammern, als dem Unbekannten ins Auge zu sehen - an das Bekannte, das unser Haus ist, unser Hausrat, unsere Familie, unser Charakter, unsere Arbeit, unser Wissen, unser guter Ruf, unsere Einsamkeit, unsere Götter -, diese Belanglosigkeiten, die sich unaufhörlich im eigenen Kreis drehen, in dem festgefahrenen Modell eines verbitterten Daseins.

Wir glauben, dass Leben immer in der Gegenwart ist und dass das Sterben uns in ferner Zeit erwartet. Aber wir haben niemals gefragt, ob dieser tägliche Lebenskampf überhaupt Leben ist. Wir möchten die Wahrheit über Reinkarnation erfahren, wir wünschen Beweise für das Überleben der Seele, wir hören auf die Aussagen der Hellseher und auf die Forschungsergebnisse der Parapsychologen, aber wir fragen niemals wie man leben sollte, wie man täglich voller Freude, verzaubert, in Schönheit leben kann.
Wir haben das Leben hingenommen, wie es ist, mit seiner ganzen Qual und

*In dem wir – aus eigener Kraft –
zu dem werden, was wir sein können,
werden wir schon hier zu dem befreit,
was wir glauben dort zu sein.*

Verzweiflung; wir haben uns daran gewöhnt und denken an den Tod als etwas, das sorgfältig zu vermeiden ist. Aber der Tod ist ungewöhnlich wie auch das Leben, wenn wir wissen, wie wir leben sollen. Sie können nicht leben, ohne zu sterben. Sie können nicht leben, wenn Sie nicht in jeder Minute innerlich sterben. Das ist kein intellektuelles Paradoxon. Um vollkommen, in ganzer Fülle zu leben, jeden Tag in seiner neuen Schönheit zu erleben, müssen wir uns von allem Gestrigen lösen, sonst leben wir gewohnheitsmäßig, und ein Mensch, der zum Automaten geworden ist, kann niemals wissen, was Liebe ist oder was Freiheit ist.

Die meisten von uns fürchten sich vor dem Sterben, weil wir nicht wissen, was es heißt, zu leben. Wir wissen nicht, wie wir leben sollen, daher wissen wir nicht, wie wir sterben sollen. Solange wir uns vor dem Leben fürchten, werden wir uns auch vor dem Tod fürchten. Der Mensch, der sich nicht vor dem Leben fürchtet, fürchtet sich nicht davor, völlig ungesichert zu sein, denn er erkennt, dass es innerlich, psychologisch keine Sicherheit gibt. Wenn keine innere Sicherheit vorhanden ist, beginnt eine endlose Bewegung, und dann sind Leben und Tod eines. Der Mensch, der ohne Konflikt lebt, dessen Leben voller Schönheit und Liebe ist, fürchtet sich nicht vor dem Tod, denn zu lieben heißt zu sterben.

<small>Aus Jiddu Krishnamurti „Einbruch in die Freiheit", Ullstein Sachbuch 34103, Frankfurt/M. - Berlin, 1993, S. 67 - 69</small>

Sie alle,
meine Eltern, Freunde und Vorbilder
lehrten mich die Vergänglichkeit.
Ich meinte, es sei die Gegenwart.

<small>Waldefried Pechtl</small>

In der Gegenwart wartet uns das Ganze entgegen

Wir können in uns selbst den Sinn dessen verstehen, was wir um uns sehen... Wann erleben wir den Sinn, den Geist, den Lebensatem, der Sinn gibt? Die Antwort, die aus unserem gemeinsamen Erleben entspringt, scheint mir zu sein: Wir erleben den Sinn, wenn wir einmal wirklich in der Gegenwart stehen. Meistens stehen wir nicht in der Gegenwart, meistens sind wir zumindest zur

*Dem normalen Leben zu entsterben
und das wahre Leben zu leben,
dadurch entsteht Lebendigkeit, das Todlose.*

Hälfte noch an die Vergangenheit geklammert und fast zur Hälfte schon ausgestreckt auf die Zukunft. Ganz wenig von uns steht wirklich in der Gegenwart. Wenn wir in der Gegenwart stehen, dann ist der göttliche Geist das, was uns entgegenwartet...

David Steindl-Rast in Sifat, 27. Jg, Heft 3, 9/1999, S. 36 - 37, Auszug aus einem Vortrag

Leben und Tod im Rachen Gottes

Einst träumte mir, im Rachen eines großen Ungeheuers zu sein.
Ich ängstigte mich zu Tode zu kommen und im dunklen Inneren dieses Ungeheueres zugrunde zu gehen.
Dann erkannte ich im Traum, dass es der große Rachen Gottes war und meine Seele entspannte sich, denn Er war gar nicht weit.
Nun erkannte ich, alle Wesen, alle Universen waren in Seinem Rachen, denn Er hatte sie aus sich selbst hervorgebracht, voll Liebe kreiert, damit sie sich entwickeln konnten.
Jetzt sah ich auch, welche Gnade es war zu leben und welche Chance darin bestand, im Leben den Tod und die Angst vor ihm zu bedenken.
Wie froh war ich jetzt, in Seinem großen Rachen leben zu dürfen, und nicht von Ihm ausgespuckt in die Finsternis zu fallen, in der das Herz sich zusammenzieht.
Zuletzt empfand ich das Sehnen, von Ihm wieder verschlungen zu werden, um als ein anderer in Ihn heimzukehren.

Reinhold Dietrich, 2002

Aufmerksamkeit, Gegenwart, Zeit und Ewigkeit

Unsere Entwicklung zeigt, wie gegenwärtig wir sind. Häufig sind wir fast ausschließlich mit den Gedanken in der Vergangenheit oder planen und erträumen das Zukünftige. Wir sind noch nicht sehr gegenwärtig, solange die Vergangenheit oder die Zukunft uns gefangen hält. Wir haben Angst, uns dem Gegenwärtigen hinzugeben, in die Gegenwart hineinzusterben, und doch ist

Ohne Verwirklichung sind Leben und Sterben umsonst.

---

dort alles, was wir ersehnen und brauchen. Unsere Aufmerksamkeit ist beim Denken und unser Denken ist nicht beim Unmittelbaren. Würde unser Denken das Unmittelbare umkreisen, würden wir deutlich bemerken, dass gegenwärtig zu sein, Erfüllung bedeutet.
Wir fürchten die Gegenwart und fürchten damit die Erfüllung. Wenn wir uns nicht in die Zeit hineinsterben lassen, in das Gegenwärtig-Sein, können wir nie ganz da sein. Ohne uns ganz hinzugeben, sind wir irgendwie da, halb unaufmerksam, halb gedankenverloren, halb zugewendet, halb lebendig. Wären wir in einem Sterbeprozess, wären unser Denken und unsere Aufmerksamkeit ganz in der Gegenwart. Im Sterben sind wir vollkommen aufmerksam, deshalb müssen wir mehr sterben lernen, um wirklich zu leben. Sterben lernen bedeutet sich hingeben lernen. Sterben lernen bedeutet leben, leben bedeutet sterben; wir müssen alles auslassen, alles sterben lassen, um ganz leben zu können, um ganz da zu sein. Gegenwärtig sein ist hingebungsvolles Ausgelassen-Sein, lebendige Gelassenheit ist Leben.

Aufmerksamkeit schafft unser Leben und die Schönheit unseres täglichen Sterbens. Denn wir können immer mehr hinsterben zu diesem Leben zu diesem Tod, in diese zeitlose Gegenwart, hin zu Erfüllung, Schönheit und Intensität. Im aufmerksamen Dasein kommt alles zu uns, was im Kern von Bedeutung ist: Liebe, Sinn und Sein. Das ganze Leben ist hier, wie können wir uns ganz hier hereinbringen, um ganz zu leben. Zeit ist verbunden mit Vorstellung, wirkliches Leben ist beglückende Gegenwart. Das Erstaunliche ist, wer in den Augenblick und immer weiter ins Nu eintaucht, fällt aus der Zeit in die Ewigkeit. Denn Ewigkeit ist nicht dort, sondern da. Nur unsere fehlende Aufmerksamkeit und die Schleier von Unwissenheit und vergessender Unaufmerksamkeit trennen uns vom lebendigen Jetzt, in dem dies ganz aus uns selbst auftaucht, das sich einmal als Leben, einmal als Sterben darstellt.
Die intensivsten Momente können nicht mehr vergessen werden, weil wir tief geliebt, tief gelitten, tief mitgefühlt haben. Das falsche Leben zerbröselt in der Unaufmerksamkeit, das richtige Leben ist im Gegenwärtigen ganz, weil mit allem verbunden.

Reinhold Dietrich 2000

*Was Leben und Tod überragt ist die zur Weiterentwicklung –
und noch mehr die Freiheit zu der Verwirklichung des Insgesamt.*

Drei grundlegende Fragen zu Leben und Tod

Was heißt es, lebendig zu sein?
Was heißt Tod?
Was heißt Leben?

„Warum hat man im Geist solche Angst vor dem Sterben? Wir alle müssen sterben. Die Wissenschaft erfindet vielleicht ein Medikament oder eine andere medizinische Hilfe, um dem Menschen sein elendes, kümmerliches Leben zu verlängern. Doch danach kommt immer der Tod...."

Aus Jiddu Krishnamurti „Gespräche über das Sein", Goldmann Esoterik TB 11856, S. 37 und S. 41 ff

Der Zweck des Lebens

Der wahre Zweck deines irdischen Aufenthaltes ist es, in tiefen Zügen den Nektar jener Weisheit zu trinken, die der Reinkarnation ein Ende und alle Not zunichte macht.
Erfülle dein Bewusstsein mit wirklichem, dauerhaftem Glück.
Sieh! Allzu bald schon wird sich die vitale Essenz des Lebens aus ihrem kleinen Fleischkelch verflüchtigen und für immer spurlos ins rätselhaft Unbekannte entschwinden.

Aus Paramahansa Yogananda, Knaur 86111, 1996., S. 37

Bedenke die Endlichkeit und finde ins Leben

„Hier will ich im Sommer weilen,
da im Winter
und dort in der Regenzeit."
So plant der Tor sein Leben,
ohne auch nur einmal seinen Tod zu bedenken.

Der Tod überrascht den Menschen,
der nur an Zerstreuung,

*Wer das Potential insgesamt aktualisiert
transzendiert Leben und Tod.*

---

an seine Kinder und Tiere denkt.
Der Tod reißt ihn hinweg
wie die Flut ein schlafendes Dorf.

Seine Familie kann ihn nicht retten,
die Eltern nicht und die Kinder nicht.

Denk daran.
Trachte nach Weisheit und Reinheit.
Beeile dich und brich auf.

Buddha, Dhammapada

Die Welt, eine Herberge mit zwei Türen

Die Welt ist wie eine Karawanserei mit zwei Türen: Durch die eine tritt man ein, durch die andere geht man hinaus. Besinnungslos bist du in Schlaf versunken und weißt von nichts; du wirst sterben, ob du es willst oder nicht. Ob Bettler oder König, wohl oder übel musst du dich am Ende von allem trennen, was du besitzt. Auch wenn du ein Alexander der Große bist, wird diese Welt eines Tages deinen ganzen alexandergleichen Reichtum in ein Leichentuch hüllen.

Fariddudin Attar aus M. Bayat/M.A. Jamnia „Geschichten aus dem Land der Sufis" Fischer TB, Frankfurt a. Main, 1998, S. 55

Bereit sein und vorbereitet sein

Wenn ein Mensch erkennt, dass sich der Tod in jedem Moment ohne Vorwarnung ereignen kann und nicht daran denkt, dass er selbst gerufen wird, Rechenschaft abzulegen, dann sollte er aufstehen und eilends Vorkehrungen treffen. Denn kein Mensch kann sicher sein, dass sein Leben auch nur einen einzigen Tag länger dauert.

Elija de Vidas aus „Früchte vom Baum des Lebens – Die Weisheit der jüdischen Mystik"
Hsg. Perle Bessermann, Fischer Spirit TB, Frankfurt, 1997, S. 94

*Konkrete Entwicklung zur Verwirklichung,
in ihr findet sich das Geheimnis von Leben und Tod,
das Geheimnis vom Insgesamt.*

Wie man in den Himmel kommt

Der Schlüssel zum verlorenen Paradies
ist die Klarheit der entschiedenen Liebe.

Waldefried Pechtl

Das Paradies ist hier auf Erden,
würde ich gedankenlos vergesslich sein,
tolerant, und so alt wie ich bin.

Waldefried Pechtl

Himmel ist kein Ort, Himmel ist ein Zustand des Bewusstseins, Himmel ist der Urzustand der Seele.
Das ist auch der Grund, dass wir sagen, wir würden den Himmel auf die Erde bringen. Wir müssen die falschen Vorstellungen von ‚Himmel' sterben lassen und lernen, ein himmlisches Leben zu führen. Wenn wir entdecken, wie wir zu leben haben, damit der Himmel mehr und mehr auf die Erde kommt, reicht unsere persönliche Absicht nicht aus, um dies zu erreichen. Etwas anderes muss noch dazukommen: Gnade.

Wir können versuchen, wie dieser junge Mönch es gleich tun wird, den Himmel zu erklimmen, aber wir dürfen dabei nicht die Erde schmähen. Wer den Himmel auf die Erde bringt, bringt alles zusammen. Wer nur den Himmel will, verleugnet sein konkretes Leben. Wer den Himmel allein für sich sucht, der fehlt auch.
In diesem Sinn spricht einer der älteren Brüder zum jüngeren:

„Siehst du einen jungen Mönch,
der aus eigenem Willen den Himmel zu erklimmen sucht,
packe ihn am Fuß und wirf ihn zu Boden,
denn das, was er tut, ist nicht gut für ihn."

Aus Thomas Merton „The Wisdom of the Desert", Penguin Books Canada, S. 47

*Durch Entwicklung, durch Vervollkommnung wird der Schatz,
der von Leben und Tod bedeckt war, ins Leben gehoben.*

Aussagen über den Tod

Burial - Suras
Der Tod nimmt den Überdruss des Lebens von uns, und die Seele beginnt ein neues Leben.
Der Tod ist ein Schlaf, aus dem die Seele im Jenseits erwacht.
Der Tod ist die Nacht, nach der der Tag beginnt.
Der Tod stirbt, nicht das Leben.
Im Herzen des Todes ist das ewige Leben verborgen.

Burial - Sermon
Trauere nicht über den Tod eines teuren Entschlafenen; rufe den Wanderer nicht zurück, der seinem Ziel entgegengeht, denn du weißt nicht, was er sucht. Du bist auf der Erde, und er ist jetzt im Himmel.

Indem du um den Toten weinst, machst du seine Seele traurig, die nicht auf die Erde zurück kann; indem du eine Verbindung mit ihm herbeisehnst, bringst du ihn in Not.

Er ist glücklich an dem Ort, an dem er sich jetzt befindet; nur durch den Wunsch, zu ihm zu gelangen, hilfst du ihm nicht; deine Lebensaufgabe hält dich noch auf der Erde zurück.

Kein Geschöpf, das jemals geboren wurde, hat in Wirklichkeit einem anderen gehört; jede Seele ist das Kleinod Gottes. Liebt Gott nicht so, wie wir Menschen es gar nicht vermögen? Der Tod vereinigt daher den Menschen nur mit Gott. Denn Ihm gehört die Seele in Wahrheit, zu Ihm geht sie letzten Endes ein - früher oder später.

Wahrlich, der Tod ist ein Schleier, hinter dem ein Leben verborgen ist, das die Fassungskraft des irdischen Menschen übersteigt.
Wüsstet ihr, wie herrlich jene Welt ist und wie erlöst die trauernden Herzen dort von jeder Last sind, wüsstet ihr, wie die Kranken gesunden und die Wunden geheilt werden, welche Erlösung die Seele empfindet, wenn sie sich von diesem beschränkten irdischen Leben entfernt, ihr würdet die Abgeschiedenheit nicht mehr betrauern, sondern beten für ihr Glück auf ihrem ferneren Weg und für den Frieden ihrer Seele.

Hazrat Inayat Khan

*Wenn man den bekannten Dingen entstirbt,
erfährt man vielleicht, was Liebe ist.*
Jiddu Krishnamurti

Aussagen Buddhas aus dem Dhammapada über Leben und Tod

Wachsamkeit ist der Weg des Lebens.
Der Tor schläft,
als wäre er bereits tot.
Der Meister aber ist wach,
und er lebt ewig.

✿

Nirgends,
weder im Himmel
noch mitten im Meer,
noch tief in den Bergen
kannst du dich
vor dem Tod verstecken.

✿

„Alles entsteht und vergeht."
Wenn du dies einsiehst,
hat das Leid keine Gewalt mehr über dich.
Das ist der Weg der Einsicht.

✿

Wie Hirten ihre Kühe aufs Feld treiben,
so treiben dich Alter und Tod.

Das aber vergisst der Tor
in seiner Dummheit
und entzündet das Feuer,
in dem er eines Tages schmachten muss.

✿

*Die gestorben sind, sind nicht tot.
Wir denken, dass sie tot sind.*
Vilayat Inayat Khan

Wenige überqueren den Fluss,
die meisten bleiben diesseits
und laufen am Ufer auf und ab.

Aber der Weise setzt über.
Im Vertrauen auf den Weg
gelangt er ans andere Ufer,
wo der Tod ihn nicht erreicht.

Er verlässt den dunklen Pfad
dem Weg des Lichts zuliebe.
Er verlässt sein Haus und
geht der Erlösung entgegen.

Er hängt sich an kein Verlangen,
an keine Besitztümer,
an keine dunklen Winkel des Herzens.

Um den Tod vollständig zu überwinden,
muss man die eigenen leidverursachenden Emotionen
völlig zum Schweigen bringen.
Dalai Lama

B. Im Geben, im Sich-Hingeben ist ein Sterben

Die Liebe braucht den Abschied,
um losgelöst sich bedingungslos hinzugeben.

Waldefried Pechtl

Die Chancen des liebevollen Erlebens
sind der Verzicht auf das Haben, das Sein-Wollen,
und eine Auflösung im Werden.

Waldefried Pechtl

Der Tänzer Waslaw Nuinsky über den Tod

„Menschen, die nicht geliebt werden, sterben langsam.
Menschen, die nicht lieben können, sind tot.

Ich kann über den Tod schreiben,
da ich ihn schon oft erlebt habe.
Die Menschen fürchten sich, allein zu sein,
weil man auch im Sterben ganz allein ist...

Die meisten Leute leben in Furcht und sehen nicht,
dass Furcht ein Spielgefährte des Todes ist."

Aus: Zeitschrift „Tanz. Affiche" Jahrg. 6, Nr. 48, 1993, S 22

Bis auf eine Aussage, finde ich diesen Ausspruch sehr interessant. Wir glauben, dass wir im Tod allein sind. Unsere Angst gaukelt uns vor, im Strebeprozess allein zu sein. Unser tägliches Sterben wie auch unser Tod am Ende der Zeit ist jedoch ein Sich-Hinneigen zum All-eins-Sein. In diesem Alleins entdecken wir weit und breit nichts von Einsamkeit.

Atemlos
sterbe ich.
Und.

Waldefried Pechtl

Leben und Tod sind allgewaltig,
doch sie können dem Geist nichts anhaben.
Himmel und Erde mögen morgen zusammenstürzen, er wird bleiben.
Tschuang-Tse

Sterben ist dies

Sterben ist dies: Ein Kind kommt zu seiner Mutter und bittet sie, ihm eine Frucht, eine Süßigkeit oder sonst etwas Gutes zu geben, das die Mutter selbst gern gehabt hätte. Sie gibt es dem Kind und freut sich am Essen des Kindes. Das ist eine Art Tod. Sie freut sich im Leben über die Freude anderer. Wer sich über die Freude anderer freuen kann, auch bei eigenem Verzicht, hat einen Schritt zum wahren Leben getan. Wenn es uns gefällt einem anderen ein gutes Kleidungsstück zu schenken, das wir selbst gern getragen hätten, wenn wir daran Freude haben, dann sind wir beim ersten Schritt. Wenn wir uns an etwas Schönem so sehr freuen, dass wir es gerne besitzen möchten, und dann diese Freude einem anderen schenken und uns an seiner Erfahrung freuen, sind wir tot; das ist unser Tod; und doch sind wir lebendiger als der andere. Unser Leben wird viel weiter, tiefer, größer.

H. I. Khan „Vom Glück der Harmonie" Herder. Freiburg, 1985(4), S. 50

Wenn ich meine Aufmerksamkeit nur auf das Leben nach dem Tod,
auf das Jenseits hinrichte und nicht weiterlebe,
dann werde ich auch keine Antworten finden
auf dieses Unerkennbare, was nach dem Tod geschehen wird.
Dies ist ein Mysterium und setzt eine tiefe Auseinandersetzung,
ein Spüren in sich voraus, was über das Alltägliche hinausreicht.

Waldefried Pechtl

*Wie friedlich wir doch den Übergang schaffen werden
zum anderen Zustand hin.*
Waldefried Pechtl

C. Erkenne dich in der Endlichkeit

Der Vergängliche, der das ewig Bleibende sieht

Wenn dich jemand fragt,
ob der Vergängliche das ewig Bleibende sieht, so sage ihm:
'Heute, in diesem Haus der Vergänglichkeit,
weiss der Sklave (der Diener Gottes) um das Bleibende.

Morgen, in dem Haus der Beständigkeit,
wird dieses Wissen zum Licht,
und durch dieses ewige Licht sieht er das Bleibende.'

Abu 'l-Hasan al-Khurqani

Vom Zusammenhang zwischen Subtilität und Tod

Der Tod ist vielfältig.
Als Lebender bin ich schon tausend Tode gestorben,
als Toter habe ich noch kein Leben gelebt.

Waldefried Pechtl

Sterben ist nicht das Zurücklassen der Vergangenheit, Sterben ist ein Aufwachen. Im Sterben beginnen wir zu leben. Wollen wir uns mit dem Leben und dem Tod näher befassen, müssen wir mehr in unsere eigene Tiefe eintauchen. Wir haben Angst davor, weil wir dadurch bewegt werden. Wir können nicht intensiver leben, subtiler werden, wenn wir unser Leben absichern. Wir haben nur die Chance lebendig zu sein, wo wir das Ungesicherte, das Unbestimmte wieder riskieren.

Der Tod zeigt auf das Subtile, aber auch auf das Leben. Würden wir uns mit dem Endlichen befassen, wären wir beim Subtilen. Würden wir uns genügend mit dem Endlichen befassen, würden wir im Licht der Seele erwachen. Vom Subtilen geht das Erfüllende aus. Das Subtile ist scheinbar dem Tod zugewendet, in

*In der Vervollkommnung
liegt die Verwirklichung.*

Wirklichkeit ist es unser Leben. Wir können nur leben, wenn wir uns mit dem Tod befassen. Sobald wir uns mit dem Tod befassen und beginnen dahinter zu blicken, schmilzt die Angst dahin, die Angst vor dem, was wir uns bisher unter Tod vorstellten, und die Angst vor dem Leben.

Wenn wir uns ständig des Endlichen besinnen, verbinden wir uns mit der subtilen Grundstruktur des Seins. In unserem unbestimmten Grund ist ein Pfad, der in eine Leere und durch eine Leere führt und am Ende zu Seele und Sinn gelangt. Wenn wir dieses Nichts schauen, schauen wir unser Leben und unseren Tod. Dadurch sind wir vorbereitet auf das Leben und auf den Tod. Gehen wir nicht in die Tiefe, werden wir vom Leben wie vom Tod überrascht. Wir lenken uns ständig ab vom Leben und von der Tatsache der Endlichkeit. Wir können uns geschickt vor dem Leben verstecken, aber wir können es nicht fliehen, denn wir sind ein Teil von ihm. Wir können uns vor dem Tod verstecken, aber wir können ihn nicht fliehen, denn er ist ein Teil von uns.

Wer im Leben zu sterben lernt, wird wirklich leben und nicht nur halb, irgendwie, scheinbar da sein, ohne jemand nur einmal tief berührt zu haben, ohne anderen wirklich begegnet zu sein. Was wir als Intensität ansehen, ist häufig Ablenkung, wir beschäftigen uns so geschickt, weil wir Angst haben vor unserer eigenen Einsamkeit, sobald wir ins Leben und Sterben hinabtauchen. Wir wollen alles wissen, alles kennenlernen, alles verstehen, aber wir wollen uns nicht auf uns selbst einlassen und tun nur so, als ob wir es täten. Wir können nur hinsterben zum Leben, wenn wir unsere eigene Tiefe wirklich auszuloten beginnen.

Reinhold Dietrich

Der Zweck des Lebens

Betrachtet man die Schöpfung, erkennt man das Leben. Wir glauben den Zweck des Lebens zu kennen, aber würdigen nicht die Schöpfung, das Leben. Wer im Tod das Befreiende erkennt, ist beim Leben. Wir brauchen ein gewisses Maß an Stärke, um die Tatsache unseres nahenden Todes zu schauen. Leiden wir unter Depressionen, Todessehnsucht und Melancholie, haben wir noch nicht genügend Stärke aufgebaut, um uns der Auseinandersetzung mit

*Wer immer strebend sich bemüht,
den können wir erlösen.*
Johann Wolfgang von Goethe

---

dem, was Tod zu sein scheint, zu stellen. Zuerst bedarf es der Ichstärke, weil man nur aus dem Zustand der Stärke heraus die Voraussetzungen mitbringt, an das Tor von Leben und Tod anzuklopfen.

Klopfen wir an das Tor des Lebens, erkennen wir, dass es auch das Tor zum Endlichen ist. Die meisten glauben an dieses Tor zu klopfen, aber gehen ein Leben lang daran vorbei. Wenn wir an dieses Tor klopfen, erfahren wir, dass wir es nicht selbst öffnen können; wir sind wie ein Gast, der anklopft, um ins Leben eingelassen zu werden.

Der Zweck des Leben ist bewusst zu leben. Der Zweck des Lebens ist bewusst zu sterben. Der Zweck des Lebens ist, Würde aufzubauen, die die Schönheit des Lebens begründet. Der Zweck des Leben ist, uns selbst zu retten. Der Zweck des Lebens ist an seinen Grund zu tauchen, um dort dem Menschlichen zu begegnen, das sich im Gesicht der Liebe erkennt. Liebe ist Intensität. Wir sind geschickt darin, Spannung und Nervenkitzel als Ersatz für Liebe aufzubauen.

Der Zweck des Lebens ist das verschlossene Tor aufzumachen. Welchem Sterblichen dieses Tor aufgetan wird, der tritt ein in sich selbst, ins zeitlos Ewige, ins todlos Unergründliche. Der Zweck des Lebens ist sich selbst wirklich zu erkennen. Wir können uns nur erkennen, wenn wir lernen, Leben und Tod zu riskieren.

Der Zweck des Lebens ist das Ewige wieder mit dem Endlichen zu verbinden. Wir müssen alles tun, damit dieses Tor sich öffnet. Dem es sich öffnet, der erkennt ein anderes Leben, eines, das ohne Angst vor dem Tod ist, weil Tod endlich ist und Ewigkeit zeitlos, immerwährend. Sobald wir es durch unser bewusstes Leben geschafft haben, dass dieses Tor sich öffnet, beginnt das Ewige sich mehr und mehr mit dem Endlichen zu verbinden. Dadurch werden wir vorbereitet auf das Sterben, und dadurch beginnen wir wirklich zu leben. Es liegt an uns selbst, ob wir diese Tür öffnen zum anderen Bewusstsein hin und ihm erlauben uns zu durchfluten.

> Die Menschen in Bali pflegen zu sagen:
> Das Leben ist eine einzige Geburt bis zum Tod.

Es gibt hier etwas zu tun. Wir sollten herausfinden, was der wahre Zweck des Lebens ist, bevor es zu spät ist und wir keine Zeit mehr dazu haben. Buddha sagt: „Steh auf und sei aufmerksam." Wie lange können wir diese eine Frage in

*Das Leben, eine begrenzte Chance
zur ewigen Befreiung.*

uns bewegen: Was ist der Zweck des Lebens? Ein Mal? Zwei Tage? Zehn Jahre? Ein Leben lang? Der Zweck des Lebens ist, aufzuwachen aus dem Schlaf, den wir für das Leben angesehen haben.
Wir leben, um den Zweck des Lebens zu ergründen und um herauszufinden, was unsere eigentliche Aufgabe ist. In den Tafelgesprächen Mevlana Jelalledin Rumis findet sich dazu folgende Textstelle:
„Die Meister sagen, dass man eines auf der Welt niemals vergessen darf. Würdest du auch sonst alles vergessen, bis auf dieses eine, gäbe es keinerlei Grund zur Sorge; wenn du jedoch alles andere vollkommen im Sinn behieltest und dich danach richtetest, dies eine jedoch vergäßest, hättest du nichts erreicht.
Es ist als hätte der König dich in ein fremdes Land geschickt, um eine ganz bestimmte Aufgabe zu erledigen. Du gehst und erfüllst hundert wichtige Aufgaben; wenn du jedoch die eine Angelegenheit, derentwegen du geschickt wurdest, unerledigt lässt, ist es, als hättest du gar nichts erreicht. Genauso kommt der Mensch auf die Welt, um eine ganz bestimmte Aufgabe zu erfüllen, das ist sein Lebenszweck. Erfüllt er sie nicht, hat er versagt." (zitiert nach Rinpoche Sogyal, ‚Das tibetische Buch vom Leben und vom Sterben', O.W.Barth Verlag, S. 159)

Reinhold Dietrich

Ein umfassendes Bewusstsein entwickeln

Tod ist Zerstückelung, Leben ist Zusammenhang, Verbund, Einheit. Wir haben Angst, zerstückelt zu sein und fürchten uns deshalb vor dem Tod. Genau deshalb sind wir zerstückelt, unaufmerksam, bruchstückhaft, zerstreut. Das begrenzte, körperliche Leben ist ein Geschenk, das uns ermöglicht, unser Bewusstsein zu weiten und zu größerer innerer Harmonie und Einheit zu gelangen. Solange die Seele glaubt, sie sei der Körper, wird das Bewusstsein beengt. Sobald die Seele sieht, wie hilfreich die körperliche Existenz ist, um im Bewusstsein zu wachsen, beginnt sie das wirkliche Leben zu entfalten. Die Seele ist nicht im Körper verborgen. Unser Körper macht uns dies glauben. Die Seele ist das Größere, unsere Seele ist der Durchgang zu Leben und Ewigkeit, während der Körper uns an Tod und Endlichkeit erinnert.

*Wer über das Körperliche hinausgelangt zum Allbewusstsein,
dem wird das Materielle nicht mehr Fessel sein.*

Es gibt in uns ein Sehnen nach dem Umfassenden. Es ist der Ruf der Seele. Einem Wecker ähnlich ruft und ruft uns die Seele, bis wir sie endlich hören und aus dem langen Schlaf, den wir für das Leben gehalten haben, erwachen. Wer sich dem Sehnen der Seele, dem inneren Ruf anvertraut, wird hingezogen zur Weite und zum Umfassenden. Wenn wir ins umfassende Bewusstsein eintreten, erleben wir dies als eine Heimkehr nach langer Wanderschaft. Bedenken wir das begrenzte Leben und den endlichen Tod, schaffen wir eine Lücke zum Umfassenden. Schlüpfen wir durch diese Lücke, gelangen wir zum Sinn und entdecken, dass die Sinnmitte unser eigenes Wesen ist. Nun leben wir im Zentrum des Umfassenden.

Reinhold Dietrich

Die Bejahung des Lebens ist das Annehmen des Todes

Wir glauben, wir hätten zum Leben schon Ja gesagt. Wir haben Ja gesagt zu dem, was uns als Leben vorgegaukelt wird. Unsere physische Geburt ist kein bewusstes Ja zu Leben. Wir sagen Ja zum Leben, wenn wir klar zu sehen beginnen, dass das konkrete Leben sich von Beginn an auf den Tod, auf das Ende zubewegt. Dann werden wir zu fragen beginnen: Weshalb bin ich hier? Was bedeutet dieses begrenzte Leben? Bin ich nur zufällig hier, oder gibt es noch eine andere Absicht hinter diesem Leben? Was ist der Sinn des Lebens, was sein Zweck? Was kommt nach dem Tod? Was war vorher?

Können Sie sich erinnern, wann Sie bewusst Ja zum Leben gesagt haben? Können Sie sich daran erinnern, wo Sie sich eindeutig für ein bewusstes Leben entschieden haben, wo Sie zu sich selbst gesagt haben: „Ja, ich mag dieses Leben. Ich schätze und liebe es und werde alles, was in ihm ist untersuchen, ergründen und heben". Die physische Geburt ist noch kein Ja, denn das Leben hat entschieden uns zu gebären, nicht wir selbst. Um uns selbst zu gebären, bedarf es unserer eigenen, klaren Entscheidung, sonst geht s uns vielleicht so, wie es einmal ein griechischer Philosoph treffend formulierte: Viele werden als Möglichkeit geboren und sterben als Plagiat.

Sobald wir bewusst Ja gesagt haben, beginnt ein neuer, der entscheidende Lebensabschnitt. Wir treten mit diesem Ja aus dem nur Schicksalhaften heraus

Ein Brief an den Vater:
Der Tod ist der beste und aufrichtigste Freund der Menschheit.
Er ist der Schlüssel, der uns wahres Glück erschließt.
Wolfgang Amadeus Mozart

---

und erkennen das Leben als Chance und Gestaltungsmöglichkeit. Dann werden wir zu fragen beginnen: Wofür lohnt es sich zu leben? Für Leid, Gram und Qual sicher nicht. Das Einzige, wofür es sich lohnt, ist für das Glück und die Liebe. Wir alle sind Suchende. Haben Sie schon bemerkt, wie viel Zeit Menschen aufwenden, um zu suchen, was sie mögen, was sie schätzen, was für sie im Moment bedeutsam ist? Wir werden es nicht im Supermarkt finden, was wir suchen. Wir können es nur in uns selbst finden. Wenn wir das Glück in uns selbst suchen, irren wir nicht mehr verloren umher. Solange wir glauben, dass uns etwas fehlt, suchen wir es außerhalb unserer selbst. Sagen wir zum Leben eindeutig Ja, beginnen wir den Weg zu sehen und zu gehen, der zu uns selbst führt.

Wer den Tod ins Auge zu fassen lernt, wer bewusst auf die Endlichkeit zugeht, sagt Ja zum Leben. Das Annehmen der Endlichkeit ist auch das Annehmen des Lebens. Endlichkeit ist der Impetus zum bewussten Leben. Das Annehmen der Endlichkeit wird für den, der es in der rechten Weise tut, zum Geschenk.

Im Moment, wo wir das begrenzte Leben annehmen, treten wir über es hinaus; wir beginnen das konkrete Leben mit dem ewigen zu verbinden. Wir erkennen, es ist ein Ewiges in diesem Endlichen. Von diesem Zeitpunkt weg werden wir der Seele immer mehr zur Geburt verhelfen. Eine lebendige Seele liebt das Leben. Das größte Ja steckt in der Liebe. Wir können nur zum Leben Ja sagen, wenn wir lernen, es zu lieben.

Befassen wir uns mit dem Endlichen, befassen wir uns im selben Moment mit dem Unendlichen, weil Endlichkeit an Unendlichkeit grenzt. Wir lernen auf diese Weise, den Tod schon zu Lebzeiten durch ein bewusstes Leben sterben zu lassen. Vielleicht sehen wir, dass das, was scheinbar endlich schien, an das Unendliche grenzt und das Unendliche ins ewig Glückliche eingeht.

Reinhold Dietrich

Es ist ungewiss, wann der Tod uns erwartet;
erwarten wir ihn also allenthalben!
Sinnen auf den Tod ist Sinnen auf Freiheit.
Wer Sterben gelernt hat, versteht das Dienen nicht mehr.
Michael de Montagne

Die Welt

Lebe nicht in weltlicher Zerstreuung
und falschen Träumen,
fern der Wahrheit.

Steh auf und sei wachsam.
Folge freudig dem Weg,
durch diese Welt und über sie hinaus.

Geh den Pfad der Tugend.
Folge freudig dem Weg
durch diese Welt und über sie hinaus.

Denn schau dir die Welt an –
Eine Seifenblase, eine Fata Morgana.
Erkenne sie, so wie sie ist,
und der Tod wird dich übersehen.

Buddha, „Die Welt" Auszug, Dhammapada

Sterben ist noch keine Befreiung und Erlösung

Beim Sterben löst sich der Mensch von seinem physischen Körper.
Durch diese Tatsache allein kommt er aber zu keiner Erlösung.

Omraam Mikhael Aivenhov

Unsere Vorstellungen von Leben und Tod sind meistens verkehrt. Was wir als Leben ansehen, ist oft nur ein unbewusstes Warten auf den Tod. Wir glauben vielleicht, dass Sterben Befreiung und Erlösung bedeutet. Die Hoffnung, dass der Tod ein Ausweg aus dem Leid ist, erfüllt sich nicht.
Wenn wir jedoch bewusst auf den Tod zugehen, wenn wir intensiv leben, werden wir Befreiung und Erlösung schon hier erleben und die Angst vor dem Tod gänzlich verlieren.
Jeder bewusst gelebte Moment ist ein Baustein zur Befreiung. Bewusst zu leben, ist immer mehr zu sich hinzusterben. Leben wir bewusst, folgen wir dem Licht, so wie die Köpfe der Sonnenblumen dem Licht der Sonne am Himmel

Abschied-Nehmen heißt Leer-Werden,
Nichts-Sein und alles lassen, bis es fließt.
Waldefried Pechtl

---

folgen. Je bewusster wir leben, desto mehr sind wir beim Licht, beim Erhebenden, bei der Faszination, beim Lebendigen, bei der Liebe. Ein bewusstes Leben folgt dem Weg des Herzens. Unser Herz ist der Sonne ähnlich, es erfreut sich an allem, was lichtvoll ist.

Wer bewusst lebt, geht schon vor dem Tod ein ins Licht. Vermeiden wir es, unser Bewusstsein im Leben zu steigern, fällt unsere Seele im Sterben wahrscheinlich in eine Bodenlosigkeit, ins Dunkel. Der lichtvolle Zustand des Bewusstseins ist befreiend und beglückt. Das Licht führt die Seele im Leben und im Sterben, das Licht hält sie und trägt.

Reinhold Dietrich

Denn wer sein Leben retten will, wird es verlieren;
wer aber sein Leben um meinetwillen verliert, wird es gewinnen.
Math 16,25

D. Die falschen Vorstellungen vom Tod sterben lassen

Das Wort ‚Liebe' ist zusammengesetzt aus Leben und Tod

„Das Wort Liebe kommt aus den beiden Worten Leben und Tod". Diese Aussage machte der deutsche Choreograf Joachim Schlömer. Sie ist knapp, interessant und in Umfang und Tiefe beachtlich.
Was wir sicher leicht verstehen können ist, dass Liebe mit Leben zu tun hat. Wer liebt, fühlt sich lebendig. Was aber Liebe mit Tod zu tun hat, kann man vielleicht nicht gleich erkennen. Für die Liebe ist das Leben der eine Grundstoff, der andere ist die Hingabe und das Sterben.
Im Lieben ist ein Sich-Einlassen und ein sich hingebendes Auslassen. Im Auslassen und Sich-Einlassen finden wir die Hingabe. In der Losgelöstheit der Liebenden zeigt sich ein Ausgelassen-Sein. Wer sich hingibt, lässt sich vollkommen auf den anderen ein und lässt auch aus, indem er sich hingibt. In der Liebe finden wir das Sehnen, völlig im anderen aufgehen zu wollen. Dieses Hineinschmelzen ins andere erinnert uns wiederum ans Sterben. Die Liebenden treten auch in einen gehobenen Bewusstseinzustand ein, so wie dies auch im Sterben der Fall ist. Nicht zufällig sprechen die Franzosen in Verbindung mit der Sexualität, vom „kleinen Tod" (le petit morte).
In der Liebe findet sich völlige Hingabe, der Wunsch im anderen ohne Ziel und Zweck vollkommen aufzugeben. Tod ist Loslösung der Seele aus dem Materiellen. Liebe ist Aufgehen im Wesen, man wird auch irgendwie zu dem, den man liebt. Jeder, der ganz lieben möchte, wird mit Endlich und Unendlich befasst. Liebe ist der geheimnisvolle Versuch, im Herzen eines anderen Menschen voll aufzugehen, ihm, bildlich gesprochen, in sein Herz hineinzusterben.
Je vollständiger sich die Liebenden hinzugeben vermögen, desto intensiver kommen sie in einen anderen Bewusstseinsbereich. Für zwei, die hingebend im

Leere: Im Auslassen ist ein Sich-Hingeben und ein Schenken

Umfassenden schwingen, öffnet sich buchstäblich der Himmel. Sie sterben in der liebenden Umarmung zueinander hin, sie sterben hinein ins Glück. Sterben und Aufgehen im anderen ist ein großes Geschenk, wie das Beispiel der Liebe zeigt. Viele fürchten sich, sich hinzugeben und öffnen sich nie für den Zauber der Liebe, auch wenn sie glauben, es zu tun. Wer die Furcht vor dem Sterben überwindet, überwindet die Furcht vor der Hingabe. Indem wir die Furcht überwinden, können Barrieren zu Grenzen umgewandelt werden, die überschritten werden können, im Leben und im Tod.

Reinhold Dietrich

Tod ist ein Zusammenkommen

Weine nicht am Tag,
an dem ich zum Grab getragen werde.

Sagt nicht: „Er ist gegangen! Er ist gegangen!"
Tod hat nichts mit Weggehen zu tun.

Die Sonne geht unter und der Mond geht unter,
aber sie sind deshalb nicht fortgegangen!
Tod ist ein Zusammenkommen...

Dein Mund schließt sich hier
und öffnet sich unmittelbar
mit einem Freudenschrei dort.

Rumi „Like This", by Coleman Barks, 1990. S. 61

Noah und die Sintflut - ewiger Archetyp und endliche Wahrnehmung

Archetypen sind wesenhafte Vorlagen aus dem göttlichen Samenarchiv. Jedes lebende Wesen hat einen Doppelgänger in der Ewigkeit.

Die Geschichte Noahs macht für uns deutlich, dass im Moment, wo der Körper sich auflöst, der archetypische Doppelgänger, unser Wesen, unsere Seele, weiterlebt. Man kann die Geschichte konkret so deuten, dass Noah, obwohl alles in der Sintflut untergeht, dennoch die Arten rettet, damit sie

Wir sind dem Lebensgrund nahe,
weil wir die Abgründe als Leere sahen,
und sie mit Liebe füttern - bedingungslos.
Waldefried Pechtl

---

wieder neu erstehen können; man kann aber auch den Prozess des Erwachens, als einen Bewusstseinsprozess sehen; man kann sie als Sterbeprozess sehen, in dem das Wesen den körperlichen Zerfall unbeschadet überdauert. Noah kann als Wissender gesehen werden, er hat Zugang zur ewigen Arche, zur ewigen Heimat und zum Wesen. Ob unsere Körper sich auflösen, zerstört werden oder dahinwelken, etwas von uns ist immer im Ewigen geborgen daheim.

Die Geschichte der Sintflut lässt in uns den Schrecken vor dem physischen Tod und Untergang anklingen – und dass dieser Schrecken nicht gering ist. Reinigung ist die Befreiung von der falschen Sicht, was Leben ist, was Sterben ist. Unser Schrecken ist um so größer, je weniger wir die falsche Sicht zurückgelassen haben. Die reinen Herzens sind, sterben schon zu Lebzeiten hinein ins Ewige.

Die Hingabe des kleinen Ichs ans Große ähnelt dem Sterben, das uns wiederbelebt. Dieses Auslassen des Kleinen macht uns Angst, wir zögern, krampfen fest, warten ab. Bewusstes Sterben ist ein stetiges Sich-Hingeben ans Größere durch die Gewissheit, dass unser Wesen in der Arche des großen Noah sicher und geborgen ist. Leben ist ein stetiges Sich-Hingeben ans Große.

Reinhold Dietrich

Was ist Sterblichkeit?

Die Verbindung zwischen dem Körper und der Seele gleicht der Verbundenheit eines Menschen mit seiner Kleidung. Es ist die Pflicht des Menschen, seine Kleidung gut in Ordnung zu halten, denn er braucht sie, um in der Welt zu leben. Aber es wäre Unwissenheit, wenn er dächte, er selbst sei die Kleidung. Jedoch in der Regel ist es eben das, was der Mensch meint. Wie wenige Menschen in der Welt halten inne, um darüber nachzudenken, ob dieser Körper „ich selbst" ist oder ob „Ich bin", unabhängig von diesem Körper nicht höher, bedeutender, kostbarer und länger lebend ist als dieser Körper! Was aber ist Sterblichkeit? Es gibt so etwas wie Sterblichkeit nicht, außer als Illusion eingeprägt, und die der Mensch sich während des Lebens als Furcht vor Augen hält und als einen Eindruck mitnimmt, wenn er diese Erde verlässt.

Aus Hazrat Inayat Khan, (1,166) „Perlen aus dem unsichtbaren Ozean" Verlag Heilbronn, Heilbronn, 1990, S. 116

*Wer das, was er besitzt, jederzeit hergeben kann, ist lebendig,
wer daran festhalten muss, wird unlebendig oder ist bereits tot.*

Der mystische Tod (Kommentar zum Leichenacker)

Hinführung – „Mystischer Tod" ist ein Begriff des Weges zum bewussten Leben, das alles, was ihm widersteht, sterben lässt. Wir können durch die Arbeit an der Entmachtung des Egohaften uns selbst aus der Enge seines Gefängnisses befreien. Ego ist Enge, Liebe und Selbstliebe sind Weite. Wer das Enge hinstirbt zur Liebe, erlebt den mystischen Tod im Lebendigsein. Liebe ist das Sterben des Ego. Aus diesem Vorgang wächst uns Ichstärke zu, ohne dass wir es auf Stärke anlegen.

Wenn das Ich auf dem Altar
des Selbst geopfert wird,
ist die Seele frei und kann fliegen.

  Weltseele - Geistseele.
  Symbol des Seelenvogels.

Der mystische Tod betrifft die Seele.
Phönix steigt aus der Asche auf.

  Die Asche ist das Egohafte.
  Der Wind des Umfassenden
  fegt die Asche restlos hinweg,
  jetzt erwacht es in uns, das neue Leben.

Der Körper ist Wohnstatt der Seele.
Die Seele ist zeitlebens Gast in ihm.
Er meint, sie meint ihn,
ihre Sehnsucht reicht jedoch weit über ihn hinaus,
ins namenlos Unfassbare.

  Sie möchte in der Weite schwingen,
  sich ausbreiten und über sich hinausgehen,

ewig frei und ungebunden mit allem eins.

Reinhold Dietrich, Gedicht für das Insel-Seminar 1993

Der Weise ist niemand.
Wie kann „niemand" definiert werden?
Nurbakhsh

Tiefe strebt zur Endlichkeit, Endlichkeit bewirkt Tiefe

Nachdenken über Tod und Unbeständigkeit führt auch dazu, dass wir uns nicht ausschließlich mit oberflächlichen Dingen befassen, die sich nur um dieses Leben drehen. Der Tod kommt bestimmt.

Wenn man sich sein ganzes Leben über nur für die zeitlichen Dinge des Lebens interessiert und sich nicht auf den Tod vorbereitet, dann wird man in der Todesstunde an nichts anderes denken können als an die eigenen Leiden und die Furcht und wird keinerlei andere Übung anwenden können.

Um den Tod vollständig zu überwinden, muss man die eigenen leidverursachenden Emotionen völlig zum Schweigen bringen. Denn wenn die leidverursachenden Emotionen überwunden sind, hört Geburt auf, und damit endet auch der Tod. Dies zu verwirklichen, bedarf es großer Anstrengung, und um dieses Bemühen in sich zu entwickeln, hilft es, über Tod und Unbeständigkeit zu reflektieren. Besinnt man sich auf Tod und Unbeständigkeit, entsteht der Wunsch, diese zu vermeiden, und dies veranlasst einen, nach Methoden zufragen, mit denen der Tod überwunden werden kann.

Aus Dalai Lama „Worte der Hinwendung", Herder, Freiburg-Basel-Wien, 1993, S. 69

Tod

Zwei Ereignisse geschehen im Tod gleichzeitig: getötet werden und sterben. Nichts ist passiver als getötet zu werden, selbst wenn es nur das Alter ist, das tötet.

Aber nichts ist aktiver als sterben. Das Tätigkeitswort „sterben" kennt nicht einmal eine passive Form. Ich kann sagen, „ich werde getötet", aber ich kann nicht sagen, „ich werde gestorben". Das Sterben ist etwas, das ich tun muss.

Es kann nicht geschehen, ohne dass ich mich freiwillig der Veränderung aussetze. Der ich einmal war, stirbt, und der sein wird, wird lebendig. In diesem Sinne ist jeder Moment ein Sterben ins Leben.

Sich vor dem Tod fürchten hieße, sich vor dem Leben fürchten.
Sterben zu lernen heißt leben zu lernen.

Aus David Steindl-Rast „Fülle und Leere", Goldmann, München, 1985, S. 186

*Für jemanden, der praktiziert und sich vorbereitet hat,
kommt der Tod nicht als Niederlage, sondern als Triumph –
als glorreichster Augenblick und Krönung des Lebens.*
Rinpoche Sogyal

Die Kunst des Lebens ist die Kunst des Sterbens

Nur wenn wir uns darüber klar sind, dass es in unserer Hand liegt, den Abgrund des Todes zu überbrücken und die Richtung unseres zukünftigen Lebens zu bestimmen und in solcher Weise zu lenken, dass wir in ihm fortsetzen und vollenden können, was wir uns als höchste Aufgabe gesetzt haben, – dann nur können wir unserer gegenwärtigen Existenz und unseren geistigen Bestrebungen Tiefe und Fernblick verleihen.

Der innerlich zerrissene und gequälte Mensch unserer Zeit, der sich weder seiner unendlichen Vergangenheit noch seiner unbegrenzten Zukunft bewusst ist, weil er den Zusammenhang mit seinem zeitlosen Wesen verloren hat, gleicht einem Kranken, der an unheilbarer Amnesie leidet, einer Geisteskrankheit, die ihn der Kontinuität seines Bewusstseins beraubt und damit der Fähigkeit, vernunftgemäß und in Übereinstimmung mit seiner wahren Natur zu handeln. Für einen solchen Menschen, der sich mit seiner momentanen Existenz identifiziert, ist der Tod absolute Wirklichkeit.

Man kennt in Tibet ein besonderes Training, das von denen, die in die Lehren des Bardo Thödol ... eingeweiht sind, ausgeübt wird. Es hat den Zweck, in das tiefste Zentrum unseres Wesens vorzustoßen, in welches sich das Bewusstsein im Augenblick des physischen Todes zurückzieht, um auf diese Weise die Erfahrung des Übergangs von einem Leben zum anderen vorwegzunehmen ... Während der gewöhnliche Mensch vom Tod überrascht und überwältigt wird, sind diejenigen, die sowohl Körper wie Geist unter ihre Kontrolle gebracht haben, imstande, sich freiwillig aus dem Körper zurückzuziehen, ohne den Leiden eines physischen Todeskampfes ausgesetzt zu sein, ja, ohne die Herrschaft über ihren Körper selbst in diesem entscheidenden Augenblick zu verlieren.

_{Aus Lama Angarika Govinda „Der Weg der weißen Wolken", Scherz Verlag, 1980, S. 184 ff}

Tausend Schleier über der Seele

Was stirbt? Es ist der Tod, der stirbt, nicht das Leben.
Was aber ist die Seele? Die Seele ist Leben, nie berührt sie den Tod.
Der Tod ist eine falsche Vorstellung, ein Eindruck. Der Tod kommt zu dem,

Die Schale, die leer ist,
ist sie nicht bereit erfüllt zu werden – mit dem Insgesamt.

was die Seele festhält, nicht zur Seele selbst. Die Seele hat sich daran gewöhnt, sich mit dem Körper, den sie angenommen hat, zu identifizieren, auch mit der Welt, die sie umgibt, mit den Namen, unter denen man sie kennt, mit dem Rang oder den Besitztümern, die nur das äußere Merkmal sind und zur Welt der Täuschung gehören.

Die Seele ist vertieft in ihre kindlichen Phantasien, in Dinge, die sie schätzt und denen sie Wichtigkeit beimisst, und ist an die Wesen verhaftet, denen sie sich verbunden hat. So täuscht sie sich selbst durch die Schleier ihrer Schwärmerei und Begeisterung. So verhüllt die Seele ihre eigene Wahrheit vor ihren eigenen Augen mit tausend Schleiern.

Aus Hazrat Inayat Khan „Perlen aus dem unsichtbaren Ozean" Verlag Heilbronn, Heilbronn, 1990, S. 115

Leben ist, die Vorstellung eines begrenzten Lebens sterben zu lassen

Rumi sagt uns poetisch, dass nur das bewusste Leben, das bewusste Sich-Befassen mit dem Leben und mit dem Sterben, der Ausweg aus der Misere aus Kummer und Leid, aus Not und Gram des Menschen ist. Kurzzeitige Unterbrechungen durch Vergnügen reichen nicht einmal zum Trost.

Im letzten Satz der angefügten Ode sagt Rumi, dass es keinen Ausweg gibt, keinen - außer dem, die Vorstellung eines begrenzten Lebens sterben zu lassen. Unsere Angst vor dem Tod lebt durch die falschen Vorstellungen von ihm. Wenn wir lernen, die falschen Vorstellungen von dem, was Tod ist, und von einem begrenzten Leben auszulassen, ändert sich alles. Hören wir Rumi zu:

> Lass mich allein mit der Leidenschaft
> dieser Todesnacht.

> Lass die Mühle durch deinen Kummer sich drehen.
> Aber bleibe bei der Klarheit.
> Falle nicht in den Fluss mit mir.

> Es gibt keinen Ausweg,
> keine Kur, nur den Tod.

„Like This - Rumi, 43 Odes", Maypop Verlag, 1990, S. 17

Vorbereitet stirbt, wer bewusst lebt.

Die Vorstellung der Endlichkeit als Ausdruck von Nichtwissen

Tod, was bist du? –
    Ich bin der Schatten des Lebens.
Tod, woraus bist du geboren? –
    Ich bin aus Unwissenheit geboren.
Tod, wo ist dein Wohnsitz? –
    Mein Wohnsitz ist im Reich der Illusion.
Tod, stirbst du jemals? -
    Ja, wenn der Pfeil aus des Sehers Auge mich durchbohrt.
Tod, wen ziehst du nahe zu dir? –
    Ich ziehe den näher, der sich von mir angezogen fühlt.
Tod, wen liebst du? –
    Ich liebe den, der sich nach mir sehnt.
Tod, wen besuchst du? –
    Ich besuche bereitwillig den, der mich ruft.
Tod, wen erschreckst du? –
    Ich erschrecke den, der mit mir nicht vertraut ist.
Tod, wen liebkost du? –
    Denjenigen, der vertrauensvoll in meinen Armen liegt.
Tod, mit wem bist du streng? –
    Ich bin mit dem streng, der meinem Ruf nicht willig folgt.
Tod, wem dienst du? –
    Ich diene dem Frommen, und wenn er heimkehrt,
    trage ich sein Gepäck.

Aus Hazrat Inayat Khan „Gayan-Vadan- Nirtan" Verlag Heilbronn, Heilbronn, 1996, S. 230 f

Das Sinnen auf den Tod als Freiheit

Es ist ungewiss, wann der Tod uns erwartet;
erwarten wir ihn also allenthalben!
Sinnen auf den Tod ist Sinnen auf Freiheit.
Wer sterben gelernt hat,
versteht das Dienen nicht mehr.

Aus Michael de Montagne „Essays: Philosophieren heißt sterben" , Insel, Frankfurt a. Main, 1991, S. 10

*Es ist ein Fehler den Körper zu verachten,
denn er ist Schöpfung und endliche Wohnstatt der Seele.*

Der Tod des physischen Körpers, Schlaf und unsterbliche Seele

Der Tod erschreckt die Menschen, weil sie Gott aus ihrem Leben ausgeschlossen haben. Alle schmerzlichen Erfahrungen ängstigen uns, weil wir die Welt lieben, ohne ihr Geheimnis und ihren Sinn zu verstehen. Doch wenn wir Gott in allen Dingen sehen, haben wir nichts zu fürchten. Wir werden immer wieder 'geboren', sowohl im Leben als auch im Tod. Das Wort Tod ist eine höchst unzutreffende Bezeichnung, denn es gibt gar keinen Tod; wenn ihr des Lebens müde seid, legt ihr einfach den Mantel des Fleisches ab und kehrt in die Astralwelt zurück.

Der Tod bedeutet ein Ende. Ein Auto, dessen Teile völlig abgenutzt sind, ist hinüber; es hat sein Ende gefunden. Und so findet auch der physische Körper beim Tod sein Ende. Aber die unsterbliche Seele kann nicht sterben. Jede Nacht lebt die Seele im Schlaf, ohne sich eines physischen Körpers bewusst zu sein. Doch tot ist sie nicht. Der Tod ist nichts weiter als ein großer Schlaf, wobei die Seele im Astralleib weiterlebt, ohne sich eines physischen Körpers bewusst zu sein.

Wenn der Verlust des Körperbewusstseins für den Menschen gleichbedeutend mit dem Tod wäre, würde die Seele sterben, sobald wir einschlafen. Doch wir sind nicht tot, wenn wir schlafen; wir sind auch nicht völlig bewusstlos; denn wenn wir erwachen, wissen wir, ob wir gut oder schlecht geschlafen haben. Ebenso sterben wir auch im Zustand nach dem Tod nicht.

<small>Paramahansa Yogananda „Das Vermächtnis des Meisters" O.W. Barth Verlag, 1996, S. 231</small>

Sathya Sai Baba

Wandelt eure Liebe für die Erscheinungen der Welt um
in die Liebe zu Gott.

Verschwendet nicht eine einzige Sekunde mit sinnlosem Geschwätz oder dem Austausch hohler Höflichkeiten.

Beugt euch vor Gott und nehmt an, was immer Sein Wille sein mag,
so wird Gott zu eurem Beschützer und Führer.

<small>Aus Sathya Sai Baba „Kleine Geschichten und Gleichnisse", Sathya Sai Vereinigung 1998, S. 226</small>

Unser Leichnam verwest, unser Bewusstsein lebt.

E. Die Seele erwacht durch das Sterben zum Leben

Shivas Sieg über die Endlichkeit

Im Hinduismus wird Shiva als göttliches Wesen verehrt. Shiva ist das Bild der Freiheit und Souveränität. Shiva ist der, der den Tod im höchsten Bewusstsein besiegt.

Was können wir von Shiva lernen?

Shiva wird als der Yogi der Yogis, der Weise der Weisen auf einem Tigerfell sitzend und mit einer Kobra um den Hals dargestellt.

A. Das Tigerfell besagt, dass die Verwicklung in unsere animalisch-konkrete Seite gelöst werden muss, um zu einer umfassenderen Sicht zu gelangen. Alle niedern und ungesteuerten Antriebe und Beweggründe müssen zuerst unter die Oberherrschaft eines höheren Bewusstseins gebracht werden, einer menschlichen und menschenwürdigen Ethik untergeordnet werden. Shiva als der Herr der Yogis, ist das Symbol und Ebenbild einer Wesensseite in uns, die diesen kraftvollen Zustand erreichen kann. Shiva ist frei zu wählen, er wird nicht mehr von Wünschen, Erwartungen, Bedingungen gefangen. Man ist sich seiner Wünsche und Erwartungen bewusst, all dessen, was man als Mensch braucht, aber man lässt sich von den Wünschen nicht mehr versklaven und zu destruktiven Handlungen hinreißen.

B. Die Kobra, die man bei Shiva findet, besagt uns, dass Shiva den Tod, der alle Menschen schreckt, besiegt. Wie aber können wir den Tod besiegen? Wir können ihn besiegen, indem wir ihn annehmen. Indem wir ihn annehmen, verwandelt er sich in uns zu Bewusstsein und Licht.
Der Tod unserer Seele sind auch unsere leidvollen Verfilzungen durch Wünsche und Erwartungen. Mit jedem Schritt, mit dem wir uns von diesen Verfilzungen lösen, und sie gleichsam sterben lassen, werden wir hingeboren ins weite Bewusstsein. Im Stand des reinen, weiten Bewusstseins, wird uns klar, dass das, was wir bisher als Leben angeschaut haben, ein relativ unlebendiger Zustand war, Irrtum, falsches Leben, Täuschung, Illusion.

Es wird gesagt,
„der Körper ist das Grab der Seele".

C. Shiva zeigt uns weiters, dass der Tod in Leben umgewandelt werden kann. Er zeigt uns, dass es vor allem von unserer Perspektive abhängt, ob der Tod sich in Leben verwandelt. Das ist Teil dessen, was wir als Transformation bezeichnen können.

Entscheidend ist unsere Perspektive,
ob wir erkennen, dass das Leben lebt und der Tod stirbt.

Reinhold Dietrich, 2002

Weine nicht, wenn ich sterbe

Wenn ich eines Tages sterbe
und zum Grab hingetragen werde,
weine nicht!

Und sage nicht: »Er ist gegangen, er ist gegangen!«
Tod hat nichts mit Weggehen zu tun.

Die Sonne geht unter und der Mond,
doch sie sind nicht fortgegangen.
Tod ist ein Zusammenkommen.

Das Grabmal sieht aus wie ein Gefängnis,
in Wirklichkeit aber entlässt es uns
in die vereinigende Einheit.

Die menschliche Saat senkt sich hinab
in die Erde wie der Eimer
in den Brunnen, wo Josef ist.

Sie wächst und steigt erfüllt auf,
erfüllt von irgendeiner unvorstellbaren Schönheit.

Dein Mund schließt sich hier
und öffnet sich augenblicklich
mit einem Freudenschrei dort.

aus „Like This! - Rumi 43 Odes", Version s by Coleman Barks, 1990

Als sein Tod nahte, sagte der Buddha:
Von allen Spuren ist die des Elefanten die größte.
Von allen Achtsamkeitsmeditationen
ist die über den Tod die höchste.

Erwachen

Fliege nicht länger in ziellosen Kreisen über den Gefilden des Todes.
Fliege trunken vor Begeisterung
und emporgetragen auf göttlichen Wonneströmen
mit stetigem Schwingenschlag zu den fernen Gefilden der Unsterblichkeit.

Aus Paramahansa Yogananda, Knaur 86111, 1996., S. 85

Schritte zum Erwachen der Seele

Die Art und Weise, wie man lehrt, erfolgt durch die Stimmung, deshalb tritt man in die Stimmung, in das Bewusstsein verschiedener Meister ein.

Die Sufis treten in die Stimmung der Meister und Meisterinnen ein, anstatt sie sich vorzustellen. Dies hängt auch mit dem Islam zusammen: Ab einem bestimmten Moment zerreißt man das Bild (das man sich gemacht hat; Anm. d. Verf.), das ist auch der Grund, weshalb man den Meister, Christus ‚zum Beispiel, kreuzigt. Das Bild lässt etwas durch; doch dieser Zugang ist begrenzt. Aber die Stimmung ist intensiv; in die Stimmung kann man insgesamt eintreten. Man tritt vollständig in die Stimmung ein, in der ein Lehrer zum Beispiel die Meditation praktiziert. Das ist das Wichtigste. Man verschiebt auf diese Weise seinen Identitätsbegriff und wacht dadurch auf.

So sieht man, dass es irgendetwas in uns gibt,
das all diesen verschiedenen Wesen entspricht.

Man kann auch in die Stimmung eines Engels oder Erzengels eintreten, was jedoch nicht heißt, dass man ihn sieht. Als nächstes tritt man in die Stimmung eines Meisters ein, dann in die eines Heiligen; der letzte Schritt ist dann, dass man sich nicht mehr mit Imaginationen (Formen) befasst, auch nicht mehr mit Engeln, Meistern, Heiligen und Propheten, man befasst sich zuletzt mit reiner, leuchtender Intelligenz.

Vilayat Inayat Khan, 2000

Wer bewusst im „Körper als Leichnam" wohnt, ist lebendig.
Wer den Körper mit dem Leben verwechselt, ist es nicht.

Das grosse Haus (die Seele) und das beengende Zimmer (der Körper)

Der Körper ist ein Raum im großen Haus. Gelangen wir aus diesem begrenzten Raum ins große Haus, bangen wir nicht mehr um diesen Körper. Wir sehen, vernehmen und spüren nun den großen Zusammenhang, die wahren Verhältnisse, die die Seele beglücken.

Wer ins große Haus gelangt, gelangt durch die Pforte der Unwissenheit herein zur Seele. Die Seele, die den Körper sieht, erkennt die Zusammenhänge und Gegebenheiten von Zeit und Raum, von formlos und ewig.

> Folge der Seele, und du wirst den Ausgang
> aus beengenden Verhältnissen finden.

Sobald wir alles aus dem Blickwinkel der Seele sehen, wandelt es sich hin zum Großen. In Wirklichkeit wandelt es sich nicht, es erkennt, dass es immer schon in ihm war.

Blicken wir durch die Augen der Seele, erkennen wir den wunderbaren Körper in seiner begrenzten und endlichen Bedeutung. Die Seele weiß, dass der Körper das Wachs der Kerze ist, die angezündet werden muss, um das Bewusstsein zu erweitern. Sind wir im Licht der Kerze weit genug geworden, sterben alle bisherigen Vorstellungen, was das Leben ist, hinweg, und wir erkennen unsere Seele als Wesen, als großes Haus. Alle Wege und alle Türen der Unwissenheit führen in dieses große Haus. Außerhalb dieses Hauses ist Halbdunkel oder Dunkel, und man hört das Tapsen und Umherirren der verlorenen Seelen.

> Wer in den Augenblick und immer weiter ins Nu eintaucht,
> fällt aus der Zeit in die Ewigkeit;
> denn Ewigkeit ist nicht dort, sondern da.

Reinhold Dietrich

Ein Vornehmer fragte Meister Hakuin: „Was geschieht mit dem Erleuchteten bei seinem Tod? Was geschieht mit dem Unerleuchteten?" Hakuin antwortete: „Weshalb fragst du mich?" Antwort: „Weil du ein Zen-Meister bist." Hakuin: „Ja, aber kein toter!"

Den Körper ablegen wie ein Kleid

Der physische Körper kann mit einer Uhr verglichen werden; sie hat einen Mechanismus und muss aufgezogen werden, das hält sie in Gang. Die Gesundheit des physischen Körpers ist es, die ihn durch seine magnetische Kraft befähigt, die Seele, die in ihm wirkt, zu halten. Sobald der Körper aus diesem oder jenem Grund diese Kraft, durch die er zusammenhält, verliert, sei es durch Krankheit, oder weil er aufgebraucht ist, gibt er nach, und die Seele scheidet ganz natürlich und verlässt den physischen Körper wie jemand, der einen Mantel fortwirft, den er nicht länger braucht.

Aus Hazrat Inayat Khan, (1, 166) „Perlen aus dem unsichtbaren Ozean", Verlag Heilbronn, Heilbronn, 1990, S. 116

An der falschen Auffassung von Leben und Tod vorübergehen

Wenn man vom Vernichten des Ichs spricht, so ist das eigentlich nur eine Frage des Ausdrucks; im Grunde handelt es sich nicht um ein Vernichten, sondern um ein Enthüllen.
Viele Menschen lesen ungern buddhistische Bücher, weil das Nirwana in ihnen als „Vernichtung" gedeutet wird. Niemand will vernichtet werden, und der Mensch erschrickt, wenn er von „Vernichtung" liest. Aber es kommt da nur auf das Wort an. Das Sanskrit hat ein schönes Wort dafür; es lautet Mukti. Die Sufis nennen es Fana. Ins Englische übersetzt heißt es „Vernichtung", aber seine wahre Bedeutung ist „vorübergehen". Vorübergehen - woran? An der falschen Auffassung, die anfangs eine Notwendigkeit ist, um zur wahren Erkenntnis zu gelangen.

Aus Hazrat Inayat Khan „Die Sprache des Kosmos", East West Publication, Den Haag, S. 9

Die Seele ist das Licht, der Körper der Lampenschirm

Wir haben die Seele totgesagt, und nun ist sie zu einem Begriff verkommen. Die Essenz der Seele ist das Leuchtende; wer zur Seele in sich vordringt, entdeckt, dass Sinn und Seele eins sind. Die Seele ist unsere eigentliche Heimat, unser urewiges Zuhause. Das ist der Grund, dass einer, der bei seiner Seele ist,

*Geh schlafen mit den Gedanken an den Tod
und steh auf mit den Gedanken, dass du nicht lange leben wirst.*
Sahl

überall zu Hause ist. Sprechen wir von einer Seele von Mensch, klingt etwas in uns an. Materialistisch gesehen stellt der Tod, vor dem sich die Menschen fürchten, das Ende der Existenz dar. Doch der Tod sagt uns aus der Perspektive der Seele: ‚Dieser Körper ist Ausdruck des Unendlichen im Endlichen'. Die Besinnung auf den Tod hilft uns, das Licht der Seele so wieder zu sehen. Der Körper ist nur das Kleid der Seele. So wichtig der Körper, seine Gesundheit und Pflege für das irdisch begrenzte Leben und seine Bewältigung ist, er ist dennoch nicht mehr als das Wachs einer Kerze, das uns zwischen Geburt und Tod zur Verfügung gestellt wird. Wer sich nur mit dem Körper identifiziert, übersieht, dass dieser Körper nur das Haus ist, das den Gast, die Seele, für eine begrenzte Zeit beherbergt. Der Körper ist ein Wunderwerk des Ewigen in der Zeit, die Seele aber ist strahlend, ungebunden überall und frei.

Wir können uns vorstellen, dass das Überbetonen des Materiellen, des Körperlichen das Licht verdunkelt. Der Körper wird so zum Schatten, der das Licht der Seele verbirgt. Das Licht kann durch den dicken Lampenschirm, den der Körper darstellt, nicht genügend durchdringen. Wir sind derart an diese halbdunkle, an diese relative Dunkelheit gewohnt, dass wir sie bereits als lichtvoll ansehen. Dies vergrößert unser Leid, und wenn wir älter werden und sehen, dass aller materieller Erfolg uns nicht glücklich macht, bedingt es eingestandene oder uneingestandene Resignation, Aussichtslosigkeit und Hoffnungslosigkeit.

Forschen wir nach der Seele, kommen wir zum Licht. Man kann nicht das eine ohne das andere denken, weil Licht und Seele eins sind. Wir legen uns am Wochenende in die Sonne, um ‚Licht zu tanken', wie wir sagen. Dieses Tun ist eine blasse Erinnerung, welche Wohltat es ist, wenn wir vom Licht bestrahlt werden. Das Licht der Sonne des konkreten Universums ist endlich, das Licht der Seele ist im Vergleich dazu von ganz anderer, von höchster Qualität. Wenn wir das Licht aus dem Inneren zu schöpfen beginnen, wird es uns anhaltend beflügeln. Diese goldfarbenen Gesichter behalten für immer ihre goldene Farbe.

Ein anderes Bild für das Licht ist das sich dehnende Bewusstsein. Sind wir zu sehr mit unserem Körper identifiziert, verengt sich unser Bewusstsein. Sind Körper, Geist und Seele in Balance, wird sich unser Bewusstsein weiten.

O Herr!
Wenn ich Dich aus Angst vor der Hölle anbete, wirf mich hinein.
Wenn ich Dich aus Verlangen nach dem Paradies anbete,
verschließe es vor mir.
Rabia

Ähnlich einer Blume wird es sich immer mehr für das Licht der inneren Sonne öffnen. Wer ständig Körperliches und Seelisches verbindet, dessen Lampenschirm wir mit der Zeit durchlässiger werden, so dass das Licht der Seele immer mehr ins konkrete Leben hereinfallen kann.

Diejenigen, die es wagen noch weiter zu gehen, verbrennen zuletzt im Feuer dieses Lichts, sie sterben hin zum Licht. Wenn wir wissen, wie wir zu sterben haben, wird das Sterben zur Lebendigkeit, zu einem andauernden Halleluja.

Die Seele ist der Seinszustand, der Körper der Habenszustand. Freiheit ist zwischen Sein und Haben zu wählen.

Mit Karlfried Graf Dürckheims Worten lebt ein freier Mensch vielleicht so:

> Haben als hätte man nicht,
> sehen als sähe man nicht,
> hören als hörte man nicht,
> berühren als berührte man nicht,
> besitzen als besäße man nicht.
>
> Reinhold Dietrich

Die vom Körper irregeleitete Seele

„Was die Vorstellung vom 'Ich' als einer lebenden Wesenheit festhält, ist nicht der Körper, sondern die vom Körper irregeführte Seele. Die Seele denkt, dass sie der Körper sei; sie denkt, dass sie geht, sitzt, liegt, wenn der Körper es tut, aber in Wirklichkeit tut sie nichts davon."

Aus Hazrat Inayat Khan „Wanderer auf dem inneren Pfad" Herder, Freiburg im Breisgau, 1986, S. 117
siehe dort weiter S. 119 über die Bekleidung und S. 119 „Es gibt keine Sterblichkeit"

Gedicht - „Über den Flammen die Seele"

Tötet mich, ihr Freunde,
durch meine Hinrichtung
werde ich auferstehen;
in meinem Tod
ist mein Leben,
und mein Leben
ist in meinem Tod.
Ehrenhaft ist mein Erlöschen,
Schande mein Bestehen.
Inmitten der Trümmer
bin ich des Lebens übersatt –
vergießt mein Blut,
setzt diese Knochen
in Flammen:
Wenn ihr mich aufsucht
auf dem Gräberfeld
zur Abendzeit,
strahlt
das Geheimnis meines Freundes
im Versteck
der zurückgebliebenen Seele.

Hossejn Mansur al-Halladj; aus dem Diwan Aufzeichnungen sufischer Meister,
aus: „Die Worte der Ameisen – Persische Weisheiten", Insel-Bücherei Nr. 1130, S. 66

Die Nacht ist das Leben, der Tod ist der Übergang,
das Licht ist ewiger Tag, Leben, Liebe und Freiheit.
Reinhold Dietrich

III. Meditationen über Leben, Tod und Ewigkeit

Als sein Tod nahte, sagte der Buddha:
Von allen Spuren ist die des Elefanten die größte.
Von allen Achtsamkeitsmeditationen
ist die über den Tod die höchste.

Gelingt es uns, der Endlichkeit furchtlos ins Auge zu schauen,
wird das Unendlich-Ewige in uns spürbar.

Reinhold Dietrich

Hinführung

So kraftvoll das Thema Endlichkeit und Sterblichkeit ist, so unangebracht ist es für jene, deren Lebenswillen geschwächt wurde und daher noch zu schwach ist, um der Gewissheit der Endlichkeit, auf die das Leben zugeht, ins Auge zu schauen.

Meditationen der Sterblichkeit des physischen Körpers sollen nicht schrecken, ängstigen und abschrecken, sondern eine Erweiterung des Bewusstseins ermöglichen. Solange jemand nicht kräftig genug ist, um zum irdischen Leben eindeutig Ja zu sagen, sind solche Meditationen über die Sterblichkeit noch nicht angebracht, da sie den Lebenswillen schwächen können oder depressive Neigungen, Todessehnsucht und Suizidneigungen vergrößern. Das ist nicht der Sinn solcher Übungen. Für Personen, die nicht zu einem eindeutigen Ja zum Leben gelangen, ist Beratung und Psychotherapie angebracht statt Meditation auf die Endlichkeit.

Solange jemand in seinem Lebenswillen nicht gefestigt ist, ist es günstiger, die Lebenskraft und Schönheit der Natur zu betrachten oder das Ein- und Ausströmen des Atems.

Wer lebendig sein möchte, muss das Sterben üben. Dies ist es, was man meint, wenn man sagt, dass nur lebendige Tote mit beiden Beinen im Leben stehen. Es klingt paradox, aber sterben zu lernen ist leben zu lernen. Der Boden unserer Wirklichkeit ist endliche Realität. Das im Sinn Halten der Endlichkeit ist Voraussetzung für ein bewusstes und aufmerksames Leben. Aufmerksamkeit ist vollständig als wertschätzende Aufmerksamkeit. Wertschätzende Aufmerksamkeit lebt bewusst zwischen Geburt und Tod.

Der tibetische Mönch, Rinpoche Sogyal, spricht sogar vom Gefühl des Triumphs, das wir erleben, sobald wir uns aus den Begrenzungen des Sterblichen befreien. Das Thema von Leben und Sterben geht jeden unmittelbar an. Manche meinen, es wäre dann, wenn der Tod spürbar naht, genug Zeit, um sich mit ihm zu befassen. Man kann jedoch sicher davon ausgehen: Vorbereitet stirbt nur, wer bewusst lebt. Aus diesem Blickwinkel ist das Sich-Beschäftigen mit dem vorliegenden Thema und das Praktizieren der einen oder anderen der hier beschriebenen Übungen für jeden aktuell und sinnvoll.

Zum eigenen Tod bewusst hinsterben, das ist der Weg des Lebens. Seine Wirkung ist: Lebendigkeit.

*Einmal kehrt man zurück ins Licht,
einmal kehrt man mit dem Licht zurück.*
Reinhold Dietrich

Praktische Übungen - Meditationen

Die wahre Geburt ist der Tag, wenn Ihr in DAS eingeht,
was Geburt und Tod überdauerte – das ewige Sein.
Ramana Maharshi

A. Lichtmeditationen

✹ **Meditation auf die lichtvolle Endlichkeit**

Meditieren Sie die Endlichkeit und Ihren Tod
als Übergang in ein Reich von Licht.

✹ **Die Person als Schatten in einer Licht-Aura**

1. Schritt
Ausatmen – Stellen Sie sich vor, dass im Ausatmen der Körper sich in Energie und Licht verwandelt.

Einatmen – Sie atmen Energie und Licht ein und Sie stellen sich aktiv vor, dass sich die idealen Formen, Organe und Zellen des Körpers aufbauen.

Ausatmen – Stellen Sie sich wieder vor, dass im Ausatmen der Körper sich wieder in Energie und Licht verwandelt.

2. Schritt
Imaginieren Sie aktiv auf Ihre strahlende Licht-Aura und Ihren Körper als Schatten oder Leere in Ihrer Aura.
Gehen Sie immer wieder zu diesem Bild zurück und meditieren Sie sich als Lichtwesen.

◎ **Ins Licht des Kronen-Chakras hineinschmelzen**

a. Stellen Sie sich ein brillantes weißes Licht um Ihren Kopf und über Ihrem Kopf vor.
Dieses Licht ist allesdurchdringend. Es strahlt nicht aus, sondern ist überall diffus zugegen.
Stellen Sie sich dieses Licht aktiv vor, und stellen Sie sich vor, dass Sie gleichsam in diesem Licht baden und gebadet werden, es ist um Sie herum und auch in Ihnen.

b. Dann stellen Sie sich vor, dass Ihr Körper langsam in dieses Licht hineinschmilzt – in dieses Licht aller Lichter, das uns das Leben gibt.

c. Stellen Sie sich nun vor, dass auch dieses Licht zuletzt verschwindet, und was bleibt ist eine winzige blaue Flamme, wo Ihr Herz war.

◎ **Der Mensch als pulsierendes Licht**

1. Schritt
Meditieren Sie sich selbst als pulsierendes Licht.
Einatmen – Stellen Sie sich aktiv vor, Licht aus dem gesamten Universum und sogar hinter dem Universum mit dem Einatem durch Ihre Zellen in Ihren Körper einzuatmen, der dadurch aufgeladen wird, und dessen Organe und Zellen dadurch gereinigt werden.
Ausatmen – dann stellen Sie sich vor, dass sie dieses Licht wieder ausatmen und dorthin zurückstrahlen, wo es hergekommen ist; ihre Chakren und Ihre Aura leuchten dabei auf.

2. Schritt
Identifizieren Sie sich zuletzt nur mehr mit Ihrer Aura, stellen Sie sich die regenbogenfarbenen Lichtkreise Ihrer Aura vor, die den Körper umgeben.

B. Aktives Erinnern an die Endlichkeit

✪ **Sich an die Präsenz des Todes erinnern**

Entsinnen Sie sich ab und zu der Endlichkeit.
Sie sitzen im Restaurant und erinnern sich, dass alle Menschen, die nun hier sind, eines Tages wieder gegangen sein werden.
Achten Sie darauf, was dieses Erinnern mit Ihnen macht, was es in Ihnen bewirkt, und wie es Ihre Wahrnehmung und Perspektive verändert.
Wenn Sie dieses Erinnern bedrückt oder depressiv macht, ist es noch nicht die richtige Übung für Sie. Setzen Sie mit der Übung ab, oder befassen Sie sich weniger mit ihr.

✪ **Meditation: Leuchtender Horizont und bewegter Ozean**

Meditieren Sie auf den leuchtenden Horizont über dem bewegten Ozean.
Verbinden Sie Ihren Atem mit dem Licht des Horizonts und tauchen sie in die lichtvolle Weite ein, während sie unter sich den dunklen, bewegten Ozean sehen und spüren.

Erläuterung - Der Ozean stellt das Leben dar, die Wellen stellen die Kümmernisse und Sorgen dar, die Herausforderungen und Prüfung.

✪ Meditation der Handflächen

Eine schöne Übung ist, die eigenen Handflächen lange zu betrachten. Die Handflächen sind wie Landkarten, in denn man lesen kann, das eigene Leben spiegelt sich in ihnen.

Im Folgenden ist das Betrachten der Handflächen mit vier Schritten und einer kleinen Todesübung verbunden:

1. Was sagen diese Hände über mein Leben aus?
2. Was löst es in mir aus, was empfinde ich, wenn ich meine Hände betrachte?
3. Was brauchen diese meine Hände, was sehe ich in ihnen liegen?
4. Was entdecke ich, wenn ich mich als sterblicher Mensch in den Handflächen meditiere?

Schlussbemerkung: Eine weit bekannte Übung der Karthäusermönche besteht darin, sich in jeder Handfläche ein „M" vorzustellen.
Die beiden „M" stehen für „memento morituri", das ist Lateinisch und heißt so viel wie „Erinnere dich Mensch, dass du sterblich bist".

✪ Meditation über den Wandel aller Dinge

Alles ist in Veränderung, nichts, was geformt ist, bleibt, wie es ist, es ist ständig in Veränderung, in einem unaufhörlichen Prozess des Entstehens und Vergehens inbegriffen.

Meditieren Sie über den andauernden Wandel aller Dinge.
Beginnen Sie mit kleinen Zusammenhängen, und entwickeln Sie die Besinnung auf immer größere Zusammenhänge.

Betrachten Sie das Kommen und Gehen aller Dinge:

Tag und Nacht kommen und vergehen...
Der Atem kommt und vergeht...
Hunger und Sättigung...
Gedanken tauchen auf und vergehen wieder...
Gefühle entstehen und vergehen...

Menschen werden geboren und vergehen wieder...
Die Jahreszeiten kommen und gehen...
Beziehungen kommen, bleiben und vergehen...
Sonne und Mond gehen auf und unter...

Familien entstehen und vergehen...
Regierungen kommen und vergehen...
Gesellschaften und Gesellschaftsformen kommen und vergehen...
Frieden und Krieg kommen und vergehen...

Kontinente entstehen und vergehen...
Planeten entstehen und vergehen...
Universen werden geboren und vergehen wieder...

Zuletzt können Sie darüber meditieren,
wo alles herkommt und wo alles hingeht...
und falls Sie einen Zugang dazu haben,
    dass die Essenz des Substantiellen ins Ewige eingeht...

C. Meditationen mit Bewusstseinswechsel von Körper-Bewusstsein zu umfassendem Bewusstsein

✿ Meditation über Schlaf, Tod und Erwachen

a. „Frage an Ramana Maharshi:
Überleben der Verstand und die Emotionen den Tod?

Antwort: Bevor Sie dies betrachten, betrachten Sie zuerst, was im Schlaf geschieht.
Schlaf ist bloß das Intervall zwischen zwei Erwachen.
Überleben diese beiden Phasen des Erwachens in diesem Intervall des Schlafes?
Die Phasen des Erwachsens repräsentieren das Körper-Bewusstsein und nichts mehr.
Solange Sie der Körper sind, hält das ausschließliche Körper-Bewusstsein immer an Ihnen fest.
Wenn Sie sich nicht mehr ausschließlich mit ihnen identifizieren, dann haben sie keine Wirkung auf Sie.

Der, der im Schlaf war, ist der, der jetzt spricht.
Sie waren nicht der Körper im Schlaf.
Sind sie jetzt der Körper?

Finden Sie dies heraus und das ganze Problem wird gelöst sein."

Text von Ramana Maharshi aus „The Wheel of Death", edited by Philip Kapleau, Harper & Row, NY, 1971, S. 56
Sprachlich bearbeitet von R. Dietrich

b. Vom Text Ramana Maharshis weiterführende Betrachtungen und Meditationen:

Teil 1

1. Meditieren Sie sich selbst im Schlaf liegend, einem Intervall zwischen zwei Wachphasen, wo Sie sich nicht mit dem Körper identifizieren.

2. Meditieren Sie sich in der Phase des Wachseins, wo Sie sich mit dem Körper, den Emotionen und dem Verstand identifizieren.
3. Meditieren Sie dann auf Folgendes:
Im Schlaf bin ich nicht der Körper, weshalb muss ich mich dann im Wachen allein mit dem Körper identifizieren?

Teil 2

4. Meditieren Sie darüber, dass Sie natürlicherweise ständig zwischen verschiedenen Bewusstseinsbereichen wechseln, zwischen Schlafen und Wachen.
5. Meditieren Sie darüber, dass dieser Bewusstseinswechsel nicht wesentlich verschieden ist von dem Übergang zwischen Leben und Tod.
6. Meditieren Sie darüber, dass das Körperbewusstsein nur ein begrenztes Bewusstsein darstellt, das aus dem immerwährenden, unbegrenzten All-Bewusstsein entstammt.
7. Meditieren Sie darüber, dass das Vergängliche und Immerwährende aus dem Ewigen kommt und die Essenz des Vergänglichen und Immerwährenden in das Ewige zurückkehrt.

Schlussbemerkung - Solange wir uns nur mit dem Köper-Bewusstsein identifizieren, identifizieren wir uns nur mit dem begrenzten Bewusstsein.

Wenn wir uns nicht allein mit dem Körper–Bewusstsein identifizieren, bemerken wir mit der Zeit vielleicht noch ein anderes Bewusstsein, das unserer Aura, der Seele und dem innersten Kern nahe ist.

Wenn wir im Schlaf davon frei sein können, uns ausschließlich mit unserem Körper-Bewusstsein zu identifizieren, weshalb können wir dies dann nicht auch im Wachen!?

✪ **Meditation: Das Ewige im Vergänglichen**

Meditieren Sie in allem Vergänglichen das Ewige.
a. Mit geschlossenen Augen...
b. In der Natur mit offenen Augen...

✪ **Meditation: Wo komme ich her, wo gehe ich hin?**

1. Schritt
Was war ich, bevor ich geboren wurde
und was werde ich sein, nachdem ich gestorben bin?

2. Schritt
Wo komme ich her? Wer bin ich? Wo gehe ich hin?

✪ **Meditieren Sie einen Ausspruch von Johannes vom Kreuz**

„Das Leben ist eine einzige Nacht
zwischen einem untergehenden und einem aufgehende Tag."

✪ **Meditieren Sie ein Bild der Balinesen**

„Das Leben ist eine endliche Reihe von Toden bis zur Geburt."

✪ **Meditieren Sie einen Ausspruch der Sufis**

„Der Körper ist das Grab der Seele."

✪ **Meditation: Was war mein Gesicht, bevor Vater und Mutter geboren wurden?**

a. Meditieren Sie darauf: Was war mein Gesicht, bevor Vater und Mutter geboren wurden?
b. Nehmen Sie wahr, ob und wie sich Ihr Bewusstseinszustand ändert.

❁ **Meditieren Sie auf einen Ausspruch Mahatma Gandhis**

„Sind nicht Tod und Leben zwei Seiten derselben Medaille? Du findest den Tod auf der einen Seite und die Geburt auf der anderen. Weshalb sollte dies Anlass zu Trauer oder Freude sein?"

❁ **Meditieren Sie auf einen weiteren Ausspruch Mahatma Gandhis**

„Jener Mensch stirbt, der sich von der Quelle seines Sein abschneidet, und nicht der, dessen Seele den Körper verlässt."

❁ **Meditation von Paramahansa Yogananda**

Diese Meditation ist nur für Personen geeignet, die gut im Leben stehen und die emotional lebendig sind.

Sie ist nicht geeignet für Personen, die dazu neigen vom Leben weg zu streben, ihren Körper verleugnen oder stark im Verstand leben.

„Lassen Sie sich von nichts außerhalb Ihrer selbst in Hochstimmung versetzen oder bedrücken.

Betrachten Sie das vorüberziehende Schauspiel des Lebens mit Gleichmut, denn die Höhen und Tiefen des Lebens sind nur Wellen auf einem Ozean, der unablässig in Bewegung ist.

Meiden Sie jeden Gefühlskontakt mit diesen Höhen und Tiefen; bleiben Sie vielmehr stets ruhig, stets frohgemut an Ihrem inneren Pol im Rückgrat zentriert."

Aus Paramahansa Yogananda, Knaur 86111, 1996, S. 39

✣ Meditation eines Ausspruchs Buddhas

Erkenne alle Dinge als so beschaffen:
Wie die Spiegelung des Mondes in einem klaren See,
ohne dass der Mond in den See gefahren wäre.

Buddha

Meditieren Sie auf Ihr Leben,
- als wäre Ihr gesamtes Leben und das Leben der Welt eine Spiegelung des Mondes in einem klaren See,
- aber machen Sie sich klar, dass die Spiegelung des Lebens das eine ist und der Mond das andere.

✣ Meditation der Maske im Licht

a. Stellen Sie sich vor, Ihr Gesicht ist eine wunderschöne Maske.

b. Sie heben Ihr Gesicht, das Sie als Maske visualisieren, und meditieren darauf, dass das Licht der ewigen Sonne auf diese Maske fällt.

c. Nehmen Sie genau wahr, was in Ihnen passiert, wenn Sie längere Zeit mit ihrer Konzentration bei diesem Bild bleiben.

d. Meditieren Sie zuletzt mit geschlossenen Augen Ihr Gesicht in einem Spiegel.

✣ 16 verschiedene Todesmeditationen

Meditieren Sie auf die einzelnen Schritte und bleiben Sie bei jedem Punkt einige Minuten. Wählen Sie jene Meditationen aus, die Sie am meisten ansprechen und behalten Sie sie in der Konzentration:

1. Der Tod als Endlichkeit dieses und als Übergang in ein anderes Leben.

2. Der Tod, der jeglichen Erfolg und Erfolgsdruck von uns nimmt.

3. Der Tod, der alle in gleicher Weise betrifft, erfolgreiche und nicht erfolgreiche, einfache und bedeutende Menschen.

4. Der Tod als sterbender Körper, der die unsterbliche Seele entlässt.

5. Der Tod, der zeigt, dass das Leben nur eine Haus ist, das vorübergehend bewohnt werden kann.

6. Das Leben als begrenzte Chance der Entwicklung des Bewusstseins und der Tod als Ende dieser Chance.

7. Der nahe bevorstehende Tod, der uns zeigen kann, was im Leben wirklich wichtig ist.

8. Der Tod als ständiger Begleiter und Ratgeber, der aufzeigt, was im Leben wesentlich ist.

9. Geburt und Tod als Pforten. Geburt als Pforte ins Leben als Labyrinth und Tod als Pforte, die aus dem Labyrinth herausführt.

10. Das Leben als eine lange Reihe von Toden bis zum Leben.

11. Der Tod des Ego. - Der Egotod als Geheimnis und großer Befreier.

12. Der Tod vor dem Tod als Geburtshelfer für das wahre Leben.

13. Der einen plötzlich überraschende Tod.

14. Das Leben als kurzer Schlaf, als kurzer Tod zwischen Geburt und Geburt

(Johannes vom Kreuz)

15. „Der Gegensatz zu Leben ist nicht Tod, sondern Ewigkeit".

(Vilayat Inayat Khan)

16. Tod als Abschied, Ende und Neubeginn, die sich in jedem Augenblick manifestieren.

<small>Weiter ausgearbeitet von Reinhold Dietrich aufgrund des Impulses durch eine Vorlage von 8 Todesarten von Meister Buddhaghosha (5. Jahrhundert), in: Philip Kapleau „Das Zen-Buch vom Leben und vom Sterben", O.W.Barth, '01, S. 68 – 69</small>

D. Meditationen zum Leichenacker

✪ **Meditation: „Der Körper als Schatten der leuchtenden Aura"**

a. Man stellt sich vor, dass die Aura das ewige Sein ist. Die Aura baut den Körper auf. Die Aura ist Ausdruck der Seele.

b. Dann meditiert man den Körper als Schatten der leuchtenden Aura.

c. Zuletzt meditiert man alle physischen Körper der Welt als Schatten des ewigen Lichts.

✪ **Meditation: „Verpasste Gelegenheiten"**

Hinführung - Frau Kübler-Ross erwähnt, dass die Sterbenden nicht so sehr ihre Fehler am Sterbebett bedauern, sondern was sie am meisten schmerzt und bedrückt, ist, wenn sie sehen, was sie im Leben verpasst, versäumt und nicht gelebt haben.

Meditieren Sie nun
dass sie auf Ihrem Sterbebett liegen und gehen Sie Ihr Leben durch.
Prüfen Sie, was Sie für sich an Wichtigem entwickelt und gelebt haben und was Sie ausgelassen, verpasst und nicht gelebt haben.

✪ **Meditation zur Geschichte:**
„Was immer zu dir kommen soll, wirst du auch erhalten" Seite 63

Genau jenes Bild am Ende der Geschichte, die weiter oben dargestellt worden ist, ist äußerst wichtig: Jener Totenschädel mit der Linse zwischen den Zähnen.

Man stellt sich in der Meditation diesen weißen Totenschädel als den eigenen vor. Man stellt sich auch die Linse zwischen den Zähnen seines Totenschädels vor. Und dann stellt man sich vor, wie jener gebleichte Schädel immer weiter zerfällt, während er das Leben jenes Samens, in dem er selbst vergeht, nährt.

Werden und Entwerden – diese Meditation führt zwischen den Ritzen des Bodens in die Erde des Ewigen, hin zu jener anderen Wirklichkeit, die alles umfasst.

Anhang - Die Praxis baut den Weg, das Lesen allein hilft nicht. Bücherwissen mag interessant sein und wichtige Impulse geben, mag uns einstimmen und unsere Sehnsucht wecken, aber letztlich sind Erfahrungen der Stoff, aus dem der Weg gebaut ist. Übung und Disziplin bringen uns die unmittelbare Erfahrung.

✪ **Meditation: „Erhabene Stelle und Fall in den Abgrund"**

Wechseln Sie immer wieder zwischen den zwei Bildern hin- und her.

Erstes Bild

Stellen Sie sich vor, Sie sitzen auf einem erhabenen Platz in Meditation und wunderbares Licht umgibt Sie und fällt auf Sie.

Zweites Bild

a. Imaginieren Sie, dass früher oder später alle Lebewesen, alles Geformte in einen Abgrund fallen wird.

b. Stellen Sie sich auch vor, dass jedes Mal, wenn Sie gerade im Begriff sind, sich an etwas klammern, es auch in diesen Abgrund fällt.

Wechseln Sie wieder zum erhabenen Platz.

◎ Meditation auf die Szenarien des eigenen Todes

Wer sich schon zu Lebzeiten immer wieder einmal auf das eigene Totenbett legt, wird Dinge entdecken und eine Klarheit erhalten, die er auf andere Weise nicht erreicht.

Man stellt sich selbst auf dem eigenen Totenbett vor
und meditiert aus einem Zustand der Ruhe Bilder und Szenarien des eigenen Todes:

- Man stellt sich die Erleichterung vor, wenn man aus der Enge des Körpers wie aus einem Kokon entschlüpft,
- man stellt sich die Weite vor und das Licht der Seele, sobald sie im Licht des ursprünglichen Zustandes schwingt,
- man stellt sich auch vor, wie einem die Angehörigen liebevoll und still begleiten und wie sie berührt werden vom Licht, von inneren Freuden und von der Glückseligkeit, die von unserer Seele ausgeht, wenn wir sterben,
- man stellt sich vor, dass sich nun die Bande zwischen Körper und Seele lockern, dass die Seele langsam losgebunden wird und erkennt, dass sie sich lange, weil wir uns sosehr ausschließlich mit unserem Körper identifizieren, mit dem Körper verwechselt hat,
- man stellt sich auch die Empfindungen, die Hilflosigkeit, den Schmerz, die Trauer, die Verzweiflung oder sogar Panik derer vor, die uns lieben.
- Man stellt sich vor, was im Leben gelungen ist, was wir angepackt und weitergebaracht haben,
- man stellt sich die Einsichten vor, die man durch das konkrete Leben erreicht hat,
- man stellt sich vor, wie sich das Bewusstsein von Geburt bis zum Tod entwickelt hat,
- und man stellt sich auch vor, was man verpasst hat, was man verabsäumt hat und immer gerne getan hätte.

✪ **Meditation des zentralen Bildes der Geschichte
„Von der Furcht vor dem Jüngsten Gericht"** Seite 37

Stellen Sie sich als aktive Imagination vor, sie wären der Bruder oder die Schwester des „Königs" in der Geschichte:

Sie sitzen unbekleidet über einer tiefen Grube auf einem sehr wackeligen und gebrechlichen Stuhl mit vier schadhaften Beinen.

a. Ein scharfes Schwert hängt an einem seidenen Faden über Ihrem Kopf, vier Männer richten ihre scharfen Schwerter auf sie, einer von vorne, der andere von hinten, der dritte von der rechten und der vierte von der linken Seite.

b. Der „König" könnte den Männern jederzeit befehlen, die scharfen Schwerter in sie hineinzustoßen.

c. Stellen Sie sich vor, der „König" lässt Trompeter und Musikanten rufen und deckt vor ihnen eine riesige Tafel mit den erlesensten Speisen, während Sie auf dem wackligen Stuhl sitzen und jederzeit in die Grube fallen können, während das Schwert über Ihrem Kopf hängt und Sie umgeben sind von den vier Männern mit den scharfen Schwertern, die auf ein einziges Wort des „Königs" diese in Sie hineinstoßen.

Die weitere Erklärung für die Situation ist:
Wir alle sitzen auf einem solch zerbrechlichen Stuhl

- **unter uns** ist die Höllengrube, über unserem Haupt hängt ein spitzes Schwert, nämlich **Gottes Gericht**, welches bereit ist, unsere Seele vom Körper zu scheiden;

- **vor uns** ist ein scharfes Schwert, nämlich **der Tod**, der niemanden verschont und unverhofft kommen kann, wo und wann wissen wir nicht;

- **hinter uns** ist ein zweites Schwert, bereit uns zu durchbohren, das sind **unsere menschlichen Fehler**, Mängel und Sünden, die wir in dieser Zeitlichkeit begangen haben, sie stehen bereit, uns vor dem Richterstuhl Gottes zu verklagen;

- **rechts von uns** ist ein Schwert, das ist **der Teufel**, der herumgeht und sucht, um uns zu verzehren, um uns zu blenden und leichtfertig zu verführen und der immer bereit ist, unsere Seele zu erhaschen und dorthin zu führen, was wir Hölle nennen;

- links von uns ist ein Schwert, das **die Würmer** darstellt, welche unser Fleisch nach unserem Tode fressen werdenu

Die Stimmung – Unser Leben ist unsere Lebensfreude. Die Lebensfreude tanzt auf dem Stuhl der Vergänglichkeit. Lassen Sie sich nicht einnehmen durch den scheinbaren Ernst der Situation. Wir sind immer in dieser Situation. Vielleicht stellen auch Sie fest, dass jetzt eigenartigerweise auch etwas in Ihnen als Freude ist, obwohl Sie ernst sein müssten.

✪ **Leichenacker 1: Mit dem Todesengel im Grab**

Stellen Sie sich aktiv vor, Sie liegen mit Ihrem strahlenden Todesengel im Grab. Gehen Sie in dieses Bild hinein, erlauben Sie, dass es sich von innen entfaltet und bleiben Sie offen dafür, was dieses Bild in Ihnen bewirkt.

Denken Sie nicht über das Bild nach, sondern meditieren Sie darauf möglichst gedankenlos, indem Sie, wenn es so sein will, sich erlauben, dass Bilder aus Ihrem Inneren aufsteigen.

„O Herr, sende deinen Todesengel, damit er mein Leben nehme und ich sein Leben empfange: Dann mögen sie unsere Leichname gemeinsam zum Friedhof bringen."

<small>Aufzeichnungen sufischer Meister, aus: „Die Worte der Ameisen - Persische Weisheiten", Insel-Bücherei Nr. 1130, S. 14</small>

✪ **Leichenacker 2: Bestattung in Erde oder Feuer**

Hilfen zu den folgenden Meditationen - Bei all den folgenden Übungen, in denen man seinen Tod, beziehungsweise die Auflösung seines Körpers visualisierend meditiert, sollte man sich eine Art Doppelgänger vorstellen.

Man stellt sich wieder vor, selbst auf einem leicht erhöhten Platz zu sein und sieht den Körper des Doppelgängers unter sich im Prozess der Auflösung auf dem Leichenacker.

Man kann sich auch vorstellen, dass man, auf dem „Platz des Selbst" sitzend, die Auflösung des ichgebundenen Körpers meditiert.

- Die Meditation der Feuerbestattung ist besonders intensiv. Jene, für die das Visualisieren der Feuerbestattung noch zu stark ist und es nicht ertragen können, können stattdessen die Erdbestattung visualisieren. Man sollte auch selbst herausfinden, was einem, wie lange zuträglich ist und in der persönlich passenden Zeitdauer auf den Bestattungsvorgang meditieren. Etwas zu erzwingen oder zu übertreiben ist falsch und schädlich. Damit unser Bewusstsein sich weitet, braucht es viel mehr Zeit, als wir uns in einer schnelllebigen Zeit vorstellen wollen. Wer einen Kraftakt setzt, ist in Gefahr, seine Nerven zu schädigen. Alles, was wir in uns weiterentwickeln, muss zuerst auf allen Ebenen integriert werden. Mit Geduld und Wiederholung wird das Wertvolle in uns entstehen.

Geduld – Da das Betrachten des zerfallenden Körpers am Beginn wahrscheinlich schwer ist, wenn man diese Art der Meditation beginnt, lässt man sich Zeit, um sich daran zu gewöhnen. Man beginnt mit kürzeren Phasen und dehnt die Meditation mit der Zeit, gemäß seiner inneren Entwicklung, langsam aus. Man achtet auch auf die Tagesverfassung. Überfordert man sich in diesem Tun, so kann es sein, dass man sich hinterher nicht so gut fühlt. Man findet mit der Zeit das Richtige heraus.

Übung 1: Meditation der Erdbestattung

a. Man stellt sich vor, dass der eigene Körper in einem fremden, sonnigen Land auf einen Leichenacker geworfen wird. Man sieht den eigenen, toten Körper irgendwo unter sich auf einem sonnenbeschienenen Leichenacker langsam sich auflösen, verwesen. Man sieht die Szene irgendwie von einem wie immer erhöhten Platz aus.

b. Man wechselt die Perspektive und meditiert die lichte Weite des Himmels, in die man seine Gefühle und seinen Atem auflöst.

c. Man sieht wieder hinab auf den sonnenbeschienenen Leichenacker. Nachdem das Fleisch, die Haut, das Bindegewebe gegangen sind, ist nur mehr das Knochengerüst da. Das Skelett liegt in der Sonne. Alles ist ausgehöhlt und leer. Die Sinne sind gegangen, die Gefühle sind gegangen, die Wünsche und Bedürfnisse sind gegangen. Herz und Kreislauf sind gegangen. Die Lungen und der Atem sind gegangen.
Wichtig ist: Man vermeidet alles Bedauern und alle dumpfen Gedanken über sein Ende.
Langsam zerfällt auch das von der Sonne weiß gebleichte Skelett. Es glänzt

im Licht unter einem wie Muschelkalk. Auch dieser Glanz wird durch die Auflösung des Körpers bald verschwunden sein.

d. Man wechselt öfters hin und her und betrachtet die Emotionen, die in einem möglicherweise entstehen von seiner erhöhten Position aus.

e. Dann betrachtet man wieder den verwesenden Körper unten auf dem sonnenbeschienenen Platz des Leichenackers. Man betrachtet den Vorgang des Zerfalls ohne Selbstbedauern und Angst. Man lässt sich davon berühren, erfassen, aber hütet sich in Beklemmung, Angst, Furcht und Verzweiflung zu fallen.

Übung 2: Meditation des Leichnams innerhalb der Mauer

Eine andere Art, die eigene Vergänglichkeit zu meditieren, ist in Anlehnung an ein sehr altes Bild von Basilius Valentinus entwickelt worden.

a. Man sieht von oben in einen Bezirk, der mit einer Mauer umgeben ist. Irgendwo in diesem Bezirk stellt man sich ein ausgehobenes, offenes Grab vor. Wiederum ist der Bereich innerhalb der Mauer sonnenbeschienen. Man sieht seinen Leichnam im offenen Grab liegen und sieht bewusst, wie er langsam zerfällt.

b. Dann wechselt man die Position und identifiziert sich mit dem Leichnam. Man liegt selbst als Leichnam, erkennt den offenen Himmel über sich, sieht am Rande des Gesichtsfelds die umgebende Mauer. Man meditiert nun die Weite des Himmels, bleibt ganz ruhig, auch wenn die Szene einen vielleicht dazu verleitet aufgeregt zu werden. Man versucht angesichts des Todes gelassen zu bleiben. Das benötigt Disziplin und Konzentration und ein wenig Übung.

c. Man wechselt wieder zur erhabenen Position über dem ummauerten Bereich und meditiert auf seinen Auferstehungsleib. Ohne zu wissen, was der Auferstehungsleib ist, meditiert man ihn, lässt ihn aus dem Hintergrund hervorkommen.

Kommentar - Die Mauer, die einen umgibt, ist das alltägliche Bewusstsein und die Vorstellungen und Konzepte von dem, was Tod ist und was Leben. Solange man sich nicht bewusst und immer wieder auf die Endlichkeit besinnt, ist es einem nicht möglich über die Mauer der Vergänglichkeit zu spähen.

Personen können meistens auch nicht glauben, dass man den Vorhang zur Endlichkeit zu Lebzeiten schon ein Stück beiseite schieben kann. Solange wir es nicht selbst erleben, können wir uns nur auf die Sicherheit anderer verlassen.

Mit einem wenig entwickelten Bewusstsein können wir nicht über die Mauer der Vergänglichkeit schauen. Man braucht ein entwickeltes Bewusstsein und ein entwickeltes Wissen, um dies zu erreichen. Mancher meint vielleicht, dass dies unnötig und vielleicht sogar absurd ist zu tun. In Anbetracht des Gesagten jedoch und im Hinblick auf ein lebendiges und erfülltes Lebens ist, dies zu erreichen, von höchster Aktualität und Wichtigkeit. Jeder Schritt auf dem Weg der persönlichen Weiterentwicklung und Selbsterfahrung ist das Erklimmen einer Sprosse der Leiter, die an der Mauer der Vergänglichkeit lehnt – drüben ist der Garten der Lebendigkeit.

Übung 3: Meditation der Feuerbestattung

Statt sich den Leichnam im Verwesungsvorgang am sonnenbeschienenen Leichenacker oder in einem ummauerten Leichenacker (Bezirk) vorzustellen, kann man dessen Feuerbestattung meditieren.

a. Man betrachtet den eigenen, sonnenbeschienenen Leichnam wieder von einer erhabenen Stelle aus und sieht, wie er verbrennt. Man sieht, wie die Flammen alles Geformte mit sich nehmen. Man stellt sich die Flammen aktiv vor und hütet sich wieder, sich in Selbstmitleid, Beklemmung und Angst zu verirren.
Man bleibt geöffnet und möglichst gelassen. Das Betrachten des Vergehens des Körpers hat den Sinn, dass wir mit einem anderen, einem weiteren Bewusstseinszustand in Kontakt kommen.

b. Wir wechseln wieder und betrachten vom erhabenen Platz aus die Weite des Himmels und nehmen alles wahr, was in uns und um uns geschieht.

c. Man wechselt mit der Aufmerksamkeit wieder zum Leichenacker, imaginiert, wie der Aschenhaufen durch den Verbrennungsvorgang entsteht. Zuerst glüht die Asche noch, dann wird sie schwarz, dann wird sie weißlich-hellgrau und leicht und wird vom Wind sanft verweht, in alle Himmelsrichtungen zerstreut.

Ausklang - Die Intention dieser aktiven Sterbeübungen ist, mit dem inneren Licht des Selbst unseres innersten Kerns in Berührung zu kommt. Sobald man damit in Berührung kommt, kommen Ruhe, Frieden, Klarheit, Weite, das Gefühl der Erhabenheit, Harmonie, Geborgenheit, Schönheit und Aufgehobensein.
Bewegt sich unsere Stimmung nicht in Richtung Glück, Erfüllung, kraftvoller Ruhe, sollte man diese Übungen noch nicht machen.
Treten Depression, Kümmernis oder Beschwertheit nach der Meditation auf, so ist das ein Zeichen, dass man zu schnell vorangeht, dass man den Vorgang der Auflösung und Ablösung in diesem Ausmaß noch nicht verkraften kann. Man sollte diese Sterbemeditation kürzer durchführen oder sich zuerst mit leichteren Übungen befassen, mit solchen, die das Gefühl heben und in Richtung Freude und Faszination gehen.

✪ Leichenacker 3: Die Stufen des körperlichen Zerfalls und das umfassende Bewusstsein

(eine abgewandelte buddhistische Meditation)

A. Prolog

Man macht sich bewusst, dass das Leben eine einzige Vorbereitung auf das Sterben ist. Wer wirklich lebt, übt sich in der Kunst des Sterbens.

Wer alles Hinderliche ausmerzt und hinstirbt zum Leben, kann sich entwickeln und kann mit der Zeit klar erkennen, dass das Leben wandelbar und zugleich ewig ist.

Durch eine ausschließliche Identifizierung mit dem physischen Körper werden die höheren Bewusstseinsebenen nicht erkannt. Wer sich mit einem Insgesamt von Körper und Seele identifiziert, wird den Weg zum lebendigen Insgesamt finden.

Meditationen über Leben-Tod-und-Ewigkeit sind dazu da, um den Pol des Persönlichen mit dem Pol des Seelischen zu verbinden, um Personen zu ermöglichen als Ganzheit die Wegstrecke des Irdischen bewusst zu durchwandern.

B. Meditation

Man stellt sich mit geschlossenen Augen vor, auf einer erhabenen Stelle im Licht zu sitzen und meditiert längere Zeit auf dieses Bild.

Dann stellt man sich irgendwo weit unter sich auf einem sonnenbeschienenen Hügel den Leichenacker vor, sieht seinen eigenen Leichnam auf dem Grabhügel des Leichenackers liegen.
Man meditiert nun Schritt für Schritt Tod, Zerfall und Auflösung des physischen Körpers.
Der Körper wird auf den Leichenacker gebracht und man meditiert, wie er langsam zu verfallen und zu verwesen beginnt.

1. Schritt
- Haut und Gewebe trocknen aus. Vögel, Ameisen und Würmer verzehren langsam Haut, Muskeln und Gewebe.
Das normale Bewusstsein, das uns erlaubt, durch die Sinne wahrzunehmen, ist gegangen.
- Nach einiger Zeit kehrt man innerlich zurück auf den erhabenen Platz und meditiert die lichtvolle Weite des Himmels.

2. Schritt
- Man lenkt die Konzentration wieder hinab auf den weit entfernten, sonnenbeschienenen Leichenacker.
Die gesamte Haut ist gegangen. Der größte Teil des Muskelgewebes hat sich aufgelöst oder wurde verzehrt. Es beginnen nun die Knochen durchzuscheinen, die noch mit rötlichem Gewebe überzogen und miteinander verbunden sind. Die Organe sind zum Großteil verwest, Gehirn und Herz sind gegangen. Das Ich ist gegangen und auch das Ego.
Unser alltägliches Denken ist gegangen wie auch unsere alltäglichen Gefühle.
- Nach einiger Zeit kehrt man innerlich zurück auf den erhabenen Platz und meditiert die lichtvolle Weite des Himmels.

3. Schritt
- Die Knochen liegen nun weiß gebleicht in der Sonne, und die sehnigen Verbindungen zwischen den Gelenken haben sich größtenteils aufgelöst. Die Knochen liegen zum Teil für sich. Man geht das gesamte Skelett immer wieder von oben nach unten langsam durch und sieht sich das Skelett genau an. Die Augen sind gegangen, die Ohren sind gegangen, Mund und Nase sind gegangen.

Das Gesicht und der Gesichtsausdruck sind gegangen. Der Brustkorb mit den Rippen liegt leer und frei. Die Geschlechtsorgane, die Triebe, das Sehnen und Begehren sind gegangen und auch der Schmerz und das Leid. Alle erreichbaren und unerreichbaren Träume und Visionen haben sich aufgelöst und sind gegangen.

- Nach einiger Zeit kehrt man innerlich zurück auf den erhabenen Platz und meditiert die lichtvolle Weite des Himmels.

4. Schritt
- Viele der Knochen haben sich schon aufgelöst, sind zerbröselt durch Sonne, Erosion und Wind. Die Knochen liegen nicht mehr geordnet, wurden auseinanderbewegt und liegen nun wie Bruchstücke verstreut umher.
Der persönliche Wille ist gegangen, wie auch das persönliche Bewusstsein. Die strukturlose Leere dehnt sich und gibt nun die Sicht auf das größere Selbst frei. Alle Ziele und Bestrebungen sind gegangen, Zeit und Raum, Vorstellung und Gedanke sind verflogen. Die Reste des Skeletts liegen unten auf dem Hügel des sonnenüberfluteten Leichenackers.
- Wieder hebt man das Bewusstsein vom erhabenen Sitz des Selbst aus in die friedvolle Weite des lichtvollen Himmels.

5. Schritt
- Nun haben die Kräfte der Elemente und die sich ändernden Jahreszeiten alle Knochen aufgelöst. Der Rest des verbliebenen feinen Knochenstaubs wird vom Hauch des Windes in alle Richtung verstreut und verweht. Nichts bleibt, nur das Licht und die Stille über dem Leichenacker.
- Man meditiert wieder vom erhabenen Platz aus die lichtvolle Weite und die lichtvollen Ebenen der Himmel.

✺ Leichenacker 4: Meditation

Bildmeditation eines tibetischen Thankas: Simhavaktra, die Löwenköpfige

Große spirituelle Bilder sind nicht allein da, um sie anzusehen, sondern auch auf sie zu meditieren. Durch Meditation dringt man immer mehr in den Sinn und das Bewusstsein des Gezeigten ein und begreift direkt.

Ein solches Bildnis von Tiefe stellt das Bild der vorliegende blauen Dakini, einer löwenköpfigen Gottheit dar. Es ist eine Meditation zum Thema Leben-Tod-und-Ewigkeit. Solche und ähnliche Dakinis sind Göttinnen, die mit ihren Kräften als persönliche Initiationsgöttinnen dem Meditierenden in der Phase des mystischen Todes und der Wiedergeburt beistehen. Sie repräsentieren die Unverhülltheit, die göttliche Wahrheit. Aus meiner Sicht zeigt diese blaue Dakini universelle Verwandschaft mit erhabenen Gestalten wie der schwarzen Madonna, der schwarzen Kali und anderen.

Man kann vier Ebenen des Bewusstseins auf dem vorliegenden Thanka unterscheiden.

1. Ebene

Am Grunde das Bildes wird in sehr kleinen Szenen gezeigt, dass der Körper sterblich ist.
In der unteren Bildmitte bläst ein Mönch eine Posaune, während vor ihm der Tote liegt, das Fleisch des physischen Körpers verzehren zwei Geier. Der Tod wird als Knochenmann gezeigt und tanzt hoch über dem liegenden Leichnam.

In der rechten unteren Bildebene sieht man eine weiße Stupa, ein buddhistisches Symbol des Leichenackers, und darunter einen mit einem Stab wandernden Mönch, vor dem ein Fuchs davonläuft. Der Fuchs repräsentiert die in der Meditation davonlaufenden Gedanken und Vorstellungen. Die Wanderschaft ist das Symbol des menschlichen Lebens. Der Mensch wandert zwischen Geburt und Tod über diese Erde.

In der linken unteren Bildebene liegt ein Meditierender auf Felsen gebettet, wie sie im hohen Gebirge vorkommen, am Rücken, während zwei Krähen ihn umlagern.

2. Ebene

Genau über dem in der unteren Bildmitte tanzenden Knochenmann, der in der Rechten ein Schwert und in der Linken einen abgetrennten Schädel hält, erhebt sich ein riesiges Dreieck, das die Elemente Erde, Wasser, Feuer und Luft zeigt.

In dem Dreieck liegen in der Mitte einer Lotosblüte nebeneinander ein Mann und eine Frau am Rücken, das männliche und weibliche Prinzip.

Die beiden sind etwas größer dargestellt als die Szenen am Grunde des Bildes.

3. Ebene

Genau auf dem weiblichen und männlichen Körper tanzt die blaue Dakini vom Reinigungsfeuer umgeben in göttlicher Ekstase, in jenem Bewusstsein, das Leben und Tod überwindet. In ihrer Feuergloriole ist sie die größte Gestalt im Bild, nimmt die Bildmitte ein und zieht die Aufmerksamkeit auf sich.

Sie ist umgeben von einer Feuergloriole, schwingt in der Rechten das Ritualmesser und hält in der Linken, die sie vor das Herzzentrum hält, die Opferschale. Um ihren Hals hängt eine lange Kette, auf die viele Köpfe aufgefädelt sind. In ihrer linken Ellenbeuge lehnt eine Rituallanze, an der eine Fahne befestigt ist, Symbol des Siegs und der Auferstehung.

Der Kopf der blauen Dakini ist nicht menschlich, sondern eine Art Löwenkopf, der auf ein göttliches, auflösendes, und damit transformierendes Prinzip hinweist.

Die Dakini tanzt auf der Welt von Ursache und Wirkung, von Bestimmung und Vorbestimmung, der Trennung von männlichen und weiblichen Aspekten und auf den scheinbaren Gegensätzen. Durch ihren Tanz löst sie das niedrigere Bewusstsein der Getrenntheit in das des allumfassende Einssein hinein auf.

4. Ebene
Über der Dakini sieht man links und rechts zwei Lamas in Meditation. Zwischen ihnen in der Bildmitte scheinen in der Ferne die unberührten Gipfel der schneebedeckten heiligen Berge durch.
Über ihnen sieht man, relativ klein und subtil dargestellt, nochmals eine rote Göttin in höchstem Bewusstsein tanzen. Die rote Göttin tanzt in göttlicher Ekstase kaum mehr sichtbar in einem blauen Umfeld im Zentrum einer weißen Lotosblüte.

Kommentar
Für die Meditation des Bildes ist es wichtig, sich mit der Dakini zu identifizieren und die dargestellte Szene in Tiefe und Höhe aus ihrer Perspektive zu betrachten. Die Löwenköpfige ist Symbol des Abgrundes, des Todes, der Leere, der Egolosigkeit. Wer sich immer wieder ein Stück dem Abgründigen, der Leere stellt, indem er sie meditiert, überwindet nach und nach die Mauern des Ego und gelangt über Leben und Tod hinaus in das Umfassende, ins lebendige Insgesamt.

E. Meditation von Zen-Koans

✪ Meditation des Koans „Vorwärts von der Spitze eines Pfahls"

Sekiso fragte: „Wie könnt ihr von der Spitze eines hundert Fuß hohen Pfahls aus vorwärts gehen?"
Ein anderer Zen-Meister sagte: „Einer, der auf der Spitze eines hundert Fuß hohen Pfahls sitzt, hat eine gewisse Höhe erreicht, aber noch immer geht er mit Zen nicht frei um.
Er sollte von dort aus vorwärts gehen und mit seinem ganzen Körper in den zehn Teilen der Welt erscheinen."

✪ Meditation des Koans „Kyon besteigt den Baum"

Kyon sagte:
„Zen ist, wie wenn ein Mann mit seinen Zähnen an einem Baum über einem Abgrund hängt.
Seine Hände erfassen keinen Zweig,
seine Füße ruhen auf keinem Ast.
Und ein anderer, der unter dem Baum steht,
fragt ihn: ,Weshalb kam Bodhidharma von China nach Indien?'

Antwortet der Mann, der am Baum hängt, nicht, versagt er;
und antwortet er, fällt er und verliert sein Leben.
Was soll er also tun?"

IV. Der Tod einer Reihe großer Seelen

Vorbemerkung

Sieht man die unterschiedlichen Todesarten der großen Seelen - die ohne sie systematisch zu sammeln und zu untersuchen, hier aneinandergereiht beschrieben sind - im Überblick, erkennt man, wie unterschiedlich die Zeugnisse sind, die sie vom Großen ablegen. Wir sehen auch, wie verschieden und vielfältig durch das Sterben großer Seelen etwas sichtbar und spürbar wird von der erfahrbaren Existenz des Ewigen.

Manche der Formen des Sterbens mögen einen beeindrucken oder auch eigentümlich die Tiefe der Seele berühren. Andere sind einem ganz fremd, unzugänglich und unverständlich, aber deswegen nicht weniger bedeutsam.

Es ist auch günstig, nicht die eine Todesart mit der anderen zu vergleichen. Man kann die Fülle der Zeugnisse für das Ewige als Differenzierung des schöpferischen Geistes sehen, der sich selbst in immer neuen Spielarten offenbart.

Im Zen ist es eine Tradition, dass der Lehrer ein Abschiedsgedicht verfasst oder eine letzte Botschaft hinterlässt, deshalb finden sich so viele Beispiele aus dem Zen-Buddhismus.

Todesarten großer Seelen

Jesus Christus
Stichwort – „Die Heiligen stehen aus den Gräbern auf"

Dann führten sie Jesus hinaus, um ihn zu kreuzigen. Auf dem Weg trafen sie einen Mann aus Zyrene namens Simon; ihn zwangen sie, Jesus das Kreuz zu tragen. So kamen sie an den Ort, der Golgota genannt wird, das heißt Schädelhöhe. Und sie gaben ihm Wein zu trinken, der mit Galle vermischt war (ein Mischtrank aus saurem Wein und Myrrhe diente zur Betäubung der zum Kreuzestod Verurteilten); als er aber davon gekostet hatte, wollte er ihn nicht trinken. Nachdem sie ihn gekreuzigt hatten, warfen sie das Los und verteilten seine Kleider unter sich. Dann setzten sie sich nieder und bewachten ihn. Über seinem Kopf hatten sie eine Anschrift angebracht, die seine Schuld angab: Das ist Jesus, der König der Juden.
Zusammen mit ihm wurden zwei Räuber gekreuzigt, der eine rechts von ihm, der andere links. Die Leute, die vorbeikamen, verhöhnten ihn, schüttelten den Kopf und riefen: Du willst den Tempel niederreißen und in drei Tagen wieder aufbauen? Wenn du Gottes Sohn bist, hilf dir selbst, und steig herab vom Kreuz!
Auch die Hohenpriester und Schriftgelehrten und die Ältesten verhöhnten ihn und sagten: Anderen hat er geholfen, sich selbst kann er nicht helfen. Er ist doch der König von Israel! Er soll vom Kreuz herabsteigen, dann werden wir ihm glauben. Er hat auf Gott vertraut: Der soll ihn jetzt retten, wenn er an ihm Gefallen hat; er hat doch gesagt: Ich bin Gottes Sohn.
Ebenso beschimpften ihn die beiden Räuber, die man zusammen mit ihm gekreuzigt hatte.
Von der sechsten bis zur neunten Stunde herrschte eine Finsternis im ganzen Land.
Um die neunte Stunde rief Jesus laut: Eli, Eli, lema sabachtani? Das heißt: Mein Gott, mein Gott, warum hast du mich verlassen?
Einige von denen, die dabeistanden und es hörten, sagten: Er ruft nach Elija (Nothelfer der Gerechten im jüdischen Glauben und Beistand in der Todesstunde).
Sogleich lief einer von ihnen hin, tauchte einen Schwamm in Essig, steckte

ihn auf einen Stock und gab Jesus zu trinken. Die anderen aber sagten: Lass doch, wir wollen sehen, ob Elija kommt und ihm hilft.
Jesus aber schrie noch einmal laut auf. Dann hauchte er den Geist aus.
Da riss der Vorhang im Tempel von oben bis unten entzwei. Die Erde bebte und die Felsen spalteten sich. Die Gräber öffneten sich, und die Leiber vieler Heiliger, die entschlafen waren, wurden aufgeweckt...
...Am nächsten Tag gingen die Hohenpriester und die Pharisäer zu Pilatus; es war der Tag nach dem Rüsttag. Sie sagten: Herr es fiel uns ein, dass dieser Betrüger, als er noch lebte, behauptet hat: Ich werde nach drei Tagen auferstehen. Gib also den Befehl, dass das Grab bis zum dritten Tagt sicher bewacht wird. Sonst könnten seine Jünger kommen, ihn stehlen und dem Volk sagen: Er ist von den Toten auferstanden. Und dieser letzte Betrug wäre noch schlimmer als alles zuvor.
Pilatus antwortete ihnen: Ihr sollt eine Wache haben. Geht und sichert das Grabmal, so gut ihr könnt.Darauf gingen sie, um das Grab zu sichern. Sie versiegelten den Eingang und ließen die Wache dort.
Nach dem Sabbat kamen in der Morgendämmerung des ersten Tages der Woche Maria Magdalena und die andere Maria, um nach dem Grab zu sehen. Plötzlich entstand ein gewaltiges Erdbeben; denn ein Engel des Herrn kam vom Himmel herab, wälzte den Stein weg und setzte sich darauf. Seine Gestalt leuchtete wie ein Blitz, und sein Gewand war weiß wie Schnee.
Die Wächter begannen vor Angst zu zittern und fielen wie tot zu Boden. Der Engel aber sagte zu den Frauen: Fürchtet euch nicht! Ich weiß, ihr sucht Jesus, den Gekreuzigten. Er ist nicht hier; denn er ist auferstanden, wie er gesagt hat. Kommt her und seht euch die Stelle an, wo er lag. Dann geht schnell zu seinen Jüngern und sagt ihnen: Er ist von den Toten auferstanden. Er geht euch voraus nach Galiläa, dort werdet ihr ihn sehen. Ich habe es euch gesagt.
Sogleich verließen sie das Grab und eilten voll Furcht und großer Freude zu seinen Jüngern, um ihnen die Botschaft zu verkünden. Plötzlich kam ihnen Jesus entgegen und sagte: Seid gegrüßt! Sie gingen auf ihn zu, warfen sich vor ihm nieder und umfassten seine Füße.
Da sagte Jesus zu ihnen: Fürchtet euch nicht! Geht und sagt meinen Brüdern sie sollen nach Galiläa gehen, dort werden sie mich sehen...

Aus „Die Bibel - Einheitsübersetzung der Heiligen Schrift", 1997, Verlag Katholisches Bibelwerk, Stuttgart,
Math. 27,31b - 27,52 und 27,62 - 28,10

Buddha 1
Stichwort – „Unveränderliche Glückseligkeit"

.. Er ging dann zu Kusingara, badete im Fluss, und gab folgende Anweisung an Ananda, seinen Lieblingsschüler: „Errichte einen Liegeplatz zwischen diesen Zwillingssalzbäumen (Twin salt trees). Im Verlauf dieser Nacht wird der Tathagata (Bhudda, Anm. d. Verf.) in das Nirvana eintreten..."
Von seinen Schülern ganz gesehen lag er auf seiner rechten Seite, sein Kopf ruhte auf seiner rechten Hand, und er legte ein Bein über das andere. In diesem Augenblick waren die Vögel vollkommen still, und, als ob in Trance, saßen ihre Körper vollkommen entspannt. Die Winde hörten auf, die Blätter der Bäume zu bewegen, und die Bäume verbreiteten Blumen, die Tränen gleich herabkamen...
Sie alle zollten ihm Achtung und Würde, und dann standen sie um ihn, Pein und Schmerz in ihrem Gemüt.
Und der Weise sprach zu ihnen folgendermaßen: „In der Stunde der Freude ist es nicht passend schmerzerfüllt zu sein. Eure Verzweiflung ist ziemlich unpassend, und ihr sollet eure Gemütsruhe wiedergewinnen. Das Ziel, das so schwer zu erreichen ist, welches ich für so viele Äonen ersehnt habe, ist nun zuletzt nicht mehr weit entfernt. Wenn dies gewonnen ist, werden weder Erde, Wasser, Feuer, Wind oder Äther mehr anwesend sein; unveränderliche Glückseligkeit über allen Objekten der Sinne, ein Friede, den keiner wegnehmen kann; das Höchste wird zur Wirklichkeit; und wenn du von all dem hörst und weißt, dass kein Werden es verdirbt und nichts jemals mehr fortgehen kann - wie kann da Platz für Schmerz in eurem Gemüt sein? Zu Gaya, zu der Zeit als ich Erleuchtung erlangte, wurde ich von den Ursachen des Werdens befreit, die nichts anders sind als eine Gang schädlicher Vipern; nun rückt die Stunde näher, wo ich auch von diesem Körper befreit werde, dem Wohnplatz all der Vorgänge, die in der Vergangenheit akkumuliert sind. Jetzt, wo zu allerletzt dieser Körper, der so viel Krankheit in sich birgt, auf seinem Weg der Auslöschung ist; jetzt, wo zuallerletzt die schrecklichen Gefahren des Werdens dabei sind ausgelöscht zu werden; jetzt, wo ich zuallerletzt aus dem ausgedehnten und endlosen Leiden auftauche, ist das der Zeitpunkt für euch zu weinen?"...

_{Aus „The Wheel of Death", edited by Philip Kapleau, Harper Colophon Books, published by Harper & Row, NY, Evanston, San Francisco, London, 1971, S. 65}

Buddha 2
Stichwort – „Die Seinserscheinungen sind vergänglich"
Die letzten Worte Buddhas vor seinem Eingehen in das Nirvana waren folgende:
„Es könnte euch vielleicht der Gedanke kommen: ‚Der Lehrer, der uns das Wort verkündete, ist dahingegangen; wir können uns nun auf keinen Lehrer mehr berufen.' Aber so dürft ihr die Sache nicht sehen. Die Lehre und die Regel, die ich euch gezeigt habe, die sind euer Lehrer nach meinem Ende."
Dann sprach er noch weiter: „Wohlan, ihr Mönche, hört jetzt, was ich euch noch zu sagen habe: Die Seinserscheinungen sind ihrem Wesen nach vergänglich. Rüstet euch und seid wachsam!"
Das war des Buddhas letztes Wort.

Aus „Worte lebendiger Stille", Herder Verlag, Freiburg-Basel-Wien, 2000, S. 57

Der sechste Patriarch des Zen
Stichwort – „Die wahre Natur ist ohne Kommen und Gehen"
Wie der sechste Patriarch des Zen starb:
Am achten Tag des siebten Monats sagte der Meister zu den Mönchen: „Versammelt euch um mich. Ich habe beschlossen, diese Welt zu verlassen ... und zwar im achten Monat."
Als Fa-hai und die anderen Mönche diese hörten, weinten sie offen.
„Um wen weint ihr?" fragte der Meister. "Sorgt ihr euch um mich, weil ihr denkt, ich wüsste nicht, wohin ich gehe? Wenn ich es nicht wüsste, wäre es mir nicht möglich euch auf diese Weise zu verlassen. Worum ihr in Wirklichkeit weint, ist, dass ihr nicht wisst, wohin ich gehe. Wenn ihr es tatsächlich wüsstet, wäre es nicht möglich, dass ihr weint, weil ihr wissen würdet, dass die wahre Natur ohne Geburt und Tod ist, ohne Kommen und Gehen..."
Am Tag, an dem der Meister starb, schrieb er einen Todesvers und sagte dann zu seinen Schülern: "Seht gut auf euch selbst. Ich werde euch jetzt verlassen. Nachdem ich gegangen bin, weint nicht wie Menschen, die nur mit der Welt verhaftet sind. Nehmt keine Kondolenz oder Geld an. Und vor allem, tragt keine Trauerkleider. Es würde nicht mit den korrekten spirituellen Aufgaben und Pflichten übereinstimmen, und ihr würdet so nicht meine Schüler sein,

wenn ihr diese Dinge tätet. Lebt, als wäre ich immer noch unter euch. Praktiziert miteinander Zazen (eine Zen-Meditation, Anm. d. Verf.). Wenn Stille über euch kommt, weder Aktivität noch Passivität, ohne dass ihr Geburt und Tod bemerkt, ohne Kommen und Gehen, richtig oder falsch, und ohne Bleiben und Fortgehen, dann ist es der Große Weg..."

Quelle unbekant

Zen-Meister Ninakwa
Stichwort – „Der Pfad ohne Kommen und Gehen"

Der Zen-Meister Ikkyu besuchte Ninakawa, gerade bevor dieser starb: „Soll ich dich führen?" fragte Ikkyu.
Ninakawa antwortete: „Ich bin allein hierher gekommen und werde alleine gehen. Welche Hilfe könntest du für mich sein?"
Ikkyu antwortete: „Wenn du glaubst, dass du tatsächlich kommst und gehst, so ist das deine Täuschung. Lass mich dir den Pfad zeigen, auf dem es kein Kommen und Gehen gibt."
Mit diesen Worten hatte Ikkyu den Pfad so deutlich gewiesen, dass Ninakawa lächelte und starb.

Zen-Buddhismus. Aus Paul Reps „Ohne Worte – ohne Schweigen", O.W.Barth, 1977, S. 72.a

Zen-Meister Takuan Soho
Stichwort - „Traum" („Yume")

Takuan Soho (1573 - 16?) war nicht nur ein bedeutender Zen-Meister, sondern galt auch auf vielen anderen Gebieten als Meister: Schriftkunst, Dichtung, Gartenbau und Tee-Weg...Ruhm und Popularität ließen ihn scheinbar unberührt, und als er den Tod nahen fühlte, gab er seinen Schülern die Anweisung: „Begrabt meinen Körper auf dem Berg hinter dem Tempel; bedeckt ihn einfach mit Erde und geht heim. Lest keine Sutras, haltet keine Zeremonien ab. Nehmt weder von Mönchen noch von Laien Gaben an. Die Mönche sollen ihre Gewänder tragen, ihre Mahlzeiten zu sich nehmen und alles so tun wie an normalen Tagen." Mit seinem letzten Atemzug schrieb er das chinesische Schriftzeichen für das japanische Wort Yume („Traum"), legte den Pinsel nieder und starb.

Zen-Buddhismus. Aus Meister Takuan „Zen in der Kunst des kampflosen Kampfes" O.W.Barth Verlag, Bern-München, 1986, S. 11

Kommentar zu Takuan Soho
- Von anderen wird berichtet, dass Takuan, als er im Sterben lag, von den Schülern gebeten wurde, ein Todesgedicht zu schreiben. Er jedoch lehnte ab. Als sie darauf bestanden, schrieb er das Wort Yume, Traum, und verschied.
- Paramahansa Yogananda gebrauchte einst ein Gleichnis, das diese Szene zu kommentieren vermag. Yogananda sagte, wenn du einen Alptraum erlebst und du verlierst vielleicht ein Bein, ein Auge, eine Hand, ist das schrecklich -. Doch im Moment, wo du erwachst, bist du glücklich, weil du siehst, dass du unverletzt bist und weil du erkennst, dass es nur ein Alptraum war. Und er fuhr fort: Ähnlich verhält es sich, wenn deine Seele aus dem normalen Wachzustand zu sich selbst erwacht, wenn du aufwachst und erweckt wirst.

Meister Tanzans Vermächtnis
    Stichwort – „Ich verlasse diese Welt"

Tanzan schrieb am letzten Tag seines Lebens zwanzig Postkarten und bat einen Diener, sie einzuwerfen.
Dann verschied er.
Auf den Karten stand: „Ich verlasse diese Welt. Das ist meine Botschaft. Tanzan, 7. Juli 1892."

Zen-Buddhismus. Aus Paul Reps, „Ohne Worte, ohne Schweigen"

Hazrat Inayat Khan
    Stichwort – „Alles ist erfüllt von Rosenduft"

Im Herbst 1926 hatte Hazrat Inayat Khan den Wunsch, seine Heimat Indien wiederzusehen und dort ehrenvollen Einladungen zu Vorträgen nachzukommen. Aus manchem, was er vor seiner Abreise gesagt hatte, erkannte man später, dass er wohl wusste, er würde nicht wiederkommen.
In Delhi erkrankte er auch an einer heftigen Lungenentzündung, und am 5. Februar 1927 verließ er seine sterbliche Hülle. Das Haus, sogar die Straße waren von wunderbarem Rosenduft erfüllt. Selbst Freunde erkundigten sich erstaunt nach der Ursache.

Sufismus. Aus Hazrat Inayat Khan „Sufi-Weisheiten - Aphorismen", Verlag Heilbronn, 1986, S. 25

Tung-shan
Stichwort – „Mein Gehen ist kein Wandel"
Als Meister Tung-shan starb, wurde er von Ts`ao-shun,
seinem Nachfolger, gefragt: „Wohin geht ihr?"
Der Meister antwortete: „Dahin, wo es unwandelbar ist."
Ts`ao-shun fragte: „Wie geht ihr dahin, wo es unwandelbar ist?"
Der Meister sagte: „Mein Gehen ist kein Wandel."

Quelle unbekannt

Zen-Meister Bassuis Brief an einen sterbenden Schüler
Stichwort - „Was ist das Wesen des Geistes?"
Bassui schrieb folgenden Brief an einen seiner Schüler, der im Sterben lag:
Die Essenz Deines Geistes ist nicht geboren, also wird sie auch niemals sterben.
Es gibt keine Existenz, die vergeht. Es gibt keine Leere, die nur leer ist.
Es hat weder Farbe noch Form.
Es erfreut sich nicht an Annehmlichkeiten und erleidet keine Schmerzen.
Wie sehr du auch das, was jetzt krank und voller Schmerzen ist,
zu erkennen trachtest, so erkennst du es doch nicht.
Ich weiß, dass du sehr krank bist. Als ein guter Zen-Schüler blickst du dieser
Krankheit gerade ins Gesicht. Du weißt vielleicht nicht, wer es ist, der leidet,
aber frag Dich selbst:
Was ist das Wesen dieses Geistes? Denke nur daran. Mehr brauchst du nicht.
Begehre nichts. Dein Ende, das endlos ist, ist wie eine Schneeflocke, die in der
reinen Luft vergeht.

Zen-Buddhismus. Aus Paul Reps „Ohne Worte, Ohne Schweigen", S. 103, O.W. Barth, 1977

Yogi Bhagwan Sri Deep Narayan Mahaprabhuji
Stichwort – „Der vorhergesagte Todeszeitpunkt"
Im Alter von 135 Jahren verließ Mahaprabhuji die Erde an dem Tag und zu
jener Stunde, die er bereits ein Jahr davor vorhergesagt hatte.

Yoga. Aus Paramahans Swami Maheshwarananda „Selected Pearls", Intern. Sri Deep Madhavananda Ashram fellowship,
Wien, 1993, S. 107

Zen-Meister Fugai
Stichwort – „Aufrecht im Erdloch"

Als er spürte, dass der Tod nahe war, bat er einen der Mönche, ein tiefes, mehr als mannshohes Loch, zu graben.

Als der Mönch das Loch ausgehoben hatte, kletterte Fugai hinein und, indem er sich in der Mitte dieses Erdloches mit großer Würde aufrichtete, wies er den Mönch an, ihn mit Erde zu bedecken.

Zen-Buddhismus. Quelle unbekannt

Zen-Meister Basho
Stichwort – „Jeder Moment ist ein Todesgedicht"

Er sagte: „Seit altersher ist es Brauch gewesen, ein Sterbegedicht zu hinterlassen, und vielleicht sollte ich dasselbe tun. Doch bedenkt, jeder Moment des Lebens ist der letzte, jedes Gedicht ist ein Todesgedicht! Weshalb sollte ich dann zu diesem Zeitpunkt eines verfassen?

In dieser, meiner letzten Stunde, habe ich kein Gedicht."

Zen-Buddhismus. Quelle unbekannt

Zen-Meister Bankei
Stichwort – „Mein Leben ist ein Abschiedsgedicht"

Der illustre Zen-Meister Bankei starb im letzten Jahrzehnt des 17. Jahrhunderts in einem Tempel auf dem Land. Kurz vor seinem Tod baten ihn seine Schüler, altem Zenbrauch gemäß, um ein Abschiedsgedicht.

Bankei sagte: „Dreiundsiebzig Jahre bin ich in dieser Welt gewesen. Vierunddreißig davon habe ich Zen unterrichtet, um andere zu befreien. Mein Abschiedsgedicht ist alles, was ich euch während dieser Zeit, länger als die Hälfte meines Lebens, erklärt habe. Ein anderes Abschiedsgedicht ist nicht nötig. Warum sollte ich es allen anderen nachmachen und noch auf dem Totenbett ein Bekenntnis ablegen?"

Mit diesen Worten schied der große Zenmeister, in kerzengerader Haltung sitzend.

Zen-Buddhismus. Quelle unbekannt

Vivekananda (1863 – 1909)

Als die Klosterglocke zur Abendandacht läutete, bat er darum, ihn in der Meditation nicht zu stören. Eine dreiviertel Stunde später rief er die Mönche, ließ alle Fenster öffnen, streckte sich ruhig auf dem Fußboden aus und blieb völlig unbewegt auf der linken Seite liegen. Nach einer Stunde kehrte er aus dem Samadhi zurück, legte sich auf die andere Seite, atmete tief durch, drehte die Augen nach oben, atmete ein zweites Mal tief – und war hinübergegangen. So starb er im Alter von 39 Jahren.

Hinduismus. Hellmuth Hecker, „Asiatische Mystiker", Octopus, S. 100

Paramahansa Yogananda
Stichwort – „Der 20 Tage unverweste Körper"

Paramahansa ging am 7. März 1952 in Mahasamadhi ein, das ist das endgültige und bewusste Austreten eines Yogi aus seinem Körper.
„Harry T. Rowe, der Direktor des Friedhofs von Forest Lawn Memorial Park in Los Angeles (wo der Körper des großen Meisters vorläufig ruht), sandte der Self-Realization Fellowship eine beglaubigte Urkunde, der wir hier folgende Auszüge entnehmen:
„Das Ausbleiben jeglicher Verfallserscheinungen am Leichnam Paramahansa Yoganandas stellt den außergewöhnlichsten Fall unserer ganzen Erfahrung dar...Selbst zwanzig Tage nach seinem Tod war kein Zeichen einer körperlichen Auflösung festzustellen... Die Haut zeigte keine Spuren von Verwesung, und im Körpergewebe ließ sich keine Austrocknung erkennen. Ein solcher Zustand von Unverweslichkeit ist, so weit wir dies aus Friedhofsannalen wissen, einzigartig...Als Yoganandas Körper eingeliefert wurde, erwartete das Personal des Friedhofs, dass sich allmählich, wie bei jedem Leichnam, die üblichen Verfallserscheinungen einstellen würden. Mit wachsendem Erstaunen sahen wir jedoch einen Tag nach dem anderen verstreichen, ohne dass der in einem gläsernen Sarg liegende Körper irgendeine sichtbare Veränderung aufwies. Yoganandas Körper befand sich anscheinend in einem erstaunlichen unverweslichen Zustand...
Kein Verwesungsgeruch konnte während der ganzen Zeit an seinem Körper wahrgenommen werden... Die körperliche Erscheinung Yoganandas war am

27. März, kurz bevor der Bronzedeckel auf den Sarg gelegt wurde, dieselbe wie am 7. März. Er sah am 27. März genauso frisch und vom Tode unberührt aus wie am Abend seines Todes. Es lag also am 27. März keine Veranlassung vor zu behaupten, dass sein Körper auch nur das geringste Zeichen der Zersetzung aufweise. Aus diesem Grunde möchten wir nochmals betonen, dass der Fall Paramahansa Yoganandas unseres Wissens einzigartig ist."

Hinduismus. Aus Paramahansa Yogananda „Autobiografie eines Yogi", O.W.Barth Verlag, Ausgabe 1995, S. 507 - 508

Die Heilige Agnes
Stichwort – „Der 57 Jahre unverweste Körper"

Auch der Körper der Heilige Agnes, einer Dominikanerin, die 1374 in Montepulciano in Italien gestorben war, blieb nach ihrem Tod unversehrt. "Jener gesegnete, unversehrt gebliebene Körper wurde von den Nonnen im Kloster aufbewahrt. Nach 57 Jahren lag er noch immer auf einem kleinen Katafalk; nur ihr Gewand war von Goldverzierungen umgeben und ihr Haupt von einem Tuch verhüllt worden."

Katholizismus. Aus „Die Hl. Katharina von Siena" von Lodovico Ferretti, 1977, Edizione Cantigalle - Siena, S. 37

Franz von Assisi
Stichwort – „Der 57 Jahre unverweste Körper"

...Doch wie der letzte Augenblick naht, will er zum Mutterboden zurückkehren, nach Portiunkula. Dort lässt er sich aus dem Johannesevangelium die Abschiedsreden und den Bericht über die Fußwaschung vortragen. Er bittet um Brot, um es mit allen teilen zu können, lässt sich nackt auf den Boden legen, die Arme zum Kreuz ausgebreitet. Die Brüder beten Psalm 142 und singen den Sonnengesang. Franziskus stirbt am 3. Oktober 1226, kurz nachdem er die Süßspeise gegessen hat, die ihm seine große Freundin Jakoba de Settesole gerade noch rechtzeitig bringen konnte.

A. Rotzetter „Franz von Assisi", Verlag Benzinger

Der Tod des lachenden Eremiten
Stichwort – „Lachend sterben"

Es wird gesagt, dass einer der älteren Brüder in Scete im Sterben lag. Und die Mitbrüder standen um sein Bett herum, zogen ihm das Totengewand an und begannen zu weinen.
Er aber öffnete seine Augen und lachte. - Dann lachte er ein zweites Mal und ein drittes Mal.
Als die Brüder dies sahen, fragten sie ihn: „Sage uns, Vater, weshalb du lachst, während wir weinen?"
Er antwortete: „Das erste Mal lachte ich, weil ihr den Tod fürchtet. Das zweite Mal, weil ihr für den Tod noch nicht bereit seid. Und das dritte Mal, da ich sah, wie ich von der Arbeit und Mühe zu glücklicher Rast gehe." Darauf schloss er die Augen und ging.

Wüstenväter. Aus Thomas Merton „The Wisdom of the Desert", Penguin Books Canada, S. 49

Fachr an-Nisa
Stichwort – „Der 700 Jahre unverweste Körper der Heiligen"

Eine von Mevlana Jallaledin Rumis Meisterschülerinnen war Fachr an-Nisa, bekannt als die Rabià ihrer Zeit. In den vergangenen Jahren, siebenhundert Jahre nach ihrem Tod, beschloss man, ihre Grabstätte zu restaurieren. Sheikh Süleyman Hayati Dede, der in dieser Zeit das amtierende Oberhaupt des Mevlevi-Ordens war, wurde gebeten, anwesend zu sein, während Fachr an-Nisa exhumiert wurde.

Er erzählte später davon, dass ihr Körper bei der Öffnung des Grabes vollkommen intakt war und der Duft von Rosen die Luft erfüllte.

Aus „Sufismus für Frauen", S.R. Makowski, Benziger Verlag, , Zurüch-Düsseldorf, 1996, S. 23

Lama Tseten
Er war Tutor der spirituellen Gefährtin meines Meisters (Rinpoche Sogyals, Anm. d. Verf.), Khandro Tsering Chödrön…Viele Tibeter sehen in ihr das Beispiel einer idealen Praktizierenden, einer Meisterin im Verborgenen, die durch die Einfachheit ihrer liebevollen Präsenz lehrt.

Lama Tseten war ein äußerst menschenfreundlicher, großväterlich wirkender Charakter. Er war mehr als sechzig Jahre alt, groß, grauhaarig, und er strahlte eine unbeschwerte Güte aus... Obwohl ganz in der Nähe ein Kloster war, weigerte er sich, dorthin gebracht zu werden. Er sagte, er wolle ihnen dort nicht die Umstände machen, seinen Leichnam beseitigen zu müssen. Wir schlugen also wie gewöhnlich unser Lager auf...Khandro kümmerte sich um Lama Tseten...Ich war mit ihr allein bei ihm im Zelt, als er sie plötzlich zu sich rief...er sagte sanft: „Komme her. Es ist jetzt so weit. Ich habe keinen weiteren Rat mehr für dich. Bleib wie du bist, ich bin zufrieden mit dir. Diene deinem Meister weiter so liebevoll wie bisher."
Augenblicklich sprang sie auf, um aus dem Zelt zu laufen, aber er erwischte sie beim Ärmel: „Wo willst du hin?" fragte er. „Ich will Rinpoche (den Lehrer von Tseten, Anm. d. Verf.) holen", antwortete sie. „Stör ihn nicht, das ist nicht nötig", sagte er lächelnd. "Ein Meister kann nicht abwesend sein." Dann richtete er seinen Blick in den Himmel und starb...
Khandro kehrte mit unserem Meister (dem Lehrer aller drei, Anm. d. Verf.) zurück. Ich werde niemals des Augenblick vergessen, als er das Zelt betrat und sich ein wenig bückte. Er warf einen kurzen Blick auf Lama Tsetens Gesicht, wobei er ihm tief in die Auge blickte, und dann begann er zu schmunzeln. Er hatte ihn, als Zeichen seiner Zuneigung, immer „La Gen", „alter Lama" genannt. „La Gen", sagte er nun, „bleib nicht in diesem Zustand!" Er konnte – wie ich heute weiß – erkennen, dass Lama Tseten in einem ganz besonderen Meditationszustand verharrte, in dem der Praktizierende die Natur seines Geistes mit dem Raum der Wahrheit verschmelzen lässt. „Du weißt, La Gen, wenn du diese Übung machst, können subtile Hindernisse auftreten. Komm, lass mich dich führen". Lama Tseten erwachte wieder zum Leben. Mein Meister setzte sich an seine Seite und führte ihn durch das Phowa, die Praxis, in der das Bewusstsein im Augenblick unmittelbar vor dem Tod geleitet wird. Es gibt viele Variationen dieser Praxis; jene, die er damals benutzte, gipfelt darin, dass der Meister drei Mal die Silbe „A" ausstößt. Als mein Meister das erste „A" ertönen ließ, konnte wir deutlich Lama Tsetens begleitende Stimme vernehmen. Beim zweiten Mal war seine Stimme schon kaum mehr zu hören, und beim dritten Mal war es still – er war gegangen.

<small>aus „Das tibetische Buch vom Leben und vom Sterben", Sogyal Rinpoche, O.W.Barth Verlag, 1993, S. 19 -21</small>

Tomo Gesche
Stichwort – „Der Körper verbleibt in Meditationshaltung"
Der Weise verliert auch die Herrschaft über Körper und Geist während des Übergangs zu der anderen Art des Lebens nicht.
„Dies wurde im Fall von Tomo Gesches Abscheiden durch die Tatsache demonstriert, dass sein Körper unverändert und in aufrechter Meditationshaltung verblieb, auch nachdem er ihn lange verlassen hatte. Niemand weiß den genauen Tag, an dem dies geschah. Einige Tage mögen bereits vergangen gewesen sein, als der Spiegel vor sein Gesicht gehalten wurde. Wochenlang danach noch blieb der Körper in der gleichen Haltung, wie auch H. E. Richardson, der damalige britische Geschäftsträger in Lhasa, bezeugte (ausführliche Beschreibung im nachfolgenden Text des Buches, Anm. d. Verf.)"

<small>Tibetischer Buddhismus. Aus Lama Angarika Govinda „Der Weg der weißen Wolken", Scherz Verlag, 1980, S. 186</small>

Shunryu Suzuki
Stichwort – „Das Beschreiben eines Kreises"
Auf seinem Sterbelager wurde der zeitgenössische Zen-Meister Shunryu Suzuki von einer Schülerin gefragt, wo sie sich wieder begegnen würden. - Wortlos beschrieb er einen Kreis in der Luft.

<small>Zen-Buddhismus. Quelle unbekannt</small>

Der Tod des unbekannten Zen-Meisters
Stichwort – „Wozu so viel Aufhebens um den Tod"
Traditionellerweise schreiben Zen-Meister vor ihrem Tod einen letzten Vers. Ein Meister, der im Sterben lag, hatte dies bis dahin unterlassen, und seine Schüler drängten ihn dazu.
Bevor er seinen letzten Atemzug tat, nahm er schließlich widerwillig den Pinsel und kritzelte:

Das Leben ist so.
Der Tod ist so.
Vers oder nicht Vers,
wozu so viel Aufhebens?

<small>Zen-Buddhismus. Quelle unbekannt.</small>

Tschuang-Tse (Chuang-tzu)
Stichwort – „Himmel und Erde werden uns als Sarg dienen"

Als Chuang-tzu den Tod erreichte, wollten ihm seine Schüler ein großes und aufwändiges Begräbnis bereiten. Doch Chuang-tzu sprach:
„Himmel und Erde werden mir als Sarg und Sargmuschel dienen. Sonne, Mond und Sterne werden meine Totenbahre zieren. Die gesamte Schöpfung wird hier sein, um diesen Moment zu bezeugen. Was mehr benötige ich noch als dies?"
Die Schüler atmeten schwer und sagten: „Wir fürchten, dass Ameisen und Krähen den Körper unseres Meisters verzehren könnten!"
Chuang-tzu antwortete: „Über der Erde wird mein Fleisch Krähen und Aasfresser nähren, unter der Erde Ameise, Wurm und Maulwurf. Weshalb einen der Möglichkeit berauben, andere zu füttern?"

_{Taoismus. Aus „The Wheel of Death", Edited by Philip Kapleau, Harper Colophon Books, published by Harper & Row, NY, Evanston, San Francisco, London, 1971, S. 70}

Rabbi Nachman von Bratzlaw
Stichwort – „Er verschied in einem Zustand ehrfürchtiger Ruhe"

Wir legten Rabbi Nachman von Bratzlaw (er litt an Tuberkulose) auf das Bett, gekleidet in sein feines Seidengewand. Er bat Rabbi Schimon, er möge seine Kleider ordnen und seine Ärmel zuknöpfen, damit sein Hemd nicht unter seinem Gewand hervorluge.
Er bat Rabbi Schimon, alles ordentlich zu richten.
Dann bat er uns, das ausgehustete Blut aus einem Bart zu waschen. Wir reinigten ihn, und er lag im Bett und fühlte sich ganz frei.

Er nahm eine kleine Wachskugel und rollte sie zwischen den Fingern, wie er in seinen letzten Tagen oft tat, wenn er tief in Gedanken war. Auch in seiner letzten Stunde flogen seine Gedanken durch ehrfurchtgebietende Welten, und er rollte das Kügelchen aus Kerzenwachs zwischen seinen Fingern bei einer großen Klarheit des Denkens...
Es dauerte nicht lange, und er verschied und wurde in großer Heiligkeit und Reinheit zu seinen Vätern versammelt. Er verschied in großer Klarheit, ohne jede Verwirrung, ohne eine unziemliche Geste in einem Zustand der ehrfürchtigen Ruhe...

Aber die wahre Bedeutung seines Todes lässt sich überhaupt nicht erfassen. Wer aus seinen Werken, Gesprächen und Geschichten auch nur einen kleinen Teil seiner Größe versteht, der versteht auch, dass es absolut unmöglich ist, davon zu sprechen, wie ein so Einzigartiger aus dieser Welt verschied.

Chassidismus. Nathan Herz von Nemerow aus „Früchte vom Baum des Lebens – Die Weisheit der jüdischen Mystik" Hsg. Perle Bessermann, Fischer Spirit TB, Frankfurt, 1997, S. 95

Farid ud-din Attar
Stichwort – „Ich bin nicht mehr wert als ein Sack Stroh"
Zwei Textstellen, die etwas Wesentliches über Attars Tod aussagen:

Attar war zuerst ein reicher Mann und wurde später einer der ganz großen Sufi-Weisen.

„Ein Derwisch betrat eines Tages Attars Drogerie, um ein Medikament zu kaufen, und staunte über die Pracht dieses Geschäfts. Mit großen Augen schaute er im Laden umher und begann dann Attars aufwändige Kleidung zu mustern. Attar seinerseits wollte wissen, weshalb er ihn so anstarre.
Der Derwisch sagte: ‚Ich frage mich gerade, wie Ihr sterben werdet, wenn Ihr einen so großen Reichtum zurückzulassen habt?'
Attar war gekränkt und erwiderte ärgerlich: ‚Ich werde genauso sterben wie Ihr selbst.'
Der Derwisch darauf: ‚Doch ich habe nichts, worüber ich mich sorgen müsste. Das Gewand auf meinem Leib und die Bettelschale (Kashkul) sind alles, was ich besitze. So wollt Ihr immer noch behaupten, Ihr werdet auf dieselbe Art sterben wie ich?'
‚Natürlich', antwortete Attar.
Als der Derwisch dies vernahm, rief er den Namen Gottes, und mit seiner Bettelschale als Kissen legte er sich hin und starb."
Dieses Ereignisse soll Attar so beeindruckt haben, dass er sein Geschäft verkaufte und sich auf den Weg begab.

Attars Sterben selbst ist eine Geschichte an sich. Er wurde um 1230 durch die Hand eines der Soldaten des Dschingis Khan während der mongolischen Invasion in Persien getötet. Diese Geschichte ist in vielen verschiedenen Versionen erzählt worden.

Die geläufigste ist folgende:
„Eines Tages wurde Attar von den Mongolen gefangengenommen. Einer der Mongolen schleppte Attar, der in Ketten war, mit sich. Da kam jemand und bot ihm tausend Silberstücke für Attar. Attar aber riet dem Mongolen, nicht auf den Handel einzugehen, da der Preis nicht stimme. Der Mongole beherzigte seinen Rat und verkaufte ihn nicht.
Etwas später kam ein anderer und bot einen Sack Stroh für Attar. Attar sagte zum Mongolen: ‚Verkaufe mich jetzt, denn dies ist mein Preis; mehr bin ich nicht wert.' Als der Mongole dies vernahm, geriet er in Zorn und schlug Attar den Kopf ab.
So starb Attar und erteilte den Wahrheitssuchenden eine weitere Lektion in Selbstlosigkeit."

Sufismus. Aus M. Bayat/M.A. Jamnia „Geschichten aus dem Land der Sufis" Fischer TB, Frankfurt am Main, 1998, S. 57 – 58

Ramana Maharshi
Stichwort – „Ich gehe nicht fort. – Ich bin hier."

Gegen Ende des Jahres 1948 trat an Ramana Maharshis linkem Arm eine Geschwulst auf, die sich einige Monate später als bösartig erwies. Therapien verschiedener Art wurden von ihm nicht gewünscht, aber den vielen um seine Gesundheit Bangenden zuliebe doch geduldet. Auch als Schwerkranker hielt der Maharshi so lange wie möglich am gewohnten Tagesablauf fest. Trotz zunehmender Schmerzen - er lehnte es ab, schmerzlindernde Mittel zu nehmen - und offenkundigem körperlichen Verfall bestand er bis zuletzt darauf, dass alle Besucher ihn zu sehen bekämen.
Am 14. April 1950 war die Stunde gekommen, wo er seiner sterblichen Hülle entglitt. Doch war es kein Weggehen; denn so hatte er seinen Schülern versichert: "Man sagt, ich würde sterben. Aber ich gehe nicht fort. Wohin sollte ich gehen? Ich bin hier."
Als Ramana Maharshi starb, ging im gleichen Augenblick im Osten ein strahlender Meteor auf, stieg langsam zum Zenith empor und verschwand hinter dem heiligen Berg Arunachala, wo Maharshi gelebt und gewirkt hatte.

aus Ramana Maharshi „Gespräche des Weisen vom Berge Arunachala", Ansata Verlag, Interlaken, 1989, S. 8 – 9, S. 26

Am 14. April 1950 zog ununterbrochen ein Zug von Besuchern an seiner Tür vorbei, morgens und nachmittags. Abends waren zwölf Personen bei ihm... sie sangen. Er öffnete seine strahlenden Augen, die aus der Körperruine hervorleuchteten, und lächelte. Sein Antlitz trug einen unbeschreiblich gütigen Ausdruck. Seinen Augen entströmten glückselige Tränen. Noch ein tiefer Atemzug - dann keiner mehr.

aus Hellmuth Hecker „Asiatische Mystiker", Octopus Verlag, Interlaken, 1981, S. 126

Mansuri

Stichwort – „Ich bin Gott"

Vor etwa 400 Jahren lebte in der Stadt Benares ein Mann namens Mansuri. Aufgrund seiner guten charakterlichen Anlagen und der Belehrungen seines Meisters war er fest überzeugt von dem vedischen Grundsatz: „Ich bin Gott" (aham brahmasmi). Als die Leute hörten, wie er unaufhörlich diesen Satz wiederholte, fragten sie ihn, ob er wirklich Gott sei, und er sagte stets drei Mal mit Nachdruck: „Ja, ich bin Gott". Im Laufe der Zeit wurde er zur Zielscheibe von Neid und Hass. Unter ihnen waren vedische Gelehrte und Oberhäupter religiöser Institutionen. Sie gingen gemeinsam zum König von Benares und beschwerten sich über Mansuri. Sie sagten, er habe keinerlei Kenntnis des Sanskrit oder der Schriften, gehe aber umher und rufe: „Ich bin Gott", wodurch er herausragende Gelehrte und Pandits beleidige. Der König lud daraufhin Mansuri an seinen Hof und fragte ihn: „Wer bist du?" Prompt kam die Antwort: „Ich bin Gott". Der König ließ ihn von medizinischen Experten untersuchen, die zu dem Ergebnis kamen, dass er nicht geistesgestört war. Daraufhin wies ihn der König an, es angesichts der Klagen der Gelehrten und Klostervorsteher, die ihn der Gotteslästerung bezichtigten, zu unterlassen, „Ich bin Gott" zu sagen. Mansuri weigerte sich entschieden, die Weisung des Königs zu befolgen, und erklärte, eher werde er sein Leben aufgeben als seinem unerschütterlichen Glauben und seiner festen Überzeugung, dass er Gott sei, abzuschwören. Kühn fragt er den König: „Warum wollt Ihr, dass ich die Wahrheit aufgebe? Die Wahrheit ist: Ich bin Gott; Ihr seid Gott, jeder ist Gott." Trotz aller Überredungsversuche und Drohungen änderte er seine Haltung nicht, und so erließ der König den Befehl, ihm wegen seines Ungehorsams gegenüber dem König die Hände abzuhacken. Als die Häscher des Königs

Mansuri festhielten und ihre glänzenden Schwerter erhoben, um seine Hände abzutrennen, rief er weiterhin laut: „Ich bin Gott", unaufhörlich und kühn. Als die Scharfrichter seine beiden Hände abgehackt hatten, gingen sie zum König und berichteten ihm, dass Mansuri furchtlos lächelnd seine Erklärung wiederhole, obwohl seine Hände abgehackt waren und er heftig blutete.

Der König begab sich an den Ort von Mansuris Martyrium und stellte fest, dass dieser vom heiligen Klang des „Ich bin Gott" widerhallte, der unablässig von den Lippen des lächelnden Mansuri und von dem Blut kam, das in Strömen von seinen Händen auf den Boden floss. Nach einer kleinen Weile sank Mansuri mit einem Lächeln auf dem ruhigen Gesicht und „Ich bin Gott" auf den Lippen tot nieder.

Der König war tief bewegt und fiel dem toten Mansuri zu Füßen. Er sandte nach den Gelehrten, Priestern, Pandits und Klostervorstehern, die sich über den heiligen Mansuri beklagt hatten. Als sie kamen, machte er ihnen Vorhaltungen und sagte: „Wozu taugt euer Buchwissen? Ihr konntet die Größe Mansuris nicht erkennen und nicht verstehen. Er war ein Mann, der in der Einheit von Gedanke, Wort und Tat verankert war. Ihr praktiziert nicht, was ihr lest und lehrt. Ihr seid alle ein Haufen eingebildeter Bücherwürmer, die neidisch auf wirklich große Menschen sind. Durch eure Klagen irregeführt habe ich die Sünde begangen, einen solch heiligen Menschen zu ermorden. Doch er ist zum Märtyrer geworden, da er an der höchsten Wahrheit ‚Ich bin Gott' festhielt. Um euch eine Lehre zu erteilen und euch und euren Nachkommen zu einer Quelle der Inspiration zu verhelfen, werde ich in eurem Heiligtum ein Denkmal für Mansuri errichten."

Sufismus. aus „Sai Baba erzählt" Bd. 2, Verlag Sathya Sai Baba, Dietzenbach, 2000, S. 197 f

Al-Halladsch

Stichworte – „Ich bin die Wahrheit"

Eines Tages sagte Al-Halladsch, ein berühmter Sufi, zu seinem Freund Schibli, dass er mit einer unermesslichen Aufgabe beschäftigt sei, die nur zu seinem Tod führen könne. Zu dieser Zeit war er bereits berühmt, die Kunde von seinen magischen Fähigkeiten hatte sich verbreitet, er hatte eine große Anzahl Anhänger angezogen und sich eine ebenso große Zahl an Feinden gemacht.

Schließlich fand selbst der Kalif heraus, dass er die häretischen Worte „Ana l-Haqq", - „Ich bin die Wahrheit" geäußert hatte.
Al-Halladschs Feinde drängten ihn statt dessen zu sagen: „ER ist die Wahrheit".
Seine Antwort war nur: „Ja – alles ist ER! Ihr sagt, dass Husain (Halladsch) verloren ist. Natürlich ist er das. Aber der Ozean, der alles bedeckt, ist es nicht."
Jahre zuvor, als Al-Halladsch bei Junaid lernte, wurde ihm gesagt, er solle geduldig und ruhig sein.
Doch Al-Halladsch war zu sehr ein Einzelgänger, um darauf zu hören, und er ging weg. Jahre später kam er mit Fragen zu Junaid zurück. Doch Junaid gab ihm nur zur Antwort, es werde nicht mehr lange dauern, und das Schafott werde sich von seinem Blut rot färben. Nun, so schien es, bewahrheitete sich diese Vorhersage.
Junaid wurde gefragt, ob man Al-Halladschs Worte auf seine Weise auslegen könne, die ihm das Leben retten würden. Junaid erwiderte: „Lasst zu, dass man ihn tötet, denn nun ist nicht die Zeit für Interpretationen." Al-Halladsch wurde ins Gefängnis geschickt.
In der ersten Nacht seiner Gefangenschaft kamen die Gefängniswärter nach ihm schauen, doch zu ihrer Überraschung war die Zelle leer. In der zweiten Nacht war nicht nur Al-Halladsch unauffindbar, auch das Gefängnis selbst war verschwunden! In der dritten Nacht war wieder alles beim Alten.
Die Wachen fragten: „Wo ward Ihr in der ersten Nacht? Und was ist mit Euch und dem Gefängnis in der zweiten Nacht geschehen?"
Al-Halladsch erwiderte: „In der ersten Nacht befand ich mich in der Gegenwart Seiner Majestät (Gott), so dass ich nicht hier war. In der zweiten Nacht befand Seine Majestät sich hier, so dass ich und das Gefängnis fort waren. In der dritten Nacht wurde ich zurückgeschickt!"
Einige Tage vor seiner Verhaftung befand er sich in Gesellschaft von etwa dreihundert Häftlingen, die mit ihm zusammen eingesperrt und angekettet waren. Er sagte ihnen, er werde sie alle befreien. Sie waren erstaunt, dass er nur von ihrer Freiheit sprach, nicht aber von seiner eigenen.
Er sagte ihnen: „Wir sind hier in Gottes Ketten. Wenn wir es wünschten, könnten wir alle Fesseln lösen!" Dann zeigte er auf die Ketten, und die Glieder sprangen auf. Die Gefangenen fragten sich, wie sie denn entkommen könnten, wenn doch die Tore verschlossen waren. Er zeigte mit dem Finger auf die

Mauer, und es erschienen Öffnungen darin.
Sie fragten ihn: „Kommt Ihr nicht mit?"
Er antwortete: „Nein, es gibt ein Geheimnis, das nur am Galgen offenbart werden kann."
Am nächsten Tag fragten die Wärter ihn, was mit den anderen Häftlingen geschehen sei. Er erwiderte, dass er sie freigelassen habe.
Sie fragten ihn: „Wieso seid Ihr nicht mitgegangen?"
Al-Halladsch gab zur Antwort: „Seine Majestät hat mich getadelt, so bin ich zur Strafe geblieben".
Dem Kalifen kam diese Begebenheit zu Ohren, und da er befürchtete, Al-Halladsch könnte Schwierigkeiten machen, befahl er: „Tötet ihn oder schlagt ihn, bis er widerruft!"
Al-Halladsch wurde dreihundert Mal mit einer Rute ausgepeitscht. Bei jedem Schlag schrie eine Stimme aus dem Jenseits auf: „Fürchte dich nicht, Sohn des Mansur!" Der Sufi-Meister Shaikh Saffar sagte später, wenn er sich dieses Tages entsann: „Der Glaube des Schergen schien mir stärker als derjenige Al-Halladschs. Der Scherge musste stark von dem Glauben beseelt gewesen sein, das Göttliche Gesetz auszuführen, denn die Stimme war so deutlich zu vernehmen, und seine Hände blieben dennoch immer ruhig."

Al-Halladsch wurde zur Hinrichtung geführt. Hunderttausend Menschen hatten sich versammelt, und als er auf die Menge blickte, rief er aus: „Haqq, haqq, haqq, ana 'l-haqq" – „Wahrheit, Wahrheit, Wahrheit, ich bin die Wahrheit."
Zu diesem Zeitpunkt bat ein Derwisch al-Halladsch, ihn über die Liebe zu belehren. Al-Halladsch sagte dem Derwisch, dass er die Liebe am heutigen Tag, am nächsten und übernächsten Tag sehen werde. Al-Halladsch wurde an diesem Tag getötet, am nächsten wurde sein Körper verbrannt und am übernächsten seine Asche in den Wind gestreut. Durch seinen Tod zeigte Halladsch, dass Liebe bedeutet, für andere zu leiden.
Als er sich zum Ort der Hinrichtung begab, schritt er mit großem Stolz einher.
Er wurde gefragt: „Wieso geht Ihr so stolz?"
Er sang: „Ich bin stolz, weil ich zu meinem Schlachthaus gehe."

> Mein Geliebter nimmt keine Schuld auf sich.
> Er gab mir Wein, und mit Aufmerksamkeiten
> überhäufte er mich wie ein Wirt, der für seine Gäste sorgt.

Einige Zeit später rief er nach Schwert und Henkersmatte.
Dies ist die Belohnung jener, die alten Wein trinken,
mit einem alten Löwen,
in der Hitze des Sommers.

Als er zum Schafott geführt wurde, um an das Gerüst genagelt zu werden, kletterte er selbst willig die Leiter hinauf. Jemand fragte nach seinem Hal (spiritueller Zustand, innere Emotion). Er erwiderte, dass die spirituelle Reise von Helden auf dem Schafott beginne. Er vollzog seine Gebete und begab sich ganz nach oben.
Sein Freund Schibli war anwesend und fragte: „Was ist Sufismus?"
Al-Halladsch antwortete, dass das, was Schibli sehe, die tiefste Stufe des Sufismus sei.
Schibli rief aus: „Was kann denn noch höher sein?"
Al-Halladsch antwortete: „Es tut mir leid, doch ist es dir nicht möglich, dies zu erkennen!"
Als Al-Halladsch am Gerüst hing, kam ihn Satan besuchen und fragte: „Du hast gesagt ‚ich' , und ich habe ‚ich' gesagt. Wieso kommt es, dass du Gottes ewige Gnade erhalten hast und ich ewige Verdammung?"
Al-Halladsch erwiderte: „Du hast ‚ich' gesagt und dabei auf dich selbst geblikkt, während ich mich vom Selbst distanzierte. Ich erlangte Gnade und du Verdammung. An das Selbst zu denken ist ungebührend, sich vom Selbst zu trennen ist die beste aller guten Taten."
Die Menge hatte Al-Halladsch mit Steinen beworfen, doch als Schibli eine Blume auf ihn warf, zuckte Al-Halladsch zum ersten Mal vor Schmerz zusammen.
Jemand fragte: „Du hast der Steine wegen keine Anzeichen von Schmerz gezeigt, doch eine Blume macht dir zu schaffen. Wieso?"
A-Halladsch erwiderte: „Jene, die unwissend sind, haben eine Entschuldigung. Es ist schwer mitanzusehen, dass Schibli etwas wirft, denn er weiß, dass er dies nicht tun sollte."
Dann hackte ihm der Henker die Hände ab. Al-Halladsch lachte und sagte: „Es ist einfach, die Hände eines Mannes abzuschlagen, der gebunden ist, doch braucht es einen Helden, die Hände all jener Eigenschaften abzuhacken, die einen Menschen von Gott trennen." (Mit anderen Worten: Es braucht, um die

Welt der Vielheit zu verlassen und sich in die Einheit mit Gott zu begeben, ein unerhörtes Maß an Anstrengung.)
Dann trennte der Henker seine Beine ab. Al-Halladsch lächelte und fuhr fort: „Ich bereiste die Erde mit diesen Beinen. Ich habe andere, um in beiden Welten zu reisen. Versuche diese abzutrennen, wenn du kannst!"
Al-Halladsch fuhr sich darauf mit den Stumpen seiner Hände über das Gesicht, so dass Gesicht und Arme blutverschmiert waren.
Die Leute fragten ihn: „Wieso hast du dein Gesicht blutig gemacht?"
Er erwiderte, dass er viel Blut verloren habe und sein Gesicht deshalb bleich geworden sei; er färbe die Wangen mit Blut, damit die Leute nicht denken mögen, dass er sich zu sterben fürchte.
Sie fragten: „Wieso denn hast du deine Arme mit Blut überzogen?"
Er sagte: „Ich vollziehe eine Waschung. Denn im Gebet der Liebe gibt es nur zwei Rak`as, und es braucht eine Waschung mit Blut."
Der Henker stach darauf Al-Halladsch die Augen aus. Die Zuschauer schrien auf, einige weinten, andere fluchten. Dann wurden ihm Ohren und Nase abgehackt.
Der Henker wollte ihm gerade seine Zunge abschneiden, als er darum bat, kurz etwas sagen zu dürfen: „O Gott, wende diese Menschen für das, was sie für Dich tun, nicht von Dir weg. Gelobt sei der Herr, dass sie um Deinetwillen meine Glieder abtrennen, und wenn sie meinen Kopf abschlagen, dann ist es um Deiner Majestät willen."
Dann zitierte Al-Halladsch aus dem heiligen Koran: „Jene, die nicht an den Tag des Jüngsten Gerichts glauben, haben es eilig, Ihn zu sehen, doch die Gläubigen sind vorsichtig, denn sie wissen, dass es wahr ist."
Seine letzten Worte waren: „Für jene, die in Ekstase sind, genügt der eine und einzige Geliebte."
Sein verstümmelter Körper, der immer noch Anzeichen von Leben verriet, wurde als Lektion für andere am Blutgerüst belassen.
Erst am folgenden Tag schlug der Henker schließlich seinen Kopf ab. Während er dies tat, lächelte Al-Halladsch und starb. Die Leute schrien, doch Al-Halladsch hatte gezeigt, wie aufrichtig glücklich und zufrieden er mit dem Willen Gottes war. Jeder Teil seines Körpers begann zu rufen: „Ich bin die Wahrheit." Zum Zeitpunkt seines Todes formte jeder Tropfen Blut, der auf die Erde fiel, den Namen Allah.

Am nächsten Tag sahen jene, die sich gegen ihn verschworen hatten, dass sogar der verstümmelte Körper Al-Halladschs ihnen noch Schwierigkeiten einhandeln würde, und so befahlen sie, ihn zu verbrennen. Doch auch die Asche schrie: "Ich bin die Wahrheit."

Al-Halladsch hatte die Ereignisse seines Todes vorausgesehen und seinem Diener erzählt, dass, wenn man seine Asche in den Tigris streut, der Wasserspiegel so hoch steigen würde, dass ganz Bagdad in Gefahr wäre zu ertrinken. Er hatte seinen Diener instruiert, dann sein Gewand zum Fluss zu nehmen, um die Wasser zu beruhigen. Als am dritten Tag seine Asche vom Wind über das Wasser geweht wurde, fing das Wasser Feuer, und die Worte „Ich bin die Wahrheit" waren zu vernehmen. Das Wasser begann zu steigen, und der Diener tat, was ihm aufgetragen worden war. Der Wasserspiegel sank, das Feuer legte sich, und endlich verstummte Al-Halladschs Asche.

Eine berühmte Persönlichkeit jener Zeit sagte, dass er die ganze Nacht lang unter dem Blutgerüst gebetet und bei Tagesanbruch eine Stimme aus dem Jenseits vernommen habe, die sprach: „Wir teilten mit ihm eines Unserer Geheimnisse, und er behielt es nicht für sich. Wahrlich, dies ist die Bestrafung für jene, die Unsere Geheimnisse weitererzählen."

Schibli erwähnte, dass er eine Nacht darauf Al-Halladsch in einem Traum sah und ihn fragte: „Welches Urteil wird Gott über diese Leute sprechen?"

Al-Halladsch antwortete, dass jene, die wussten, dass er im Recht war und ihn unterstützten, dies für Gott taten. Und jene, die seinen Tod wünschten, hätten nicht um die Wahrheit gewusst und deshalb seinen Tod um Seinetwillen gewünscht. So würde Gott sich beider Seiten erbarmen und beiden den Segen erteilen.

<small>Aus M. Bayat/ M.A.Jamnia „Geschichten aus dem Land der Sufis" Fischer Spirit Tb, Frankfurt, 1998, S. 28 - 33</small>

Mirsa Abdul-Hadi Khan von Buchara
Stichworte – „Die Taten eines Heiligen bleiben von der Welt meist unerkannt"

„Jetzt, wo ich tot bin, sollt Ihr etwas über die Wahrheit der Sufis erfahren. Hättet Ihr diese Information, direkt oder indirekt, erhalten, als ich noch sichtbar unter Euch weilte, wäre dies bis auf wenige von euch nur Futter für Eure

Habgier und Eure Vorliebe für Wundertaten geworden.
So sollt Ihr denn erfahren, dass die Taten eines Sufi-Meisters für die Welt und die Menschen in ihr, groß und klein, vom Betrachter meist nicht erkannt werden.
Ein Sufi-Lehrer verwendet seine Fähigkeit zu lehren und zu heilen, die Menschen glücklich zu machen, im Einklang mit den besten Gründen für den Einsatz dieser Kräfte. Wenn er keine Wunder demonstriert, heißt das nicht, dass er keine vollbringt. Wenn er es ablehnt, dich in der Weise zu begünstigen, wie du es Dir wünschst, dann nicht deshalb, weil er nicht dazu in der Lage ist. Er begünstigt dich in Übereinstimmung mit deinem Verdienst, nicht als Antwort auf deine Forderungen. Er hat eine höhere Pflicht, die er erfüllt.
Viele unter euch erhielten Ihr Leben verwandelt, sind aus Gefahren errettet worden, haben Chancen erhalten - nichts davon habt Ihr als Begünstigung erkannt. Dennoch sind euch diese Begünstigungen zuteil geworden. Obwohl viele von euch nach einem erfüllteren Leben Ausschau halten, würden sie überhaupt kein Leben mehr besitzen, wenn nicht die Anstrengungen der Gemeinschaft der Freunde gewesen wären. Viele von euch sind immer noch reich durch die Gegenwart eines Menschen der Weisheit. Viele von euch, die in meiner Schule waren, glauben, dass sie von mir unterrichtet worden sind. Tatsächlich ward ihr physisch bei unseren Versammlungen zugegen, während ihr in einer anderen Versammlung unterrichtet wurdet. Alle diese Dinge sind eurer herkömmlichen Denkweise so fremd, dass ihr noch nicht in der Lage seid, sie zu erkennen.
Meine Aufgabe war es, euch zu begünstigen; euch diese Begünstigung sichtbar zu machen, ist die Aufgabe anderer.
So ist dies eure Tragödie: Während Ihr darauf gewartet habt, dass ich euch Wunder vorführe und wahrnehmbare Veränderungen in euch herbeiführe, habt Ihr Wunder erfunden, die ich nie vollbracht habe und eine Loyalität entwickelt, die völlig wertlos ist. Und ihr habt euch „Wandel", „Hilfe" und „Unterricht" eingebildet, die nie stattgefunden haben. Der „Wandel", die „Hilfe" und der „Unterricht" sind dennoch da. Nun findet heraus, was sie wirklich bedeuten.
Wenn ihr weiter in dem Denken und Handeln fortfahrt, was ich euch zu denken und zu tun aufgetragen habe, dann arbeitet ihr mit den Materialien von gestern, die ihren Nutzen schon überlebt haben."

Sufismus. Quelle unbekannt

Weitere Buchtitel im Verlag Dietrich

Stand 2003

Bestellungen bitte schriftlich, per Fax: 0043-662-481 333 oder mail: verlag.dietrich@aon.at

Bücher von und für Waldefried Pechtl
Pechtl Waldefried
Der Weg der Wertschätzung Gedichte und Lehrgedichte € 30.- sfr 48.-
Pechtl Waldefried
Geschichten des Lächelns € 20.- sfr 33.-
Der Weg des Großen - Hommage von R. Dietrich für W. Pechtl € 18.- sfr 31.-

Bücher zum Thema Bewegung, Laufen, Übungen
Dietrich Reinhold und Pechtl Waldefried
Energie durch Übungen € 25.- sfr 39.-
Dietrich Reinhold
Nach-Innen-Laufen € 23.- sfr 37.-
Nach-Innen-Laufen ab Mai 2003 neue-Auflage € 25.- sfr 39.-
EntSpannung durch meditatives Laufen € 25.- sfr 39.-
Die Freiheit des Laufens € 23.- sfr 37.-
Gehen € 18.- sfr 31.-
Übung als Weg - bewusste Lebensgestaltung € 25.- sfr 39.-

Bücher mit Meistergeschichten
Der Palast der Geschichten € 23.- sfr 37.-
49 Meistergeschichten € 23.- sfr 37.-
Die Balance-des-Gebens € 23.- sfr 37.-
Im Garten der Liebe € 25.- sfr 39.-

Bücher zum Thema Bioenergetik und Lebenshilfe
Hilfen für Beziehung, Beruf und Alltag € 25.- sfr 39.-
Das Labyrinth der fünf Charakterstrukturen € 25.- sfr 39.-
Analytische Bioenergetik € 45.- sfr 72.-

Gedichte
Menschenwesens Weg € 9.- sfr 14.-
Hommage an die Natur € 9.- sfr 14.-
Sinai € 12.50 sfr 21.-

Bücher zum Thema Spiritualität
Insel der Lilien € 23.- sfr 37.-
Die 7 Täler € 14.- sfr 23.-

Impulse-Reihe   NEU!
Heft 1 – **Lebensfreude**, '01, Seiten 34 € 5.- sfr 7.-
Heft 2 – **Menschenbild**, Person u. Wesen, '02, Seiten 60 € 7.- sfr 11.50
Heft 3 – **Entscheidungen**, '02, Seiten 64 € 7.- sfr 11.50

CD's
It's You - Rumi in concert € 17.50 sfr 28.-
Songs for **The Rose** € 17.50 sfr 28.-